GRUNDLAGEN DER GERMANISTIK

Herausgegeben von Hugo Moser und Hartmut Steinecke
Mitbegründet von Wolfgang Stammler

10

Die deutsche Novelle
im 19. Jahrhundert

von

Josef Kunz

unter bibliographischer Mitwirkung

von

Rainer Schönhaar

2., überarbeitete Auflage

ERICH SCHMIDT VERLAG

CIP-Kurztitelaufnahme der Deutschen Bibliothek

Kunz, Josef:
Die deutsche Novelle im 19. [neunzehnten] Jahrhundert / unter bibliograph. Mitw. von Rainer Schönhaar. –
2., überarb. Aufl. – Berlin : E. Schmidt, 1978.
 (Grundlagen der Germanistik ; 10)
 ISBN 3-503-01600-7

ISBN 3 503 01600 7, 2. Auflage
(ISBN 3 503 00380 0, Erstausgabe)
2., überarbeitete Auflage 1978
© Erich Schmidt Verlag, Berlin 1970
Druck: Buchdruckerei Loibl, Neuburg a. d. Donau
Printed in Germany · Nachdruck verboten

à Jean Jacques Anstett
en témoignage d'amitié

Inhalt

	Seite
Einleitung	7
Literaturangaben und Anmerkungen	15
I. Die deutsche Novelle in der Zeit des Übergangs von der Romantik zum Realismus	17
Der späte Tieck, Wilhelm Hauff und Heinrich Laube	17
Eduard Mörike	20
Franz Grillparzer	29
Georg Büchner	35
Annette von Droste-Hülshoff	43
Literaturangaben und Anmerkungen	54
II. Die deutsche Novelle in der Mitte des 19. Jahrhunderts	60
Adalbert Stifter	60
Jeremias Gotthelf	88
Gottfried Keller	95
Conrad Ferdinand Meyer	120
Paul Heyse und Otto Ludwig	131
Theodor Storm	134
Literaturangaben und Anmerkungen	147
III. Die deutsche Novelle im Übergang zum 20. Jahrhundert	156
Wilhelm Raabe	156
Theodor Fontane	171
Literaturangaben und Anmerkungen	177
Register der Autoren und der interpretierten und zitierten Novellen	181

Einleitung

Der vorliegende Band über die Novellenkunst des 19. Jahrhunderts ist als Fortsetzung der in der gleichen Reihe erschienenen Darstellung der Novelle zwischen Klassik und Romantik gedacht. Diesem Teil ist mittlerweile als dritter Band die ‚Geschichte der deutschen Novelle im 20. Jahrhundert' gefolgt. Auch die Darstellung der Novelle im 19. Jahrhundert knüpft — wie schon der erste Band — an meinen Beitrag in der Deutschen Philologie im Aufriß an, erweitert ihn aber in vielfacher Hinsicht, nicht zuletzt durch exemplarische Einzelinterpretationen, die geeignet erscheinen, der Darstellung der geschichtlichen Entwicklung größere Evidenz, Konkretheit und Genauigkeit zu geben.

Wer immer eine solche Darstellung versucht, ist gehalten, über den höchst problematischen Begriff des „19. Jahrhunderts" Rechenschaft zu geben. Soll er als eine äußere Zeiteinteilung gelten, oder ist er im Sinne eines Periodenbegriffes zu verstehen; also mehr im gestalthaft-qualitativen Sinn als in dem quantitativen Sinn der äußeren Zeitmessung? Ihn im äußerlich chronologischen Sinn zu verstehen, ist kaum gerechtfertigt. Dann wäre es notwendig, die entscheidenden Phasen der Romantik, aber auch des späten Goethe in diese Darstellung einzubeziehen. Aber nicht weniger schwierig ist es, den Begriff des 19. Jahrhunderts als geschichtliche Periode zu fassen; in der Weise etwa, wie man von dem „18. Jahrhundert" oder von der „Epoche der Romantik" spricht. Dazu scheint das, was mit dem Begriff des „19. Jahrhunderts" gemeint ist, zu wenig bestimmt. Wie soll man die ‚Lenz' Novelle Büchners und ‚Die Judenbuche' der Droste, die Novellistik C. F. Meyers und Gottfried Kellers in eine qualitativ verstandene Periode einordnen? Auf das Ganze gesehen wird es kaum möglich sein, aus dieser Aporie in einer allseits befriedigenden Weise herauszukommen. Trotzdem wird man sich in der Einleitung zu der geschichtlichen Darstellung der deutschen Novelle im 19. Jahrhundert fragen müssen, ob es nicht doch Motiv- und Formelemente gibt, die es erlauben, den Begriff des 19. Jahrhunderts und die in diesem Zeitraum sich darbietende Entwicklung der Novelle mehr im qualitativen als im quantitativ chronologischen Sinn zu verstehen.

Natürlich bietet sich der Epochenbegriff des Realismus als Kennzeichnung und Charakterisierung an. Indessen führt diese Benennung wieder zu neuen Schwierigkeiten, jenen, von denen in der Forschung der letzten Jahre oft genug die Rede war.[1] Schon die Epochenbegriffe der „Klassik" und „Romantik" sind unbefriedigend und revisionsbedürftig. Das gilt aber in noch erhöhtem Maße von dem Begriff des „Realismus". Es gibt sicher manches in der Novellenkunst des 19. Jahrhunderts, das eine solche Benennung unabweisbar macht; in Grillparzers ‚Der arme Spielmann'; vielleicht auch in der Novelle der Droste; sicher in den novellistischen Werken Gottfried Kellers. Anderes scheint sich einer solchen Charakterisierung nicht zu fügen. Man braucht nur an Adalbert Stifter zu denken; ganz zu schweigen von der Novellenkunst C. F. Meyers. Vielleicht kommt man einem Epochenbegriff des 19. Jahrhunderts näher, wenn man den Begriff des Realismus zunächst weniger im deskriptiven als im existentiellen Sinn zu verstehen sucht. Danach wäre Realismus nicht in erster Linie als Hinwendung zu den von den Dichtungen des Idealismus vernachlässigten Bereichen der Wirklichkeit und der Alltäglichkeit zu verstehen, denn vielmehr als Mißtrauen gegen jede Form der Übersteigerung und Überstiegenheit, ein Mißtrauen, das natürlich dann auch die Verlagerung des Interesses von dem Daseinsbereich der absoluten und unbedingten Werte hin zur Sphäre des Alltäglichen und der von der Versuchung des Absoluten abgedichteten Wirklichkeit in sich schließen müßte. Von einem solchen Verständnis des Realismus ist bereits das entsprechende Kapitel meiner Novellengeschichte im Aufriß ausgegangen. Ich sehe keinen Grund, in dieser Darstellung davon abzugehen.

Es scheint mir vor allem, daß man damit einem qualitativ verstandenen Epochenbegriff des 19. Jahrhunderts — vor allem natürlich was die Entwicklung der Novelle betrifft — ein gutes Stück näher kommt, auch wenn es nicht möglich ist, alle Werke von dieser Voraussetzung her aufzuschließen. Für den Historiker, der diesen Zeitraum zu beschreiben hat, ist eines auffallend: die enge Verknüpfung der Novellenkunst des 19. Jahrhunderts mit der der Romantik. Von wenigen Werken dieser Zeit abgesehen, sind es Motive der romantischen Novelle, die von Mörike bis zu Wilhelm Raabe hin immer wieder aufgenommen und entfaltet werden. Hervorgehoben sei nur die Bedeutung des Künstlermotivs für die Novellistik des 19. Jahrhunderts. Angefangen mit Grillparzers ‚Der arme Spielmann' über

Einleitung

Mörikes Mozart-Novelle, Stifters ‚Zwei Schwestern' bis hin zu Wilhelm Raabes Novelle ‚Frau Salome'. Aber auch andere Motive der romantischen Novellistik werden im 19. Jahrhundert wieder aufgegriffen: das des Doppelgängertums, das Eichendorff-Motiv der gnadenhaften Erfüllung und der *saelde*, das Märchenmotiv von der verzauberten Braut und manche andere.

Charakteristisch für das 19. Jahrhundert ist allerdings nicht nur die Wiederaufnahme dieser Motive, sondern die Art und Weise des Erlebens und der Gestaltung. Die Thematik der *saelde* ist in der Novelle ‚Pankraz der Schmoller' von Gottfried Keller in gleicher Weise von Bedeutung wie im ‚Taugenichts'. Indessen ein Unterschied fällt sofort in die Augen: Es ist im 19. Jahrhundert nicht mehr möglich, die Schönheit für das Leben so fruchtbar erscheinen zu lassen wie im Werk der Romantik. Der Zweifel an der umgestaltenden Energie, ja der Zweifel an der Substantialität des Schönen selbst ist so abgründig geworden, daß die Novelle des 19. Jahrhunderts mehr als eine Umkehrung der romantischen Novelle denn als die Erneuerung des romantischen Enthusiasmus zu begreifen ist. Selbst eine Novelle wie die von den ‚Zwei Schwestern' Stifters ist von diesem Zweifel nicht ausgenommen.

Die Möglichkeit eines solchen Umschlags von dem Enthusiasmus zur Skepsis ist an sich schon in der romantischen Novelle angelegt. Man denke an all das, was man mit dem Begriff des romantischen Pessimismus zu begreifen pflegt. In diesem Sinn gestaltet die ‚Don Juan'-Novelle E. T. A. Hoffmanns nicht nur die erfüllte Stunde, sondern mit der Kulmination des Lebens zugleich die Übermacht des Todes, mit der Schönheit auch die Verzerrung des Grotesken.[2] Aber was in der romantischen Novelle nur am Rande angeklungen war, rückt im 19. Jahrhundert in die Mitte der Gestaltung. Wenn von dem Zweifel und der Skepsis dem romantischen Enthusiasmus gegenüber als der Grundstimmung des 19. Jahrhunderts gesprochen wird, dann begreift diese Daseinsstimmung natürlich eine ganze Skala von negativen Weisen der Haltung in sich ein. Bei Gottfried Keller wird der Vorbehalt den Werten unbedingter Art gegenüber noch durch einen Humor gemildert, der, so viel Dunkles er auch in sich bergen mag, doch noch etwas von dem Mut in sich einschließt, die Frage nach dem Sinn des Lebens zu bejahen. Anders bei Theodor Storm, Ferdinand von Saar und manchen anderen Dichtern, in deren Werken sich oft genug eine Hoffnungslosigkeit ausbreitet, in der jeder Lebenswille erstickt wird. Vorausgegangen ist diesen Dichtern aus der Mitte des Jahr-

Einleitung

hunderts bereits Büchner in seiner ‚Lenz'-Novelle, jenem Werk, in dem die negativen Existenzerfahrungen der Angst und der Langeweile so abgründig erlitten werden, daß die Form der Novelle im Grunde darüber zerbricht.

In zahlreichen Arbeiten Emil Staigers zur Literatur des 19. Jahrhunderts, von der Droste, Mörike über Gottfried Keller bis zu C. F. Meyer hin[3] ist für diesen Zeitraum der Begriff des Epigonentums eingeführt worden. Epigonentum ist in dem Sinn zu verstehen, daß zwar die Ideen und Werte der großen klassisch-romantischen Epoche noch nicht vergessen sind, indessen der schöpferische Wille fehlt, um sie für das Leben fruchtbar zu machen. Statt dessen breitet sich oft genug eine Müdigkeit aus, die mit der Motivwahl auch ihren Einfluß auf die künstlerische Gestaltung nicht verfehlt. Das Recht einer solchen Deutung der nachromantischen Epoche ist unabweisbar. Von solchen Stimmungen des Epigonentums wird oft genug die Rede sein müssen, wenn es gilt, die Entwicklung der deutschen Novelle im 19. Jahrhundert zu verstehen.

Aus diesen gewandelten Voraussetzungen ergeben sich auch entscheidende formale Wandlungen, die zwar wiederum nicht so eindeutig sind wie die der Novellen im klassisch-romantischen Zeitraum, aber — von einigen Ausnahmen abgesehen — in eine einheitliche Richtung weisen und auch in diesem Sinn von den Theoretikern der Novelle im 19. Jahrhundert bestätigt werden. Einige seien im folgenden genannt.

In den Novellentheorien von der Romantik bis in die Moderne hinein findet sich des öfteren der Hinweis darauf, daß sich in der nachklassischen Novelle in deutlichem Gegensatz zur klassischen Novellenform der Romanen der Hauptakzent vom Ereignis auf den Menschen, der von diesem betroffen und in Anspruch genommen wird, verlagert hat: „Daß in der älteren Novelle die besondere Verkettung der Umstände und Verhältnisse präponderiert", in der neueren dagegen der Hauptakzent auf die „Eigentümlichkeit der engagierten Charaktere fällt", erklärt z. B. Friedrich Spielhagen.[4] Diese Verlagerung vom „Vorfall" auf die „Persönlichkeit" — so benennt Wolfgang Kayser in seinem Storm-Buch den gleichen Vorgang[5] — intensiviert sich in der Entwicklung des 19. Jahrhunderts in noch stärkerem Maße, als es bereits in der romantischen Novelle geschah. Diese Verschiebung des Akzentes bringt es etwa mit sich, daß sich die Dichter in diesem Zeitraum wiederholt bemühen, einen ganzen Lebenslauf in die knappe

Einleitung

Form der Novelle hineinzunehmen; und zwar nicht nur in flüchtigen Rückwendungen, sondern in der direkten Darstellung der Gegenwartshandlung; dazu gelegentlich mit dem Hinweis darauf verbunden, wie der so dargestellte Mensch in die Reihe der Generationen hineinverflochten ist. Die ‚Judenbuche' der Droste ist das erste Beispiel für eine solche Ausweitung der Novelle. Schon in der Spätnovelle Goethes ‚Der Mann von funfzig Jahren' wird die Entwicklung der zentralen Gestalten in psychologischer Breite dargestellt; die Entwicklung von der Unreife zur Reife, vom Irrtum zur Wahrheit. Aber dort ist sie noch solcher Art, daß sie mit einem bestimmten Ereignis verknüpft ist und sich damit auf eine partielle Krise und vereinzelte Lebensphase beschränkt. In der Novelle des 19. Jahrhunderts wird im Gegensatz dazu der ganze Lebenslauf ausgebreitet, extreme Konsequenz dieses Übergangs vom Ereignishaften zur Person, der es aufgegeben ist, sich demgegenüber bewähren zu müssen. Ein solcher Wandel hat noch nichts mit dem zu tun, was zuvor zu der spezifischen seelisch-geistigen Situation des 19. Jahrhunderts gesagt wurde; sie liegt in der Konsequenz der Entwicklung, wie sie längst zuvor schon in der klassisch-romantischen Epoche eingesetzt hat. Trotzdem muß darauf hingewiesen werden, wenn es gilt, die Eigenart der Novellenform des 19. Jahrhunderts zu charakterisieren.

Stärker im Zusammenhang mit dem eingangs Dargestellten steht die Atmosphäre der Reflektiertheit, wie sie für die Novelle des 19. Jahrhunderts entscheidend ist. Daß sich damit diese Gattungsform am weitesten von ihrem Ausgangspunkt, d. h. von der romanischen Novelle des 16. und 17. Jahrhunderts entfernt, braucht nicht eigens betont zu werden. Auch in diesem Fall muß man daran erinnern, daß schon die romantische Novelle mit allen möglichen Stilformen der Reflexion durchsetzt war. Die Novelle des 19. Jahrhunderts konnte daran anknüpfen. Aber stärker noch als bei Wackenroder und E. T. A. Hoffmann hat diese Reflektiertheit hier ihre Wurzel in jener Skepsis und jenem Zweifel, auf die man in diesem Zeitraum immer wieder stößt. Wenn die philosophische Forschung der beiden letzten Generationen die Frage nach der „Herkunft des Selbstbewußtseins" [6] in der Weise zu beantworten versuchte, daß sie auf die negativen Daseinserfahrungen als auf den Grund dieses „Selbstbewußtseins" und der Reflektiertheit hinwies, dann wird diese Vermutung durch den Gehalt und die formale Entwicklung der Novelle im 19. Jahrhundert bestätigt. Man begegnet ihr schon in der Novellistik Stifters; aber noch ungleich stärker in Gottfried Kellers ‚Pankraz'-Novelle und am weitgehendsten in der Novellenkunst Wilhelm Raabes, der allerdings als der einzige in dieser Zeit von dem Zweifel zu einem neuen, wenn auch paradoxen Glauben vorgestoßen ist. Aber das ändert kaum etwas an der Tatsache, daß Novellen wie die ‚Holunderblüte' und die später interpretierte Novelle ‚Im Siegeskranz' sich in einem Klima äußerster Reflektiertheit entfalten.

Im gleichen Umkreis ist an einen anderen Formzug zu erinnern, der ebenso für die Novelle des 19. Jahrhunderts charakteristisch ist: Die Bedeutung des Erzählers für die Novellendichtung dieses Zeitraums. Von Grillparzer abgesehen, fügt sich zum erstenmal in der Mozart-Novelle Mörikes ein Erzähler zwischen die Gestalten des Werkes und den Leser ein; ein Erzähler, der immer wieder kommentierend und deutend diese Gestalten begleitet. Auch diese Einführung einer zusätzlichen Erzählergestalt in die Novelle hängt mit jener Verlagerung des Akzentes vom Ereignishaften zu dem „engagierten Charakter" zusammen. Man kann diesen Vorgang an der genannten Novelle Mörikes genau verfolgen: Die Selbstaussage der handelnden Gestalt genügt dem Dichter nicht mehr. Um noch tiefer in das Geheimnis des Künstlertums hineinzuleuchten, fügt der Dichter jenen Erzähler ein, der dem Leser hilft, noch intensiver in dieses Geheimnis hineinzufinden, als es durch das Selbstbekenntnis der Gestalt möglich ist.

Wenn man die Entwicklung der Novelle im 19. Jahrhundert in dieser Richtung verfolgt, bemerkt man, daß in auffallend vielen Werken die Vorliebe für den Rollenerzähler festzustellen ist. In Grillparzers Novelle ‚Der arme Spielmann' figuriert der Held als Rollenerzähler der Innenhandlung. In den beiden im Stifter-Kapitel interpretierten Novellen sind es ebenso Erzähler, die selbst in das Geschehen verstrickt sind. Das gilt in noch stärkerem Maße von der Novellistik Gottfried Kellers, desgleichen von Theodor Storms ‚Aquis submersus' und vielleicht am auffallendsten für das Novellenschaffen Wilhelm Raabes. In all diesen Dichtungen verbindet sich ausnahmslos der Bericht über das faktisch Geschehene mit der Frage nach dem Sinn des Erlebten und des Erlittenen. Indem sich aber diese Frage mit der nach dem Heil und Unheil des eigenen Lebens verbindet, erfährt die Reflektiertheit und das „Selbstbewußtsein" eine weitere Intensivierung und Steigerung. Auch hier hatte die romantische Novelle vorgearbeitet. Da ist etwa der reisende Enthusiast in der ‚Don Juan'-Novelle E. T. A. Hoffmanns, der bereits in ähnlicher Weise als Deuter und Kommentator des

Einleitung

Geschehens erscheint, wie er zugleich als Rollenerzähler an dem Geschehen selbst beteiligt ist. Diese Zwischenschaltung eines Erzählers wird aber dann im 19. Jahrhundert noch ungleich stärker ausgebaut. Vielleicht kommt man noch näher an die besondere Form der Novelle des 19. Jahrhunderts heran mit dem Hinweis auf ein Formelement, das eng mit der Vorliebe für den Rollenerzähler zusammenhängt: Auffallend für die Entwicklung der Novelle in der genannten Zeit ist die Bevorzugung der „vision par derrière".[7] Von Grillparzers Novelle ‚Der arme Spielmann' über Stifters ‚Brigitta', Gottfried Kellers ‚Pankraz der Schmoller', C. F. Meyers ‚Die Versuchung des Pescara' bis zu Storm und Raabe hin wird von dem Geschehen in der Form der Rückschau berichtet. Die entscheidenden Ereignisse sind bereits abgeschlossen und vergangen. Damit ist an sich noch nichts Endgültiges über den Geist und Gehalt eines solchen Erzählwerkes gesagt. Nur wird man annehmen können, daß die Wahl einer solchen „vision par derrière" sich mehr zu einer subjektiv reflektierten Form der Darstellung eignet als zur objektiven Form des kommentarlosen Berichtes. Man wird allerdings auch annehmen dürfen, daß in dieser Rückschau auf abgeschlossene und längst vergangene Ereignisse zumindest die Versuchung eingeschlossen ist, die Abgeschlossenheit mit der Endgültigkeit und Unabänderlichkeit gleichzusetzen, eine Gleichsetzung, die dann jene Stimmung der Fatalität und der Müdigkeit auslöst, wie sie vor allem für die Novellistik Storms bestimmend ist.

Immer wieder wurde in den Novellentheorien von Goethe bis zu den Theoretikern des 20. Jahrhunderts auf den „Konflikt des Gesetzlichen und des Ungebändigten" als Kern der novellistischen Gestaltung verwiesen; angefangen mit der zitierten Stelle aus Goethes ‚Wahlverwandtschaften' über die Brüder Schlegel bis zu Theodor Storm und den poetologischen Bemühungen des 20. Jahrhunderts: „Gleich dem Drama behandelt (die Novelle) die tiefsten Probleme des Menschenlebens; gleich diesem verlangt sie zu ihrer Vollendung einen im Mittelpunkt stehenden Konflikt, von welchem aus sich das Ganze organisiert...", so schreibt Storm in einer zurückgezogenen Vorrede aus dem Jahre 1881.[8] „Ein das Ganze organisierender Konflikt bildet den Mittelpunkt der Novelle...", so faßt Joachim Müller seine Überlegungen über ‚Novelle und Erzählung'[9] zusammen. Daß dieser Konflikt in der Novellistik des 19. Jahrhunderts ausdrücklicher gestaltet ist als in den vorausgegangenen Epochen, läßt sich allein aus dem folgern, was zuvor über die Einbegreifung neuer Wirklichkeitsbereiche in die Novelle gesagt wurde: Man ist sich im 19. Jahrhundert des Gegensatzes der beiden Pole und Bereiche des Lebendigen — der Schicksalsseite des Lebendigen und des gesetzlichen Pols — stärker bewußt als zuvor. Und so teilt sich das Interesse des Novellendichters: Mit der Zentrierung auf das Ereignishafte — auch im 19. Jahrhundert noch die „dominierende Intention"[10] der Novelle — wendet sich der Dichter mit der gleichen Aufmerksamkeit dem zu, was Goethe in den ‚Wahlverwandtschaften' als den Pol des Gesetzlichen bezeichnet, sei es, daß dieser Bereich mehr positiv oder mehr negativ gedeutet wird; sei es, daß sich das „Gesetzliche" als der Raum der irrelosen Natur darbietet wie in den Novellendichtungen Stifters, sei es, daß es mehr im sozialen Bereich verwirklicht erscheint wie in der Novelle Mörikes oder mehr als Ordnung einer religiösen Tradition wie in der ‚Lenz'-Novelle Büchners. Aber wie immer es auch als Gegenwelt zu der Thematik des „Ungebändigten" entworfen wird, in der Novelle des 19. Jahrhunderts beansprucht es einen größeren Raum als je zuvor; auch diese Erweiterung ist als ein Aspekt jenes Realismus zu begreifen, von dem eingangs die Rede war. Auch in diesem Fall hat die Entwicklung der Novelle in der klassisch-romantischen Epoche vorgearbeitet. Schon in der Novelle Goethes ist der novellistische Aspekt höchst bewußt und in ungewöhnlicher Breite und reicher Abwandlung gestaltet. Das alles intensiviert sich in der Novelle des 19. Jahrhunderts.

Daß sich damit das Formgefüge der Novelle immer mehr kompliziert — kompliziert in der Richtung auf den Roman hin —, läßt sich von den Novellendichtungen des Jungen Deutschland über Stifter, Gottfried Keller bis zu Wilhelm Raabe hin vielfältig belegen. Daher umkreisen auch die Novellentheorien — vor allem in der jungdeutschen Bewegung, von Mundt über Vischer bis zu Spielhagen — in immer erneuten Ansätzen das Verhältnis zwischen Roman und Novelle. Der Grund für Überlegungen dieser Art ist der Umstand, daß sich die Novelle oft genug dem Roman so weit annähert, daß die Frage berechtigt erscheinen muß, wo die Grenze zwischen beiden Gattungsformen liege. Indem die Novelle mit dem Interesse für Ereignisse schicksalhafter Art auch die andere Seite des Lebendigen, jene, die gegen das Schicksal gefeit erscheint, gleichberechtigt einbezieht, erweitert sich der Kreis der Figuren, die in die Handlung einbezogen werden. Diese Figuren haben zugleich die Neigung, einen eigenen Lebensraum um sich zu entfalten. Damit erweitert sich mit den Gestalten auch der Raum des Geschehens. Von da aus ergibt sich die Notwendigkeit zur episodenhaften Verselbständigung der einzelnen Handlungsphasen; kurz all das, was die Novelle zum Roman hin öffnet, eine Bewegung, die man in besonderer Konsequenz bei Fontane findet. Vielleicht muß man an dieser Stelle noch ein Letztes zum Problem des novellistischen Konflikts hinzufügen: daß zwar die gegensätzlichen Bereiche dargestellt sind, aber daß es immer weniger möglich wird, diesen Konflikt in jener Unbedingtheit zu entfalten, wie in den späten Novellen Goethes und wie es auch in der Romantik noch geschieht. Auf dieses Unvermögen stößt man schon in Grillparzers Novelle ‚Der arme Spielmann' und in noch stärkerem Maße in der Novelle Büchners. Extremes Beispiel für ein gleiches Unvermögen ist die Novelle Storms, aber auch ein Werk wie Fontanes ‚Stine'. Daß damit noch ein letztes Mal die spezifische Problematik des 19. Jahrhunderts und zugleich die Problematik der Novelle in diesem Zeitraum berührt wird, bedarf keiner Begründung.

Literaturangaben und Anmerkungen

Elbert B. O. BORGERHOFF, Réalisme and kindred words. PMLA 53, 1938, S. 837—843.   Richard BRINKMANN, Wirklichkeit und Illusion. Studien über Gehalt und Grenzen des Begriffs Realismus für die erzählende Dichtung des Neunzehnten Jahrhunderts, Tübingen 1957.   Ders., Zum Begriff des Realismus für die erzählende Dichtung des 19. Jahrhunderts. Orbis litterarum 13, Suppl. II, 1958, S. 29-39.   Richard BRINKMANN (Hrsg.), Begriffsbestimmung des literarischen Realismus. Wege der Forschung 212, Darmstadt ²1974.   Heinz Otto BURGER, Der Realismus des neunzehnten Jahrhunderts. 1832—1889. Annalen der deutschen Literatur von den Anfängen bis zur Gegenwart. Eine Gemeinschaftsarbeit zahlreicher Fachgelehrter, hrsg. von Heinz Otto Burger, Stuttgart o. J., S. 621—718.   Peter DEMETZ, Zur Definition des Realismus. In: Literatur und Kritik. 1967, H. 16/17, S. 333—345.   Clemens HESELHAUS, Das Realismusproblem: In: Hüter der Sprache, Perspektiven der deutschen Literatur. Hrsg. von Karl Rüdinger, München 1959, S. 39—61.   Bernd u. Cordula KAHRMANN, Bürgerlicher Realismus. In: Wirk. Wort 23, 1973, S. 53—68.   Gerhard KAISER, Um eine Neubegründung des Realismusbegriffs. ZfdPh 77, 1958, S. 161—176.   Hermann KUNISCH, Zum Problem des künstlerischen Realismus im 19. Jahrhundert. Festschrift für Helmut de Boor zum 75. Geburtstag, hrsg. von den Direktoren des Germ. Seminars d. Freien Universität Berlin, Tübingen 1966, S. 209—240.   Sigmund von LEMPICKI, Wurzeln und Typen des deutschen Realismus im 19. Jahrhundert. Internationale Forschungen. Julius Petersen zum 60. Geburtstag dargebracht von Herbert Cysarz, Leipzig 1938, S. 39—57.   Georg LUKACS, Probleme des Realismus, Berlin 1955.   Georg LUKACS, Deutsche Realisten des 19. Jahrhunderts, Bern 1951.   Fritz MARTINI, Die deutsche Novelle im „bürgerlichen Realismus". Überlegungen zur geschichtlichen Bestimmung des Formtypus. Wirk. Wort 10, 1960, S. 257—278.   Fritz MARTINI, Deutsche Literatur im bürgerlichen Realismus 1848—1898. Epochen der deutschen Literatur, Band V/2, Stuttgart 1962, ³1974.   Wolfgang PREISENDANZ, Voraussetzungen des poetischen Realismus in der deutschen Erzählkunst des 19. Jahrhunderts. In: Formkräfte der deutschen Dichtung vom Barock bis zur Gegenwart, hrsg. von Hans Steffen, Göttingen 1963, S. 187 ff.   Realismus und Gründerzeit. Manifeste und Dokumente zur dt. Literatur 1848—1880. Hrsg. von Max Bucher u. a. 2 Bde., Stuttgart 1975/76. James McPherson RITCHIE, The Ambivalence of „Realism" in German literature 1830/1880. Orbis litterarum 15, 1960, S. 200—217.   Heinrich REINHARDT, Die Dichtungstheorien der sog. poetischen Realisten, Diss. Tübingen 1939.   Walter SILZ, Realism and Reality. Studies in the German Novelle of Poetic Realism, Chapel Hill 1954.

Vergleiche dazu auch folgende Forschungsberichte zum Problem des Realismus: Fritz MARTINI, Deutsche Literatur in der Zeit des „bürgerlichen Realismus". DVjs 34, 1960, S. 581—666. Selbständig ersch. u. d. T.: F. M., Forschungsbericht zur dt. Lit. in der Zeit des Realismus, Stuttgart 1962.   Franz STUCKERT, Zur Dichtung des Realismus und des Jahrhundertendes. Ein Literaturbericht. DVjs. 19, 1941, S. 78—136.

1 Zu der Realismusdiskussion vergleiche noch einmal den ausgezeichneten Forschungsbericht von Fritz Martini, Deutsche Literatur in der Zeit des „bürgerlichen Realismus". DVjs. 34, 1960, S. 581—666.

2 Josef Kunz, Die deutsche Novelle zwischen Klassik und Romantik. Grundlagen der Germanistik 2, Berlin 1966, S. 82.

3 Vgl. dazu folgende Arbeiten von Emil Staiger. Zu Droste und Gottfried Keller vor allem: Die Zeit als Einbildungskraft des Dichters. Zürich 1939, S. 180 ff. Zu Mörike: Das verlassene Mägdlein. In: Die Kunst der Interpretation, Zürich 1955, S. 205 ff. Dazu: Ein Briefwechsel mit Heidegger. Im gleichen Band S. 34 ff. Zu C. F. Meyer: Das Spätboot. Im gleichen Band S. 239 ff.

4 Novelle. Wege der Forschung Band LV, hrsg. von Josef Kunz, Darmstadt 1968, S. 69; im folgenden zitiert als Novelle.

5 Wolfgang Kayser, Bürgerlichkeit und Stammestum in Theodor Storms Novellendichtung. Berlin 1938, S. 8.

6 Vgl. dazu Gerhard Krüger, Die Herkunft des philosophischen Selbstbewußtseins. In: Freiheit und Weltverwaltung, Aufsätze zur Philosophie der Geschichte, Freiburg und München 1958, 1—69.

7 Zur Bedeutung des von Jean Pouillon geprägten Begriffes vgl. Eberhard Lämmert, Bauformen des Erzählens, Stuttgart 1955, S. 68 ff. und passim.

8 Novelle a. a. O., S. 72.

9 Novelle a. a. O., S. 467.

10 Vgl. dazu im Ganzen den schon zitierten Aufsatz Martinis: Die deutsche Novelle im „bürgerlichen Realismus"; abgedruckt in Novelle a. a. O., S. 346 ff.; darin vor allem S. 364 ff.

I. Die deutsche Novelle in der Zeit des Übergangs von der Romantik zum Realismus

Der späte Tieck, Wilhelm Hauff und Heinrich Laube

Wenn schon im späten Schaffen E. T. A. Hoffmanns eine Abwendung vom Phantastischen zu einem historischen Realismus zu belegen war[1], so intensiviert sich die Absage an jede Art der Übersteigerung in der folgenden Epoche immer mehr. Als wichtigstes Ereignis stellt sich in der in Frage kommenden Zeit das späte Novellenschaffen Tiecks dar. Der Dichter hat den Ertrag dieser Lebensperiode 1852 und 1854 in 12 Bänden zusammengestellt. Die Schaffenszeit ist wesentlich früher anzusetzen und liegt etwa zwischen 1821 und 1840.

Als charakteristisch für dieses Schaffen kann schon die zuerst entstandene Novelle aus der Reihe der späten Erzählungen gelten. Sie wurde unter dem Titel ‚Die Gemälde‘ 1822 zum erstenmal in Wendts ‚Taschenbuch zum geselligen Vergnügen‘ veröffentlicht; eine knappe Novellenhandlung bildet das Gerüst des Werkes: die Entwicklung eines jungen Menschen von der Unreife der Jugendzeit zur Reife, mit einer Liebesgeschichte verknüpft. Eduard, die jugendliche Mittelpunktsgestalt der Novelle, veräußert in seinem Leichtsinn die kostbare Gemäldesammlung seines Vaters. Nur ein besonders wertvoller Teil der Sammlung ist zunächst unauffindbar. Erst am Ende entdeckt man sie hinter der Täfelung eines Salons versteckt. Mit dieser Sammlung gelingt es Eduard, von dem künstlerisch interessierten Vater seiner Geliebten das Jawort zu erlangen, während er vorher um seiner Unreife willen die Verbindung Eduards mit seiner Tochter abgelehnt hatte. Das etwa ist in Grundzügen das Handlungsgerüst des Werkes.

Bezeichnend für das späte Schaffen Tiecks ist aber weniger diese Handlung als vielmehr der Versuch des Dichters, durch weitläufige Gespräche diese Handlung immer wieder aufzulockern und auszuweiten; Gespräche, die zwar etwas mit der bildenden Kunst im allgemeinen, aber so gut wie nichts mit der zuvor skizzierten Handlung der Novelle zu tun haben. Worum es in diesen Erörterungen und Diskussionen geht, das ist das Für und Wider in der Beurteilung der romantischen Kunst und manches andere.

I. Die deutsche Novelle im Übergang von der Romantik zum Realismus

Der Stil dieser Novellen ist nicht eindeutig. Es finden sich einige darunter, die noch an die romantische Periode erinnern. Gespenstergeschichten, Märchennovellen, Schauergeschichten, wie sie Tieck selbst genannt hat; dann aber auch andere, die zu einem neuen Realismus hinneigen und die für die Folgezeit deshalb bedeutsam werden. Im Einklang mit diesem Realismus findet sich auch jene berühmt gewordene Definition, in der Tieck 1829 versucht, das Wesen der Novelle noch einmal festzulegen. Wenn er zwar in diesem Zusammenhang das Wunderbare als für die Thematik der Novelle bedeutsam hervorhebt, unterläßt er es nicht, diese Tatsache dahin einzuschränken, daß „die Sache, selbst im Wunderbaren, unter anderen Umständen wieder alltäglich sein könnte".[2] Damit verfolgt Tieck, wie Eduard Behrend[3] es gelegentlich ausgesprochen hat, die Absicht, eine Synthese von Romantik und Realismus anzubahnen. Schon die Exemplifikation dieser These an der Ferdinand-Novelle der ‚Unterhaltungen' Goethes zeigt, worauf das Interesse Tiecks hier im besonderen bezogen ist. In dem gleichen ‚Vorbericht', aus dem schon zuvor ein Satz zitiert wurde, weist Tieck ausdrücklich auf die Gegenwartsnähe als das bevorzugte Feld des novellistischen Geschehens hin.[4] In diesem Zusammenhang verweist er vor allem auf Cervantes, der sich auch nicht gescheut habe, die eigene Gegenwart und den Alltag in seinen ‚Novelas ejemplares' zu schildern.

In dem gleichen Zeitraum tritt Wilhelm Hauff als Novellendichter in den Vordergrund. Beispielhaft für sein Schaffen sind Novellen wie ‚Die Bettlerin vom Pont des Arts', der ‚Othello', ‚Der Fluch' und andere. Sie alle knüpfen deutlich genug an die Romantik an. Formal weisen sie gegenüber dem Werk des späten Tieck einen klar erkennbaren Vorzug auf: die Konzentration auf die Novellenhandlung und den damit gegebenen Verzicht auf jene weitläufigen Gespräche und Reflexionen, die das späte Schaffen Tiecks so problematisch machen. Was Wilhelm Hauff mit der romantischen Novelle verbindet, ist weniger die erzählerische Struktur als vor allem die Motivwahl. Motive, wie sie aus der romantischen Novellistik vertraut sind, begegnen immer wieder; das des Geschlechterfluches, des Widergängertums, das Doppelgängermotiv und andere Motive gleicher Art.

Aufschlußreich für die realistische Wendung in dem Schaffen Hauffs ist vor allem dieses: daß er zwar die Motive der romantischen Novelle aufgreift, sie aber konsequent aus dem magisch-metaphysischen Bereich ins Psychologische überträgt. Wenn die Erfahrung der Ich-Spaltung bei Jean Paul und anderen Dichtern der Zeit den metaphysischen Dualismus der Romantik enthüllt — also die Gespaltenheit des Unendlichen und Endlichen in der menschlichen Existenz —, so wird bei Hauff die gleiche Spaltung ins Ethisch-Psychologische übertragen. Beispielhaft dafür kann die Novelle ‚Der Fluch' gelten, die den ‚Memoiren des Satans' eingefügt ist. Wenn in dieser Novelle Louise der Kapitän als der Doppelgänger des wahrhaft Geliebten gegenübertritt, so unterscheiden sich beide Gestalten nicht mehr in dem metaphysischen Sinn Jean Pauls — so etwa wie sich Leibgeber und Siebenkäs unterscheiden —, sondern ihrer moralischen Verfassung und ihrem Charakter nach. Der Kapitän erscheint wankelmütig und in seinem Verhalten unzuverlässig. „Der Dualismus zwischen dem endlichen und dem unendlichen Wesen des Menschen, den die Romantik im Doppelgängermotiv gestaltet, wird ... bei Hauff zu einem Dualismus innerhalb der Endlichkeit. Die irrationale Sphäre wird auch bei diesem Gefühl ausgeschaltet — der Dualismus wird in den innermenschlich sittlichen Bereich verlegt."[5]

Wenn über das Novellenschaffen des Jungen Deutschland zu sprechen ist, muß vor allem das Erzählwerk Heinrich Laubes genannt werden. Der in der Nachfolge Heines entstandene Band der ‚Reise-Novellen' hat mit der Gattungsform der Novelle kaum mehr gemein als den Namen. In Wirklichkeit handelt es sich um Reiseberichte, die gelegentlich durch eingestreute Anekdoten aufgelockert und unterbrochen werden. Ein stärkeres Interesse beanspruchen Novellen wie ‚Die Liebesbriefe', ‚Die Schauspielerin', ‚Das Glück', alle drei um das Jahr 1835 entstanden. Wie die Novellen Hauffs unterscheiden sich auch die Laubes formal von dem Novellenwerk des späten Tieck durch die ungleich stärkere Konzentration auf den Handlungszusammenhang und den Verzicht auf ins Allgemeine abgleitende Erörterungen und Gespräche.

Zieht man die an zweiter Stelle genannte Novelle als charakteristisch für das Schaffen Laubes heran, dann kann man auch hier feststellen, wie die Novellistik Laubes, nicht anders als die Hauffs, bei der Thematik der romantischen Novelle anknüpft, sich aber zugleich noch entschiedener von ihr entfernt, als es schon bei Hauff festzustellen war. Man hat mit Recht von diesen Novellen als Dichtungen der Resignation gesprochen.[6] Tatsächlich zielt die Handlung der ‚Schauspielerin' wie auch die der anderen Novellen auf die Bereitschaft des Menschen, sein ‚Glück' auf die einfachen und anspruchslosen

Bereiche des Lebens zu gründen. Wenn zunächst das alte romantische Motiv des Schauspielertums die Thematik der Novelle zu bestimmen scheint, dann wird bald deutlich, daß dieses Motiv jeden Bezug zu dem eingebüßt hat, was die romantischen Dichter — Eichendorff und andere — zuvor daran angezogen hatte: der Zauber der Verwandlung, die Faszination der Maske und damit die Möglichkeit, die Endlichkeit und die Enge des Daseins proteisch auszuweiten. Schauspielertum ist für Laube im Gegensatz dazu Verlust an Echtheit, Verläßlichkeit und Treue. So entscheidet sich Ludwig, die Hauptgestalt der Novelle, gegen die glänzende, als Schauspielerin begabte, aber menschlich problematische Gestalt der Fanny für ihre der Häuslichkeit zugeneigte, äußerlich unscheinbare Schwester. Daß eine solche Gesinnung des Verzichtes keinen geeigneten Nährboden für die Entstehung spezifisch novellistischer, auf die Thematik der Ausnahmesituation bezogener Erzählwerke darbietet, bedarf keiner Begründung. Diese Feststellung gewinnt noch an Nachdruck, wenn man hinzunimmt, daß nicht nur die Fakten des Geschehens, sondern auch die Position des Erzählers von dieser moralisch-kleinbürgerlichen Gesinnung bestimmt ist.

Eduard Mörike

In dem gleichen Zeitraum, da die Novellendichtungen des alten Tieck und der Jungdeutschen Stil und Niveau des Schaffens in dieser Richtung bestimmten, erschienen vier Novellen von hohem und höchstem Rang: ‚Die Judenbuche' der Droste, ‚Der arme Spielmann' Grillparzers, der ‚Lenz' von Büchner und Mörikes Mozart-Novelle. Der Stil dieser Novellen ist sehr verschieden. Das Schaffen der vier genannten Dichter vollzog sich im übrigen sowohl ohne gegenseitige Beeinflussung wie auch ohne Anregung von seiten der jungdeutschen Novellisten. Trotz dieser Isoliertheit des Schaffens spiegelt sich in ihnen die Übergangssituation zwischen Romantik und Realismus wesentlich einprägsamer als in den Novellen Tiecks und Laubes. Darum ist es nötig, sie ausführlicher in die Darstellung einzubeziehen als die Erzählwerke der eingangs genannten Dichter.

Versucht man, sie bei aller Anerkennung der Verschiedenheit doch auf ein Gemeinsames hin zu beziehen, so fällt die unverkennbar motivische Verbundenheit mit der Romantik auf. Bei Mörike, Grillparzer und — mit Einschränkung — auch bei Büchner ist es das Motiv des Künstlertums, das den thematischen Kern und den Ausgangspunkt der Gestaltung ausmacht; in der Novelle der Droste das ebenso von

Eduard Mörike

der Romantik her vertraute Motiv der magischen Verflochtenheit des Menschen in die Natur. Aber ebensosehr wie diese Novellen der Romantik verpflichtet sind, heben sie sich an einer bestimmten Stelle doch wiederum von ihr ab. Was das Unterscheidende ausmacht, läßt sich allerdings nicht mehr einheitlich sagen. Auf jeden Fall handelt es sich um die Tendenz, die Nähe zur Wirklichkeit stärker herauszuarbeiten, als es in der romantischen Novelle geschah. Und noch ein anderes wird deutlich: So spürbar das Anliegen der romantischen Novelle im Werke dieser Dichter noch vorhanden ist, in vielfältiger Weise wird darin auch offenbar, daß eine Zeit im Anbruch ist, die den unbedingten Werten gegenüber nicht günstig gestimmt zu sein scheint. Damit müssen die Dichter der Übergangszeit rechnen. Diese Auseinandersetzung bestimmt sowohl Gehalt wie auch Form dieser Novellen.

Die Wendung zum Wirklichen kommt in den einzelnen Werken jeweils sehr verschieden zum Ausdruck. Etwa in der Neigung, die Erfahrung des Schönen in die Alltäglichkeit hineinzunehmen und das Recht des Bleibenden stärker zu betonen, als es in der Romantik zu geschehen pflegte. Von daher ist vor allem die Mozart-Novelle Mörikes zu verstehen. Diese Wendung kommt aber auch in der Weise zum Ausdruck, wie sich Grillparzer verpflichtet fühlt, alles, was im Felde des Wirklichen hemmend und lastend ist, illusionslos und ohne Einschränkung auszubreiten. Anders akzentuiert ist die gleiche Wendung zum Wirklichen in dem Bemühen der Droste, dem Magischen den Charakter des Isoliert-Gespenstischen zu nehmen und es — wie es die Dichterin aufgrund bestimmter regionaler Traditionen tut — als eine zu jeder Zeit ernstzunehmende Schicht im Menschen und im Dasein eines Volkes zu verstehen und zu gestalten. Und noch einmal anders stellt sich der gleiche Versuch in der nüchternen, fast analytisch-wissenschaftlichen Sachlichkeit dar, mit der Büchner das Phänomen und die Krise der Genialität psychologisch erfaßt. So wird überall das Neue spürbar, das die spezifische Prägung des 19. Jahrhunderts ausmacht.

Von Mörike sind drei Novellen überliefert; aus dem Jahre 1834 die geschlossene und pragmatisch sehr konzentrierte ‚Lucie Gelmeroth'; aus dem Jahre 1835 ‚Der Schatz', ein Erzählwerk, das die Form des seit Hoffmanns ‚Goldnem Topf' bekannten Novellenmärchens — allerdings in wesentlich nüchternerer Tonlage — wieder aufnimmt; schließlich aus der Spätzeit des Schaffens ‚M o z a r t a u f d e r R e i s e n a c h P r a g', geschätzt als eines der kostbarsten Stücke unserer Prosadichtung. Chronologisch gesehen ist das Werk von den vier

21

I. Die deutsche Novelle im Übergang von der Romantik zum Realismus

genannten Novellen der Übergangszeit das zuletzt entstandene. Die Novelle wurde erst 1855 veröffentlicht, also zu einem Zeitpunkt, in dem Stifter bereits den Höhepunkt seines Novellenschaffens erreicht hat. Wenn sich unsere Aufmerksamkeit zunächst der Novelle Mörikes zuwendet, dann ist diese Wahl deshalb gerechtfertigt, weil dieses Erzählwerk, so deutlich es auch auf seine Weise die Nähe zum Realismus erkennen läßt, trotzdem die beste Möglichkeit bietet, an die Tradition der Romantik anzuknüpfen und mit dem Gemeinsamen zugleich das Neue daran aufzuzeigen.

Motivisch greift der Dichter, wie eingangs schon berührt, mit seiner Dichtung auf die romantische Künstlernovelle zurück. So steht der Held Mörikes unverkennbar in der Linie, die mit Wackenroders Berglinger-Novelle über E. T. A. Hoffmanns ‚Ritter Gluck‘ und den ‚Baron von B.‘ bis zu den historisierenden Spätnovellen des gleichen Dichters verläuft. Wobei man doch daran denken könnte, daß das Werk Mörikes mit dem Spätwerk Hoffmanns den Verzicht auf das Phantastisch-Groteske und die Neigung zur historischen Treue gemein hat.

Aber so stark auch Mörike das Historische betont, der Substanz nach ist seine Mozartgestalt vor allem aus der früh- und hochromantischen Auffassung des Künstlertums zu verstehen. Es kommt hinzu, daß Mörike — nicht anders als Wackenroder mit seiner Berglinger-Gestalt — von allen Künsten am entschiedensten die Musik umwirbt, und zwar deshalb, weil er mit Wackenroder und Hoffmann offenbar des Glaubens ist, daß in ihr die Grenze zwischen der Bedingtheit und dem Absoluten, zwischen der Beliebigkeit und der Notwendigkeit leichter zu überschreiten sei als in den anderen Künsten. So ist es kein Zufall, daß, um noch einmal an Wackenroder zu erinnern, auch bei Mörike Metaphern des Elementaren bedeutsam werden, um das Überwältigtsein im Schaffensprozeß — in dem Sinn etwa, wie der mittlere Schelling von der künstlerischen Inspiration als dem „pati deum" spricht[7] — zum Ausdruck zu bringen. „Wenn erst das Eis einmal an einer Uferstelle bricht, gleich kracht der ganze See und klingt bis in den entferntesten Winkel hinunter."[8] In Sprachgebärden dieser Art klingt jene Notwendigkeit und jenes Müssen an, das nur aus der Ergriffenheit von dem Unbedingten möglich wird. Vielleicht noch ausdrücklicher wird dann die Gewalt dieses Ergriffenseins im folgenden Satz spürbar: „Es folgte nun der ganze lange, entsetzensvolle Dialog, durch welchen auch der Nüchternste bis an die Grenzen menschlichen Vorstellens, ja über sie hinaus gerissen wird, wo wir das Übersinnliche schauen und hören und innerhalb der eigenen Brust von einem Äußersten zum andern willenlos uns hin und her geschleudert fühlten." (S. 1064)

Das ist die eine Seite in der Entfaltung des Künstlertums. Die andere ist — auch hier in genauer Nachfolge der romantischen Künstlernovelle — die mit dem Enthusiasmus unlösbar verbundene Erfahrung der kreatürlichen Grenze; eine, die sich in dem Werke Mörikes vor allem auf das Motivfeld des Todes zentriert. Daß dieses in der Novelle ebenso sorgfältig entfaltet wird wie das Motiv des Schöpfertums, ist unschwer zu erkennen. In dieses Zugleich von Fülle und Armut, von Unbedingtheit und Endlichkeit ist der Held Mörikes, kaum anders als die zahlreichen Künstlergestalten der Romantik, hineingegeben. Auf diese Thematik ist das Werk im Ganzen hingeordnet. Mag es auch manchmal den Anschein haben, als ob sich der Erzähler in seiner Freude an der sinnlichen Fülle der Welt in ein Fabulieren verlöre, das den Bezug zu dem zentralen motivischen Zusammenhang des Werkes vermissen ließe. In Wirklichkeit ist dieser in allen Erzählphasen der Novelle nachweisbar, auch wenn sich diese noch so episodenhaft zu isolieren scheinen.

Schon im Eingang der Novelle findet sich eine solche Erzählphase episodenhafter Art. Es ist die, darin Mozart — in bezeichnendem Gegensatz zu Constanze — seine helle Freude daran hat, daß sich das sorgfältig aufgesparte Riechwasser, erfrischenden Duft verbreitend, mit einem Mal über das Innere des Wagens ergießt. Mag diese Erzählpartie noch so beziehungslos und abseitig scheinen, in Wirklichkeit steht sie doch in genauer Beziehung zu dem, was in jedem echten Schöpfertum als Freude an der Verschwendung, an Fülle und Reichtum verborgen ist. Und wenn dann Mozart bei seinem Gang durch den Wald von der Schönheit des freien, durch keinen Zwang beengten Wachstums der Bäume ergriffen ist, läßt auch diese Empfindung etwas vom Geheimnis des Schöpfertums spüren, das in gleicher Weise auf Freiheit, Spontaneität und Urwüchsigkeit bezogen ist. So klingt immer wieder die Thematik des Künstlertums an. Ob der Erzähler zu berichten weiß, wie Mozart Spiel und Zerstreuung aufsucht oder wie er mit seinem Leichtsinn und seiner Verschwendung den mühsam ausbalancierten Haushalt in Gefahr bringt, die Nähe zum zentralen Motiv ist in allem erkennbar; auch dann, wenn von dem Erzähler der Zusammenhang nicht expressis verbis aufgezeigt wird.

I. Die deutsche Novelle im Übergang von der Romantik zum Realismus

Ebenso vielfältig ist das Todesmotiv variiert. Etwa an der Stelle, da in dem Künstler mitten in der Freude am Reichtum der Welt die jähe Angst aufsteigt, daß das kurz befristete Leben nicht ausreicht, um all diesen Reichtum auszukosten; oder wenn von dem häufigen Kranksein des Künstlers berichtet wird; desgleichen, wenn in der Nacht, da Mozart eine der letzten Szenen des ‚Don Juan' niederschreibt, wiederum unvermittelt die Angst über ihn kommt, daß er das Werk nicht abschließen könne. Am eindringlichsten wird die Thematik des Todes in der letzten Erzählphase des Werkes entfaltet, wenn Eugenie nach dem Abschied des Meisters erkennt, „daß dieser Mann sich schnell und unaufhaltsam in seiner eigenen Glut verzehre, daß er nur eine flüchtige Erscheinung auf der Erde sein könne, weil sie den Überfluß, den er verströmen würde, in Wahrheit nicht ertrüge". (S. 1068) Von da aus gesehen überrascht es dann auch nicht, wenn die Novelle mit dem Lied ausklingt, das wiederum nur als eine einzige Entfaltung und Variation des Todesmotives zu verstehen ist: „Ein Tännlein grünet wo, / Wer weiß? im Walde, / Ein Rosenstrauch, wer sagt, / In welchem Garten? / Sie sind erlesen schon, / Denk es, o Seele! / Auf deinem Grab zu wurzeln / Und zu wachsen." (S. 1069)

In all dem ist die Nähe zur Romantik zu erkennen. An diese Nähe erinnert nicht zuletzt auch der Umstand, daß die Existenz des Künstlers im Gegensatz zum Bürgertum dargestellt wird. Allerdings läßt sich in diesem Bezug zur bürgerlichen Welt auch der Unterschied zur Romantik und das Neue nachweisen. Man kann es so charakterisieren: Wenn Mörike schon bereit war, die Darstellung des Künstlertums — gegensätzlich zu den Künstlergestalten E. T. A. Hoffmanns — alles Phantastisch-Skurrilen zu entkleiden und es auf das Maß des Humanen zurückzuführen, so bleibt in noch höherem Maße auch die bürgerliche Gegenwelt, fern aller Verzerrung, dem Menschlichen nahe und in dieser Menschlichkeit liebenswert und sympathisch. Um sich dieser Wandlung bewußt zu werden, liegt es nahe, an jenes romantische Erzählwerk zurückzudenken, in dem auch, vergleichbar der Dichtung Mörikes, der ‚Don Juan' Mozarts im Mittelpunkt steht: an die gleichnamige Novelle E. T. A. Hoffmanns. Dort besteht der unversöhnte Gegensatz von Kunst und Alltäglichkeit; einer Kunst, die ausschließlich ins Esoterische hineingebannt ist, und dagegen eine Wirklichkeit, die, aus allen Bezügen zum Schönen gelöst, in letzter Trostlosigkeit und Armseligkeit erscheint.[9] Wie hebt sich davon das Werk Mörikes ab; schon in der Darstellung des Künstlertums;

aber noch mehr da, wo die bürgerliche Gegenwelt entfaltet wird! Diese ist ihrer selbst so gewiß, daß sie sich ohne innere Unsicherheit der Welt des Künstlertums gegenüber zu behaupten vermag. Da ist Constanze, die Frau Mozarts, in gleicher Weise auf Sparsamkeit bedacht, wie ihr Gatte verschwenderisch erscheint; verschwenderisch in den alltäglichen Dingen und sich verschwendend in der Hingabe an das Werk. Durch die ganze Novelle hindurch ist der Gegensatz dieser beiden Gestalten entfaltet; beginnend mit dem schon berührten Streit über den ausgeleerten Flacon, über Constanzens kühne Vision eines domestizierten, seßhaft gewordenen und zu weltlichen Ehren gekommenen Mozart, bis hin zu ihren Überlegungen, wie der mögliche Erfolg des Don Juan finanziell ausgenutzt werden könne. Aber so eng Constanze manchmal auch als Gegenfigur zu Mozart erscheinen mag, so deutlich die Linie gezogen ist, hinter der die Möglichkeit einer Verständigung aufhört, irgendwie bleibt zwischen beiden das Gespräch möglich, ein Gespräch, das vor allem darin sein Recht hat, daß im Gegensatz zu dem Werk des romantischen Novellisten die Verschränkung von Kunst und Alltäglichkeit nicht gelöst ist. So wird es auch verständlich, daß sich mit Constanze eine Fülle von Gestalten gleicher Prägung um den Künstler reihen, Gestalten, die gerade in ihrer selbstsicheren Bürgerlichkeit liebenswürdig erscheinen; angefangen mit der Generalin Volkstett, den Wiener Freunden über die Handwerker der Währinger Gasse bis hin zu dem Liebespaar, dem Mozart zur langersehnten Heirat verhilft. Wie reizvoll ist vor allem die letzte Episode! Zeigt sie doch, daß die Ergriffenheit vom Schönen und die Anteilnahme an alltäglichen Nöten und Bedrängnissen, der Dienst am Werk und die Sorge um den Menschen sich in der Existenz des Künstlers durchaus vereinen lassen.

Diese Verständigung bliebe allerdings brüchig, wenn nicht in der Novelle auch Gestalten erschienen, in denen sich die beiden Möglichkeiten und Bereiche — die Welt des Tages und die andere, in der sich das Sein und das Nichtsein in tragisch-abgründiger Weise verbinden — zur Einheit fügen und so für einen Ausgleich von seltener Kostbarkeit stehen würden: der Verlobte Eugeniens und in noch viel stärkerem Maße diese selbst. „Genau genommen" — so der Erzähler über beide Gestalten — „waren, dem Geist, der Einsicht, dem Geschmacke nach, Eugenie und ihr Verlobter die einzigen Zuhörer, wie der Meister sie sich wünschen mußte, und jene war es sicher ungleich mehr als dieser." (S. 1062) Das ist jedenfalls für das Ver-

I. Die deutsche Novelle im Übergang von der Romantik zum Realismus

ständnis der Mörike-Novelle bedeutsam: daß sich die Pole des Lebendigen nicht voneinander lösen. Weder ist es so, daß die Erfahrung des Tages der Leidenschaft fremd ist — in leisen Übergängen öffnet sie sich vielmehr den letzten Möglichkeiten —, noch ist die Leidenschaft dem Tage entfremdet. Im Gegenteil, der Held gibt sich willig und mit warmem, gütigem Herzen den Freuden des alltäglichen Lebens hin. Und so vollzieht sich auch der Akt der künstlerischen Inspiration nicht — wie in den Künstlernovellen Hoffmanns etwa — im Abseitigen; vielmehr nimmt sie ihren Weg über die schönen Dinge, die auch ihrerseits in der Nähe zum Geist erst in ihren kostbarsten Möglichkeiten aufzublühen vermögen. Beginnend mit den schönen Bäumen der mährischen Wälder bis zur reifen Pomeranzenfrucht, deren Duft in dem Künstler die Inspiration entbindet, — welche unvergleichliche Durchdringung von Natur und Geist, von sinnlicher und göttlicher Vollendung! Dabei ist allerdings noch einmal zu sagen, daß trotz dieser Nähe die Grenzen des Bedingten und Unbedingten in einer ebenso diskreten wie genauen Weise beachtet werden. Vor allem eine Stelle gibt es in der Novelle, wo der Held völlig einsam und für sich steht. Sie ist durch das im Ganzen des Werkes eindringlich gestaltete Motiv des Todes gekennzeichnet.

In dieser Weise ist die Übergangssituation zwischen Romantik und Realismus in der Novelle Mörikes zu verstehen, von der eingangs die Rede war. Aber nicht nur der Gehalt, sondern auch der Sprachstil und die epische Gestaltung weisen auf diesen Übergang hin. Daß die Sprache mehr als einmal, vor allem in ihrer Vorliebe für die Metaphorik des Elementaren, in die Nähe des romantischen Stils gerät, wurde schon gesagt. Allerdings muß man hinzufügen, daß Stilzüge dieser Art in dem Werke Mörikes — verglichen mit Wackenroder und Hoffmann — relativ selten sind und sich dafür die Wendung zu einem mehr realistischen Stil um so entschiedener ankündigt. Die Ausrichtung auf einen solchen Stil ist nicht zuletzt in den Gesprächen nachweisbar. Diese lassen oft genug die Neigung erkennen, die Individualität der Gestalten so genau charakterisieren zu wollen, daß sie selbst die Wahl von Dialektformen nicht verschmähen: „Jetzt aber laßt uns doch ein mal zwei Wienerische Nos'n recht expreß hier in die grüne Wildnis stecken!" (S. 1013) Eine detaillierte Analyse könnte zeigen, wie die Sprachschicht auch sonst den genannten Übergang von einem romantischen zu einem mehr realistischen Stil spiegelt. Ergriffenheit und hohes Pathos finden sich in der Sprachgebung jener

Eduard Mörike

Episoden, in denen Mozart aus der letzten Szene der Oper vorspielt — „Er löschte ohne weiteres die Kerzen der beiden neben ihm stehenden Armleuchter aus, und jener furchtbare Choral ‚Dein Lachen endet vor der Morgenröte' erklang durch die Totenstille des Zimmers..." (S. 1064) — Liebevoll minutiöse Detailschilderung mit der entschiedenen Vorliebe für den „mot propre" prägt unter anderem die Eingangspartie der Novelle, in der das Äußere der Kutsche und die Kleidung Mozarts geschildert werden. „Der gelbrote Wagen ist hüben und drüben am Schlage mit Blumenbuketts, in ihren natürlichen Farben, gemalt, die Ränder mit schmalen Goldleisten verziert, der Anstrich aber noch keineswegs von jenem spiegelglatten Lack der heutigen Wiener Werkstätten glänzend...!" (S. 1012) — Reflektiert-distanzierter Stil bietet sich in den kommentierenden Zusätzen des Erzählers dar; Frische und Unmittelbarkeit vor allem in den Berichtpartien der Novellen. Indessen, so verschieden die Sprachebenen sind, alles fügt sich trotzdem zu einem so glücklichen Ganzen, daß man gerne bereit ist, darüber vereinzelte Disproportionen zu überlesen.

Wenn man darauf achtet, daß mit der Sprache auch die epischen Aufbauformen für die Struktur der Novelle wichtig sind, dann bestätigt sich von dieser Seite her noch einmal, was zuvor von der Sprache und dem Stil gesagt wurde. In der Einleitung zu dieser Darstellung der Novelle im 19. Jahrhundert wurde bereits darauf aufmerksam gemacht, daß in den theoretischen Erörterungen im Lauf des 19. Jahrhunderts immer stärker auf die mögliche Ausweitung der Novelle zum Roman verwiesen wurde; insbesondere auf die Neigung zur Episodenbildung, auf das Bemühen, die Figur des Erzählers stärker herauszuarbeiten, und ähnliche Stilzüge. Daß der Grund für diese Wandlung die immer stärkere Bewußtheit sei, mit der der novellistische Gegensatz des Ungebändigten und Gesetzlichen erfahren wird, wurde an der gleichen Stelle gesagt. Wenn diese Bewußtheit schon das Klima der romantischen Novelle beeinflußt, dann gilt das in erhöhtem Maße von der Mozart-Novelle Mörikes. Von daher ist nicht nur der Gehalt, sondern auch die Eigenart der epischen Gestaltung zu begreifen. Erstens im Aufbau des Werkes: etwa in der Weise, wie es mit der Krisensituation einsetzt, dann aber in zahlreichen Rückwendungen eine Vergangenheit hereingeholt wird, in der sich der Konflikt zwar von ferne ankündigt, aber doch wiederum nicht in einer so beunruhigenden Weise erlebt wird, daß er den noch relativ ruhigen Rhythmus des Lebens entscheidend zu beeinträchtigen vermöchte. Zweitens in

I. Die deutsche Novelle im Übergang von der Romantik zum Realismus

der Gliederung der Handlung: wie zwar der Strang der Haupthandlung — die letzte Phase im Schaffen am ‚Don Juan' und die Reise nach Prag zur Aufführung des Werkes — als Handlungsgerüst sicher und konsequent gestaltet ist, auf der anderen Seite zahlreiche Episoden den Gang des Geschehens retardieren, Episoden, die gelegentlich in solchem Maße in sich geschlossen sind, daß sie die strenge Subordination unter die eigentliche Novellenhandlung in Frage stellen. Auch dieser Gegensatz — also der einer streng linearen Handlungsführung auf der einen Seite und der Episodenbildung auf der anderen — ist eine Konsequenz der Tatsache, daß der novellistische Konflikt bewußter ausgetragen wird als zuvor.

Aufschlußreich ist, im Einklang mit den bisherigen Beobachtungen, die Wahl und Verteilung der epischen Grundformen. Tragend bleibt auch in der Novelle Mörikes die Grundform des Berichtes. Der klassischen Formtradition nach wird dieser Bericht ergänzt durch zahlreiche szenische Partien, Partien, die, an die romantische Novelle anknüpfend, in ihrem Umfang und ihrer Funktion über die Szene der klassischen Novelle hinaus allerdings wesentlich erweitert und differenziert sind. In das Werk hineingenommen werden dann aber auch als zusätzliche Formelemente die Grundformen der Beschreibung und Erörterung. Wobei auch in der Gegensätzlichkeit dieser Formelemente — der von Beschreibung und Bericht, von szenischen Partien und Reflexionen — wiederum jene Spannung nachweisbar ist, aus der sich der Gehalt entfaltet hatte, der von Hingerissenheit und Selbstbewahrung, von Künstlertum und bürgerlicher Welt.

In der Entwicklung der deutschen Novelle vom späten Goethe bis in die Romantik hinein ist, von allen anderen Wandlungen abgesehen, vor allem jene Tendenz unverkennbar, von der schon in der Einleitung die Rede war: die Abwendung von der strengen Objektivität der klassischen Novellenform und der Übergang zu einer Darstellung, in der die Betroffenheit des Menschen wichtiger ist als die Faktizität des Geschehens. In diese Entwicklungslinie ist auch Mörikes Werk einzuordnen. Unter diesem Aspekt ist es kein Zufall, daß, von dem früher entstandenen ‚Armen Spielmann' Grillparzers abgesehen, zum erstenmal in der Novelle die Gestalt des Erzählers als Zwischenglied eingeschaltet erscheint, und zwar eines solchen, der mit dem Bericht des Faktums dieses zugleich deutend aufschließt und kommentiert. Von Cervantes abgesehen, gibt es in der Tradition der klassischen Novelle keinen Erzähler dieser Art. In einem Werk wie der Bassompierre nacherzählten Krämerin-Novelle in Goethes ‚Unterhaltungen' wird das Fremdartige und Rätselhaft-Unauflösbare so intensiv betont, daß dort eine solche Figur unmöglich wäre.[10] In dem Augenblick aber, da sich der Akzent von dem Geschehen auf den Menschen verlagert, wird auch ein Erzähler möglich, der, eingeweiht in das Geheimnis der künstlerischen Existenz, zu sagen vermag, was im Inneren eines solchen Menschen vor sich geht. „Hier drängt sich uns voraus die schmerzliche Betrachtung auf, daß dieser feurige, für jeden Reiz der Welt und für das Höchste, was dem ahnenden Gemüt erreichbar ist, unglaublich empfängliche Mensch, so viel er auch in seiner kurzen Spanne Zeit erlebt, genossen und aus sich hervorgebracht, ein stetiges und rein befriedigtes Gefühl seiner selbst doch lebenslang entbehrte." (S. 1016) — „Diese Vergnügungen, bald bunt und ausgelassen, bald einer ruhigeren Stimmung zusagend, waren bestimmt, dem lang gespannten Geist nach ungeheurem Kraftaufwand die nötige Rast zu zu gewähren; auch verfehlten sie nicht, demselben nebenher auf den geheimnisvollen Wegen, auf welchen das Genie sein Spiel bewußtlos treibt, die feinen flüchtigen Eindrücke mitzuteilen, wodurch es sich gelegentlich befruchtet." (S. 1070) Mit kommentierenden Zwischenbemerkungen dieser Art ist das Werk Mörikes durchsetzt.

Franz Grillparzer

Grillparzer hat zwei Novellen geschaffen: 1828 ‚Das Kloster bei Sendomir', 1848 die schon erwähnte Novelle ‚D e r a r m e S p i e l m a n n'. Das erste Werk ist in seiner formalen und motivischen Geschlossenheit eine Dichtung von hohem Rang. Die zweite, bekanntere Novelle scheint im Aufbau zunächst komplizierter und weniger geschlossen. Trotzdem wird man ihr in einer Darstellung der geschichtlichen Entwicklung der deutschen Novelle den Vorzug geben; einmal weil gerade diese Komplikation des Aufbaues als Konsequenz einer größeren Offenheit für die geschichtliche Situation betrachtet werden muß; dann aber auch aus einem praktischen Grund: die Motivwahl erlaubt es, den ‚A r m e n S p i e l m a n n' vergleichend in die Reihe der zahlreichen Künstlernovellen einzuordnen. Vor allem ist es möglich, von daher den Zusammenhang mit der romantischen Künstlernovelle, den Unterschied zu ihr, aber auch zu dem eben erörterten Werk Mörikes aufzuweisen.

In einem Abschnitt, in dem die Übergangszeit von der Romantik zum Realismus vorzustellen ist, steht begreiflicherweise das Verhältnis

I. Die deutsche Novelle im Übergang von der Romantik zum Realismus

zur Mozart-Novelle Mörikes im Vordergrund. Daß trotz der viel früheren Entstehungszeit die Novelle Grillparzers moderner ist — modern vor allem in ihrer Illusionslosigkeit und Skepsis gegenüber jeder Versöhnung von Geist und Wirklichkeit, wie sie für das Werk Mörikes bestimmend ist, bedarf keiner weitläufigen Begründung.

Eines hat Grillparzer mit Mörike von der Romantik übernommen: die Überzeugung, daß sich in der Kunst, insbesondere in der Musik, die Liebeskräfte des Seins am tiefsten offenbaren. Wenn der alte Geiger nicht müde wird, Abend für Abend den Wohlklang der Akkorde und Konsonanzen auszukosten, so deshalb, weil er sich hier auf der Spur eben dieser Liebeskräfte weiß: „Sie spielten den Wolfgang Amadeus Mozart und den Sebastian Bach, aber den lieben Gott spielt keiner. Die ewige Wohltat und Gnade des Tons und Klangs, seine wundertätige Übereinstimmung mit dem durstigen zerlechzenden Ohre, daß" — fuhr er leise und schamrot fort — „der dritte Ton zusammenstimmt mit dem ersten und der fünfte desgleichen und die Nota sensibilis hinaufsteigt wie eine erfüllte Hoffnung, die Dissonanz herabgebeugt wird als wissentliche Bosheit oder vermessener Stolz und die Wunder der Bindung und Umkehrung, wodurch auch die Sekunde zur Gnade gelangt in den Schoß des Wohlklangs."[11] So sein Bekenntnis dem Besucher gegenüber.

Warum sich der Spielmann so intensiv der Kunst und der Musik zuwendet, wird noch deutlicher erkennbar, wenn man ihn auf dem Hintergrund seiner Umgebung sieht. Denn ebenso leidenschaftlich, wie der Spielmann darauf angewiesen ist, sich in dem Wohlklang der Musik, der Harmonie und der Liebe als der letzten Macht des Seins zu vergewissern, so lieblos ist diese Welt um ihn herum. Fast könnte man sagen, daß diese Novelle in ihrer letzten Intention um nichts anderes kreist als um diese Raumnot der Liebe im Umkreis des gelebten Lebens. Gerade das ist das eminent Realistische in dieser Novelle, daß sie diesem Tatbestand gegenüber nicht ausweicht, sondern sich unerschrocken in ihn einläßt.

Wenn man die Novelle von dieser Thematik der Liebe her versteht, wird es begreiflich, warum sich in ihr fast mit einer Art von innerer Notwendigkeit mit dem Künstlermotiv das Liebesmotiv verbindet. Dabei sind beide Motive auch in ausdrücklicher Weise in Verbindung gebracht, indem es gerade das Lied Barbaras, der Partnerin des Spielmanns, ist, das ihn zur Musik hinführt. Ob er in der Kunst und in der Liebe Barbaras Rettung vor der Lieblosigkeit der Welt findet, wird im folgenden immer stärker für ihn eine Frage, von der Heil und Unheil des Lebens abhängt. Daß die Antwort darauf negativ ausfallen muß, wird von dem Dichter in der illusionslosen Gestimmtheit des Werkes von vornherein angedeutet.

In den Briefen an Milena und an anderen Stellen spricht Kafka wiederholt von der Novelle Grillparzers als von einem Werk, dem seine besondere Liebe gehört.[12] Warum der moderne Dichter gerade von dieser Dichtung angezogen war, dafür lassen sich neben biographischen Umständen zwei Gründe anführen: einmal der, daß er in dem ‚Armen Spielmann‘ auf den gleichen Weltzustand stößt, der auch für ihn — nur in die Problematik der eigenen Gegenwart versetzt — von Bedeutung wurde; und dann der Umstand, daß sich auch Kafka in der Musik jene Liebe und Harmonie geoffenbart hat, die er in der ihn umgebenden Wirklichkeit schmerzlich vermißt. Von diesen Voraussetzungen her könnte man etwa ‚Die Verwandlung‘ und Grillparzers Novelle bis ins einzelne vergleichen. In beiden Werken hat die Wirklichkeit einen Grad der Lieblosigkeit erreicht, daß kein Mensch darin mehr atmen und existieren kann. Und in beiden Werken wird die Musik zum Symbol für die mögliche Erlösung von dieser Lieblosigkeit. So wäre es möglich, den Vater des Spielmanns und auch die Figur des Griesler mit manchen Gestalten Kafkas, dem des Prokuristen, aber auch mit den Angehörigen Gregor Samsas, zu vergleichen. Und wie der Spielmann die Musik umwirbt, so fühlt sich auch die Parallelgestalt des Spielmanns in der ‚Verwandlung‘ zur Musik hingezogen. „War er ein Tier, da ihn Musik so ergriff? Ihm war, als zeige sich ihm der Weg zu der ersehnten unbekannten Nahrung."[13] So heißt es in jener entscheidenden Partie der ‚Verwandlung‘, in der es sich zeigen muß, ob die Musik in der Schwester Gregors jene Liebe entbunden hat, ohne die die Erlösung des zum Tier verwandelten Bruders nicht möglich ist. Indessen weder bei Grillparzer noch bei Kafka sind Liebeskräfte dieser Art lebendig und wirksam.

Von den Konsequenzen einer solchen gesellschaftlichen Situation und weniger vom Zufall einer individuellen, seelischen Konstitution her ist in der Novelle Grillparzers dann auch die psychische Verfassung des Helden zu begreifen. Wenn er sich am Ende als zu schwach erweist, um seine Sehnsucht nach Liebe und Verbundenheit zu verwirklichen — weder in der Kunst noch im Leben reicht die Kraft dazu aus —, dann weist diese Schwäche letztlich wiederum auf die Situation der Geschichte zurück: Wo immer die Welt so verhärtet ist, wie es in

I. Die deutsche Novelle im Übergang von der Romantik zum Realismus

dieser Novelle vorausgesetzt wird, da reicht die Kraft des einzelnen nicht mehr aus, um durch eine solche Verhärtung hindurchzustoßen. So ist das Problem der Dekadenz nicht in erster Linie ein psychologisches, sondern vor allem in dem Zustand der Gesellschaft begründet und steht mit ihr in einem Verhältnis dialektischer Art.

Trotzdem verfängt sich die Novelle nicht in auswegloser Determiniertheit, so viel an Hoffnungslosigkeit auch über das Geschehen ausgebreitet ist. An einer Stelle wenigstens löst sich der Bann: Barbara, so wenig auch sie sich von der Übermacht des gesellschaftlichen Zwanges zu lösen vermag, ist dennoch wider alles Erwarten frei und offen genug, um die Not des Spielmanns zu verstehen und seine Neigung ohne Berechnung zu erwidern. Zwar erweist sich auch diese Wendung zu einer glücklichen Lösung als eitel und vergeblich. Aber so beklemmend dieses Scheitern erscheinen muß, eines bleibt im Gedächtnis haften: das tränenüberströmte Gesicht Barbaras, das der Erzähler als letzten Eindruck mit hinausnimmt; Zeichen dafür, daß die Sehnsucht des Spielmanns nach Liebe in der lieblos gewordenen Welt am Ende doch nicht spurlos und antwortlos untergegangen ist, wie es — um noch einmal an Kafka zu erinnern — am Ende der ‚Verwandlung' geschieht; da nämlich, wo die Angehörigen nach Gregors Tode hinausfahren, zufrieden und glücklich darüber, daß sie nun von der Last der Verantwortung für diesen Sohn befreit sind.

Die Interpretation der Novelle Grillparzers hatte von Anfang an darauf verwiesen, in wie tiefgreifender Weise sich das Lebensgefühl des Werkes von der Mozart-Novelle Mörikes abhebt. Daß das Klima des ‚Armen Spielmanns' gegenüber dem der Novelle Mörikes kälter, schonungsloser, unbarmherziger erscheint, dies war im Grunde das Ergebnis der bisherigen Deutung. Die Interpretation der Novelle kann aber nicht abgeschlossen werden, ohne daß noch einmal die Überlegung angestellt wird, welche Konsequenzen dieses so gewandelte Lebensgefühl für die Form der Dichtung hat.

Wenn man bei der Analyse der epischen Form mit der Frage nach der Perspektive des Erzählers einsetzt, dann ist zunächst darauf zu verweisen, daß es zwei Erzähler sind, die in die Novelle eintreten: der Erzähler der Rahmenhandlung und der Spielmann als der Erzähler der Binnenhandlung. Es muß betont werden, daß sie sich dem Geschehen gegenüber keineswegs gleichartig verhalten. Der erste Erzähler tritt ausschließlich von außen an das Geschehen heran; der Spielmann dagegen berichtet von seinem eigenen Lebensschicksal. Der

Franz Grillparzer

Erzähler der Rahmenhandlung nimmt bei aller Teilnahme am Schicksal seiner Gestalt doch vor allem eine beobachtende Haltung ein. In diesem Sinn bekennt er, daß es sein „anthropologischer Heißhunger war" (S. 150), der ihn gereizt habe, das Schicksal des Spielmanns zu ergründen.[14] Wenn dagegen dieser selbst erzählt, spricht er verständlicherweise aus einer ganz anderen Ergriffenheit. Es geht ja um sein eigenes Wohl und Wehe. Noch einmal sei an die Stelle erinnert, da er von dem Wunder der Musik und der Harmonie spricht. So könnte der Erzähler der Rahmenhandlung nicht berichten. Und trotzdem, so verschieden sie sind, der Unterschied ist überraschenderweise nicht so radikal und gegensätzlich, wie man es zunächst erwarten könnte. Nur wenn der Spielmann von sich spricht, wird der Ton leidenschaftlich und erregt. Aber das geschieht selten genug. Wenn von andern die Rede ist, zögert er, von sich aus über die Menschen zu urteilen. Dazu ist er zu scheu, zu ängstlich und zu gewissenhaft. So schildert er selbst Barbara nicht aus eigener Anschauung, sondern greift auf das Urteil der anderen zurück, das sich in äußeren Feststellungen erschöpft und nicht auf das Innere der Gestalten hinweist: „Das Mädchen galt bei meinen Kameraden nicht für schön. Sie fanden sie zu klein, wußten die Farben ihrer Haare nicht zu bestimmen. Daß sie Katzenaugen habe, bestritten einige, Pockengruben aber gaben sie alle zu. Nur von ihrem stämmigen Wuchs sprachen alle mit Beifall." (S. 164) An Stellen dieser Art gleichen sich die beiden Erzählperspektiven an, und zwar so, daß der Erzähler der Rahmenhandlung im Grunde beherrschend bleibt.

In diesem Zusammenhang wird im übrigen der Unterschied zu der Novelle Mörikes besonders deutlich faßbar. Dort herrscht zwischen dem Erzähler und seinen Gestalten eine Nähe und Intimität, deren Grund die gleiche Ergriffenheit und die gleiche Einsicht in das Geheimnis des Schöpfertums ist. Bei Grillparzer tritt an die Stelle der Nähe die Distanz und der Blick des im Grunde illusionslosen Beobachters. Dafür sei unter vielen anderen besonders eine Stelle ausgewählt. Da ist die Rede von der Teilnahme des Erzählers an dem Begräbnis des Spielmanns: Man — so berichtet dieser — „drängte mich die steile Treppe hinauf bis zur Dachstube, die offen stand und ganz ausgeräumt war bis auf den Sarg in der Mitte, ... An dem Kopfende saß eine ziemlich starke Frau, über die Hälfte des Lebens hinaus, im buntgedruckten Kattunüberrock, aber mit schwarzem Halstuch und schwarzem Band auf der Haube. Es schien fast, als ob sie nie schön

I. Die deutsche Novelle im Übergang von der Romantik zum Realismus

gewesen sein konnte. Vor ihr standen zwei ziemlich erwachsene Kinder, ein Bursche und ein Mädchen, denen sie offenbar Unterricht gab, wie sie sich beim Leichenzuge zu benehmen hätten. Eben, als ich eintrat, stieß sie dem Knaben, der sich ziemlich tölpisch auf den Sarg gelehnt hatte, den Arm herunter..." (S. 185) — So auch die Partie, die von dem Begräbnis selbst berichtet: „Der Mann bewegte unausgesetzt, als in Andacht, die Lippen, sah aber dabei links und rechts um sich. Die Frau las eifrig in ihrem Gebetbuche, nur machten ihr die beiden Kinder zu schaffen, die sie einmal vorschob, dann wieder zurückhielt..." (S. 185/86) Schonungsloser kann das Häßliche und Hoffnungslose der alltäglichen Wirklichkeit kaum ins Wort kommen. Da ist jene distanzierte Beobachterhaltung maßgebend, von der zuvor die Rede war. Im Gegensatz zu Mörike gibt es nichts mehr, was den Erzähler mit seinen Gestalten verbindet. Es ist, als ob die Menschen ohne Übergang und Verbindung im leeren Raum ständen. Weder zwischen dem Erzähler und den Gestalten, noch zwischen ihnen selbst — der Mutter und den Kindern, der Frau und dem Mann — bleibt etwas Verknüpfendes und Gemeinsames.

Charakteristisch für die Erzählstruktur der Novelle ist mit der Eigenart der erzählerischen Perspektive die analytische Form des Aufbaues. Die Geschichte von dem Spielmann wird mit dem Bild eingeleitet, von dem der Erzähler der Rahmenhandlung aus der Erinnerung berichtet. Auf einem Volksfest der Wiener Vorstadt wird er mit anderen Gestalten zum ersten Mal des Spielmanns ansichtig: „Endlich — und er zog meine ganze Aufmerksamkeit auf sich — ein alter, leicht 70jähriger Mann in einem fadenscheinigen, aber nicht unreinlichen Moltonüberrock mit lächelnder, sich selbst Beifall gebender Miene. Barhäuptig und kahlköpfig stand er da, nach Art dieser Leute, den Hut als Sammelbüchse vor sich auf dem Boden, und so bearbeitete er eine alte vielzersprungene Violine, wobei er den Takt nicht nur durch Aufheben und Niedersetzen des Fußes, sondern zugleich durch übereinstimmende Bewegung des ganzen gebückten Körpers markierte. Aber all diese Bemühung, Einheit in seine Leistung zu bringen, war fruchtlos, denn was er spielte, schien eine unzusammenhängende Folge von Tönen ohne Zeitmaß und Melodie." (S. 149) In dieser Zeichnung eines Menschen liegt etwas Endgültiges. Es ist eine Verfassung, die jeder Wandlungsfähigkeit und jeder Hoffnung bar ist. Wenn dann in der Innenhandlung der Bericht über das Leben des Spielmanns folgt, kann er nur noch einen Sinn haben: zu erklären, wie es zu dieser Endsituation gekommen ist. So gesehen, hat der Aufbau des Werkes wesentlich analytischen Charakter, auch wenn das Ende der Novelle diese analytische Struktur an einer bestimmten Stelle auflockert und ihr auf diese Weise seine Unerträglichkeit nimmt, von der zuvor die Rede war. Wo eine solche analytische Form der Darstellung gewählt wird, ist diese zwar nicht in jedem Fall Ausdruck einer fatalistischen Gesinnung, aber doch immer einer gewissen Resignation in bezug auf die Möglichkeit der Freiheit, der Wandlung und der Erfüllung des Daseins. Es bleibt, wie dargelegt, die Liebe Barbaras, die gegen alle Hoffnungslosigkeit wenigstens einen Keim der Hoffnung enthält. Diese hat aber ihre Grenze in dem Umstand, daß die Inhumanität des Weltzustandes am Ende faktisch doch eine Erfüllung zunichte macht.

Georg Büchner

Wenn mit der Novelle Mörikes und Grillparzers die zeitlich früher — 1835 — konzipierte, aber erst 1839 edierte und 1850 in den ‚Nachgelassenen Schriften' neu veröffentlichte Novelle ‚L e n z' von Georg Büchner genannt wird, könnte zur Rechtfertigung dieser Anordnung angeführt werden, daß auch in ihr die Thematik des Künstlertums bedeutsam wurde und neben dem Helden Mörikes zum zweiten Mal eine historische Künstlergestalt im Mittelpunkt des Werkes stände. Aber schon an dieser Stelle gerät man in Schwierigkeiten. Das Motiv des Künstlertums klingt, der Wahl des Stoffes entsprechend, in dem Werk zwar wiederholt an, vor allem in dem Gespräch mit Kaufmann, in dem Lenz seine antiidealistische Kunstauffassung entwickelt. Aber das Motiv ist nicht tragend genug, um eine Novellenhandlung im Sinne der bisherigen Tradition der Novelle zu entbinden. In dieser Beziehung ist das Werk Büchners schwer mit dem vergleichbar, was ihm in der Geschichte der Gattung vorausgeht. Mit dem Motiv des Künstlertums sind andere Motive verbunden, die diesem durchaus gleichrangig sind; das Motiv des christlichen Glaubens etwa, das sich vor allem in der Gestalt und dem Tätigkeitsfeld des Pfarrers Oberlin verdichtet, das Motiv der Natur, das der Liebe und andere Motive. Aber keines besitzt wirklich sammelnde und zentrierende Energie. Statt dessen reiht sich additiv Episode an Episode, eine Reihung, die nur locker durch die Reise des Dichters zu dem Pfarrer Oberlin und den Aufenthalt in seinem Hause zusammengefügt erscheint.

Will man die Novelle in ihrem thematischen Zusammenhang begreifen, dann muß man die Aufmerksamkeit weniger auf Motivwahl und

Motivfügung, sondern stärker auf die inneren Vorgänge richten. So gesehen ist das Thema der Novelle im letzten das der Angst und der Langeweile; beides als Weisen der Gestimmtheit zu verstehen, in denen der Mensch der Nähe und der Nachbarschaft des Nichtseins inne wird. Von daher muß man versuchen, sich das Verständnis des Werkes zu erschließen.[15]

Immer wieder klingt die Thematik der Angst an. Dafür ein paar Belege, beliebig herausgegriffen. Die Angst ist gegenwärtig in der einsamen Natur des Vogesengebirges: „Gegen Abend kam er auf die Höhe des Gebirgs, auf das Schneefeld, von wo man wieder hinabstieg in die Ebene nach Westen. Er setzte sich oben nieder ... Er wollte mit sich sprechen, aber er konnte nicht, er wagte kaum zu atmen; das Biegen seines Fußes tönte wie Donner unter ihm, er mußte sich niedersetzen. Es faßte ihn eine namenlose Angst in diesem Nichts: Er war im Leeren" ...[16] Die gleiche Angst überfällt Lenz in der nächtlichen Einsamkeit des Schulhauses. „Man führte ihn über die Straße ... man gab ihm ein Zimmer im Schulhause. Er ging hinauf. Es war oben kalt, eine weite Stube, leer, ein hohes Bett im Hintergrund ... Er besann sich wieder auf den Tag, wie er hierher gekommen, wo er war. Das Zimmer im Pfarrhause mit seinen Lichtern und lieben Gesichtern, es war ihm wie ein Schatten, ein Traum, und es wurde ihm leer, wieder wie auf dem Berg; aber er konnte es mit nichts mehr ausfüllen, das Licht war erloschen, die Finsternis verschlang alles. Eine unnennbare Angst erfaßte ihn..." (S. 88) Und noch eine letzte Stelle. Einige Tage später kommt aufs neue die Angst über ihn: „Aber nur solange das Licht im Tale lag, war es ihm erträglich; gegen Abend befiel ihn eine sonderbare Angst, er hätte der Sonne nachlaufen mögen." (S. 89)

In dieser Angst äußern sich negative Existenzerfahrungen verschiedener Art: die der Vergänglichkeit und des Todes; an anderer Stelle die der Einsamkeit und des Ausgeschlossenseins von allen sinngebenden Formen menschlicher Verbundenheit. Gegenwärtig ist die gleiche Angst aber auch als Grauen vor der Unwirklichkeit und traumhaften Scheinhaftigkeit dessen, was sich mit dem Anspruch der Wirklichkeit und der Seinsmächtigkeit darbietet: „Wie die Gegenstände nach und nach schattiger wurden, kam ihm alles so traumartig, so zuwider vor...!" (S. 89) Da ist zugleich die Angst als Erfahrung der Schuld. Das gilt vor allem für die Partien, da Lenz jener Verfehlung gedenkt, die er Friederike gegenüber auf sich geladen hat. Besondere Aufmerksamkeit verdient in diesem Zusammenhang ein Satz im Eingang der

Novelle, in dem von Lenz bei Gelegenheit seiner Wanderung durch das Vogesengebirge gesagt wird: „Er ging gleichgültig weiter, es lag ihm nichts am Weg, bald aufwärts bald abwärts, Müdigkeit spürte er keine, nur war es ihm manchmal unangenehm, daß er nicht auf dem Kopf gehn konnte." (S. 85) Wenn man versucht zu sagen, welche Erfahrung sich hier in der Angst verbirgt, so ist es weniger die Scheinhaftigkeit der Dinge, als die Einsicht in die Kontingenz und die Nichtnotwendigkeit des Daseins, eine, die im übrigen die tödliche Gefährdung des Dichters noch stärker enthüllt als die zuvor zitierten Sätze, und zwar als Zweifel an der sinnhaften Notwendigkeit des Seins überhaupt; hier als Zweifel an der sinnhaft gestuften Ordnung des Raums.

Im Gegensatz zu analogen Gestaltungen Jean Pauls — etwa im Zusammenhang mit der Gestalt Schoppes im ‚Titan' — werden Erfahrungen dieser Art nicht mehr nur als innere Vorgänge bzw. als Einsichten traumhafter Art beschrieben. Nicht nur im Innern des Menschen gerät man an das Nichtsein; in der Novelle ist auch der Natur draußen das Stigma der Angst und des Nichtseins eingeprägt. Wenn die Gestalten Stifters in ihrer Gefährdung die Natur als jenen Bereich aufsuchen können, in dem die Macht des Gestalthaften alles Gestaltlos-Chaotische überwindet, so steht bei Büchner dieser rettende Ausweg in eine heile Natur nicht mehr offen. Schon bei Eichendorff wird die idealistische Naturvorstellung problematisch; noch stärker dann — im Zusammenhang mit seiner Entdeckung des Dämonischen — in Goethes ‚Wahlverwandtschaften'. Aber die Vermutung, daß auch in der Natur das Nichtsein und die Angst als Gefahr und Drohung gegenwärtig sein könne, bleibt im Umkreis dieser Dichter noch an die Randzone des Bewußtseins verlegt. Büchner dagegen kennt nicht mehr die Möglichkeit, die Natur als einen Bereich auszusparen, der im Gegensatz zum menschlichen Dasein ungefährdet wäre. Nicht anders als der Mensch ist hier die Natur in die Spannung von Sein und Nichtsein hineingegeben. Wobei aber sofort hinzuzufügen ist, daß das Nichtsein sich bei Büchner im Grunde von Anfang an mächtiger erweist als das Sein: „Es war naßkalt; das Wasser rieselte die Felsen hinunter und sprang über den Weg. Die Äste der Tannen hingen schwer herab in die feuchte Luft. Am Himmel zogen graue Wolken, aber alles so dicht, — und dann dampfte der Nebel herauf und strich schwer und feucht durch das Gesträuch, so träg, so plump." (S. 85) Ein solcher Satz macht offenbar, daß das Wasser nicht als Element des Lebens und der

I. Die deutsche Novelle im Übergang von der Romantik zum Realismus

Regeneration, sondern nur noch als das des Todes und des Nichts erlebt wird. Aber in einer so negativen Weise wird von Lenz nicht nur der elementare Bereich der Natur, sondern die Natur im Ganzen erlebt. „Es war ihm alles so klein, so nahe, so naß; er hätte die Erde hinter den Ofen setzen mögen." (S. 85) So liest man im gleichen Eingang der Novelle. Ein solcher Satz ist nur begreifbar, wenn man ihn als Ausdruck einer grenzenlosen Enttäuschung erlebt; als Wissen darum, daß die Natur vor einem letzten Sinnanspruch nicht bestehen kann.

Wenn von der Enttäuschung als Grundstimmung der Novelle gesprochen wird, dann schließt diese Behauptung allerdings mit ein, daß in der Novelle Büchners zunächst die idealistische Erwartung noch da ist. Tatsächlich gibt es genügend Stellen, in denen etwas von dem Naturpathos der früheren Zeit anklingt. So verrät in dem großen Satzgebilde im Eingang „Nur manchmal wenn der Sturm das Gewölk in die Täler warf und es den Wald heraufdampfte und die Stimmen an den Felsen wach wurden..., oder wenn der Sturm das Gewölk abwärts trieb..." (S. 85) nicht nur der Bau des Satzes — vor allem die anaphorische Reihung der Wenn-Sätze — die Nähe zum Enthusiasmus der Wertherschen Naturerfahrung, diese Erfahrung ist auch im Gehalt nachweisbar. Indessen trägt dieser Enthusiasmus nicht mehr. Auf das Ganze der Novelle gesehen, enthüllt die Natur mehr die Übermacht des Nichts als die Mächtigkeit, Güte und Fülle des Seins. Jedenfalls wird das Nichtsein von der Formenergie und der Sinnhaftigkeit dieses Seins nicht mehr eingeholt und erreicht. Das eine ist von dem andern in dem Maße abgelöst, daß es kein Zufall ist, wenn am Ende der Novelle, im Einklang mit Grenzerfahrungen dieser Art, die Möglichkeit der Bewußtseinsspaltung und des Doppelgängertums anklingt: „Was er tat, tat er nicht mit Bewußtsein, und doch zwang ihn ein innerlicher Instinkt. Wenn er allein war, war es ihm so entsetzlich einsam, daß er beständig laut mit sich redete, rief, und dann erschrak er wieder, und es war ihm, als hätte eine fremde Stimme mit ihm gesprochen." (S. 107)

Man könnte, von Stellen dieser Art verleitet, versucht sein, das Werk mehr als Zeugnis einer schizophrenen Bewußtseinsspaltung zu verstehen denn als dichterische Aussage. Gegen eine solche Abwertung wäre dann aber etwas Entscheidendes einzuwenden: Daß das Ganze des Werkes so konsequent auf die Symbole des Negativen hin durchgearbeitet und durchgestaltet ist, daß allein daran erkennbar wird, daß es nicht als Symptom des psychischen Verfalls zu verstehen ist, sondern vielmehr als Ausdruck einer leidenschaftlichen Frage nach dem Sinn, auch dann, wenn diese Frage negativ beantwortet wird.

Die Novelle setzt mit einer Phase aus dem Leben des Dichters ein, da die innere Verstörung schon so weit fortgeschritten ist, daß sie über dem Folgenden wie ein dunkler Schatten liegt. Schon die Reise zu Oberlin als dem großen homo religiosus der Zeit ist durch das Übermächtigwerden der Angst ausgelöst. Es scheint zunächst auch, als ob die Nähe Oberlins Lenz vor der Zerstörung schützen könne. Wo immer er ihm begegnet, wirkt diese Begegnung beruhigend auf den Dichter: „Er mußte Oberlin oft in die Augen sehen, und die mächtige Ruhe, die uns über der ruhenden Natur, im tiefen Wald, in mondhellen, schmelzenden Sommernächten überfällt, schien ihm noch näher in diesem ruhigen Auge, diesem ehrwürdigen ernsten Gesicht." (S. 89) Oberlin tut von seiner Seite her auch mit rührender Geduld alles, um Lenz vor dem Untergang zu retten. So bietet er vor allem auf, was in dem christlichen Glauben an Zuversicht und Glauben eingeschlossen ist. Mit dem Einfluß Oberlins verbindet sich die Atmosphäre der Geborgenheit, wie sie Lenz in dem Pfarrdorf Oberlins entgegenkommt; auch sie scheint geeignet, dem Gefährdeten so etwas wie Schutz und Sicherheit zu geben. „Er ging durch das Dorf. Die Lichter schienen durch die Fenster, er sah hinein im Vorbeigehen: Kinder am Tische, alte Weiber, Mädchen, alles ruhige, stille Gesichter. Es war ihm, als müsse das Licht von ihnen ausstrahlen..." (S. 87) Erinnerungen, die zu der gleichen Zeit aus der frühen Kindheit aufsteigen, tragen das ihre dazu bei, den Dichter in diesem Gefühl der Sicherheit zu bestärken; vor allem die Erinnerung an seine Mutter, deren Gestalt sich dann mit der Feier des Weihnachtsfestes verbindet. „Es wurde ihm heimlich nach und nach. Die einförmigen, gewaltigen Flächen und Linien, vor denen es ihm manchmal war, als ob sie ihn mit gewaltigen Tönen anredeten, waren verhüllt; ein heimliches Weihnachtsgefühl beschlich ihn; er meinte manchmal, seine Mutter müsse hinter einem Baum hervortreten, groß, und ihm sagen, sie hätte ihm dies alles beschert." (S. 91) Selbst die Erinnerung an Friederike vermag wenigstens in dieser Phase des Geschehens dem Dichter noch das Bewußtsein des Schutzes zu schenken.

In diesem Sinn kann man mit einer gewissen Einschränkung von dem ersten Teil der Novelle als von einer „steigenden Handlung" sprechen. Der Höhepunkt wäre dann die große Partie, da Lenz von dem Ziel

I. Die deutsche Novelle im Übergang von der Romantik zum Realismus

und der Absicht seines dichterischen Schaffens spricht; eine Stelle, die, wie Benno v. Wiese mit Recht hervorgehoben hat[17], nicht als ablösbare theoretische Erörterung, sondern als Kompositionselement im Ganzen der Novelle zu verstehen ist; so, daß auch sie in die Reihe der Partien des Werkes gehört, in denen Lenz noch einmal an der Mächtigkeit und Sinnhaftigkeit des Seins partizipiert. Indessen alle diese Versuche des Dichters, die verdeckte Angst zu überwinden, kommen zu spät. Und so gestaltet die Novelle mehr den fortschreitenden Prozeß der Zerstörung, als daß sie davon berichtet, wie ein Mensch dieser Zerstörung Herr wird.

Von daher muß vor allem der große zweite Teil des Werkes begriffen werden, in dem das Sich-zur-Wehr-setzen gegen den Sog des Abgrunds immer schwächer wird. Als ein letztes, schon verzweifeltes und irres Aufbäumen gegen das Nichts ist dann der Versuch zu werten, das tote Kind zum Leben zu erwecken, ein Versuch, der von seinen religiösen Voraussetzungen her in der Weise zu verstehen ist, daß Lenz gegenüber der Übermacht der Angst und des Todes sich des Erlösers als des Siegers über Tod und Zerstörung versichern will. Mit dem Scheitern dieses Versuches ist der Endpunkt gesetzt, und die Angst, die, so übermächtig sie auch erlebt wurde, doch noch etwas von der Widerstandskraft des Seins gegenüber dem Nichtsein verrät, geht in die nihilistische Passivität der Langeweile über. So vor allem ist der letzte Satz der Novelle zu verstehen: „Er tat alles, wie es die andern taten; es war aber eine entsetzliche Leere in ihm, er fühlte keine Angst mehr, kein Verlangen, sein Dasein war ihm eine notwendige Last. So lebte er hin..." (S. 111)

Wenn man sich rückblickend noch einmal fragt, welche Konsequenz das auf diese Weise in dem Werk zum Ausdruck kommende Lebensgefühl für das Gestaltgefüge der Novelle hat, dann ist in diesem Zusammenhang vor allem auf zwei Formelemente zu verweisen: auf die Eigenart des Aufbaus und auf die besondere Gestaltung der Erzählperspektive. Daß man im Falle Büchners von einer Novellenhandlung im traditionellen Sinn nicht mehr sprechen kann, war schon gesagt worden: Was sich als Handlung darbietet, zerfällt in Wirklichkeit in pragmatisch relativ zusammenhanglose Episoden. Daß schon dieses Zerbrechen des Handlungsgefüges als Konsequenz des Lebensgefühls des Dichters zu verstehen ist, klang bereits an. Die Angst, und noch stärker die Langeweile, wie sie hier erlebt wird, zwingt alles ins Ziellose. Aus diesem Grund ist eine ziel- und sinnbezogene Novellenhandlung ebenso nicht mehr möglich, wie — aus dem gleichen Grunde — in ‚Dantons Tod' eine final geführte, dramatische Handlung nicht mehr zu gestalten war.

Wenn man an zweiter Stelle versucht, den Erzähler der Novelle zu identifizieren, gerät man wiederum in Schwierigkeiten. Dieser tritt als Gestalt nicht in Erscheinung und ist auch indirekt — in erklärend-kommentierenden Zusätzen und Wertungen — nicht faßbar, während der Erzähler in der Novelle Mörikes faßbar und identifizierbar war. Trotzdem ist natürlich ein Erzähler gegenwärtig. Wie ist nun seine Haltung vor allem dem Helden der Novelle gegenüber zu deuten? Im Eingang des Werkes liest man den Satz, der schon einmal zitiert wurde: „Er ging gleichgültig weiter, es lag ihm nichts am Weg, bald auf-, bald abwärts. Müdigkeit spürte er keine, nur war es ihm manchmal unangenehm, daß er nicht auf dem Kopf gehn konnte." (S. 85) Prüft man die zitierte Stelle auf die sich in ihr offenbarende Erzählhaltung, dann ist zunächst zu bemerken, daß sie durch radikale Innensicht bestimmt ist, und zwar eine Innensicht, die bis zu einer letzten Identifikation geht; so daß sich der Erzähler ohne Vorbehalt in die innere Verfassung seines Helden einläßt und verliert. Zwar hat sich Büchner noch nicht die Form des monologue intérieur erschlossen. Noch ist ein objektiver Erzähler gegenwärtig, statt daß die handelnde Figur das Geschehen — wie etwa in Kafkas Novelle ‚Eine kleine Frau' — in der ausschließlichen Form der Ich-Aussage reflektierend entfaltet. Aber wenn man auch hier noch nicht von der Form des monologue intérieur sprechen darf, so ist doch zu betonen, daß der Erzähler die Distanz zu dem Helden so aufgegeben hat, wie es in der Geschichte der Novelle bisher noch nicht üblich war.

Für den Leser hat die Wahl dieser Perspektive zur Folge, daß ihn nichts mehr von der Mittelpunktsgestalt des Werkes trennt. Schonungslos wird er in das Chaos seines Innern hineingerissen. Noch einmal kann man an ‚Dantons Tod' denken: So wie in dem Drama die auf eine Idee zentrierte Form der Handlung in radikaler Weise aufgegeben wird, so wird in der Novelle in analoger Weise die Überlegenheit und Distanz des Erzählers geopfert. In beiden Werken verzichtet der Dichter auf jede Form der Vermittlung, und das will sagen: auf die Chance, die reine Faktizität des Geschehens in die Reflexion zu erheben und sie auf diese Weise einem übergreifenden Sinnzusammenhang einzuordnen.

I. Die deutsche Novelle im Übergang von der Romantik zum Realismus

Das ist das Neue in der epischen Darbietung der Büchnerschen Novelle. Daß diese Wahl und Gestaltung der Perspektive im übrigen jener Radikalität der Angst entspricht, wie sie von Lenz erlebt wird, bedarf keiner Begründung: Diese Angst hat in dem Maße den Charakter der Unausweichlichkeit, daß keiner sich ihr entziehen kann; nicht die handelnde Gestalt, nicht der Erzähler selbst; und auch nicht der Leser, dem es nicht erspart wird, sich schutzlos in dieses Chaos einlassen zu müssen.

Man kann gegen diese Deutung der Perspektive einen Einwand erheben: Es gibt noch ein letztes Reservat der Objektivität. Das ist die Wiedergabe der Worte der handelnden Gestalt in der direkten, bzw. in der indirekten Rede. Beide Formen der Rede spielen im Ganzen der Novelle tatsächlich eine gewisse Rolle. Indessen besteht auch hier die Neigung, die Objektivität aufzugeben, und zwar in diesem Fall zugunsten der „erlebten Rede". Walter Höllerer hat auf verschiedene Stellen hingewiesen, in denen Büchner diese Redeform einsetzt.[18] Es seien wenigstens zwei Sätze zitiert: „Doch je mehr er sich in das Leben hineinlebte, ward er ruhiger . . . dieser Glaube, dieser ewige Himmel im Leben, dieses Sein in Gott — jetzt erst ging ihm die Heilige Schrift auf." Bis dahin berichtet noch der Erzähler, wenn auch bereits deutlich im Übergang zu dem style indirect libre. Dann aber setzt ein Stück erlebter Rede ein: „Wie den Leuten die Natur so nah trat, alles in himmlischen Mysterien, aber nicht gewaltsam majestätisch, sondern noch vertraut." (S. 90) In einem anderen Beispiel heißt es von Lenz: „Er sprach, er sang, er rezitierte Stellen aus Shakespeare, er griff nach allem, was sein Blut sonst hatte rascher fließen machen, er versuchte alles, aber" — und damit kommt wieder der Übergang zur erlebten Rede — „kalt, kalt!" (S. 90) Walter Höllerer charakterisiert diese Übergänge aus der erzählerischen Darstellung in die erlebte Rede so: „Ohne weitere Abgrenzung biegt der berichtende Autor aus seiner Berichterstattung in die Rede- oder Gedankenbahnen seines Helden ab. Er nistet sich in seiner Dichtung und in dem Kopf seines eigenen Geschöpfes so ein, daß zeitweise Autor und Geschöpf ganz nahe zusammenrücken, bis dann der Autor in die Haltung des berichtenden Erzählers zurückkehrt."[19] Daß sich solche Redeformen in der Novelle finden, bestätigt noch einmal, was zuvor über die Erzählhaltung der Novelle gesagt wurde: Daß der Erzähler nicht mehr die Fähigkeit zur Distanzierung hat, sondern so in das Geschehen hineingerät, daß von einer letzten und vorbehaltlosen Identifikation von Erzähler und Gestalt gesprochen werden muß.

Annette von Droste-Hülshoff

Von der Droste ist uns eine einzige Novelle überliefert, 1842 abgeschlossen und unter dem Titel ‚Die Judenbuche' veröffentlicht. Entstanden ist sie im Zusammenhang mit einem von der Dichterin entworfenen westfälischen Sittenroman. Der Titel dieses Romans sollte lauten: ‚Bei uns zu Lande auf dem Lande.' Verwirklicht von diesem Roman wurden drei Kapitel. Bereits vor diesem fragmentarischen Stück wurde ‚D i e J u d e n b u c h e' abgeschlossen; allerdings von vornherein so konzipiert, daß sie sich innerhalb des Romans als eine novellistische Episode abrunden sollte. Erst später hat die Dichterin sich entschlossen, sie als selbständige Novelle zu veröffentlichen.

In einer geschichtlichen Darstellung der deutschen Novelle könnte man zunächst versucht sein, das Erzählwerk der Droste so einzuordnen, daß man auch in diesem Fall auf die romantischen Elemente in dem Werk hinwiese: auf die Bedeutung des Doppelgängertums, auf die darin gestaltete Schicksalserfahrung, aber auch auf Sprach- und Stilelemente, die manchmal in auffallender Weise an E. T. A. Hoffmann erinnern. Indessen ist dem gegenüber das Neuartige in dem Werk — selbst in der Gestaltung des Doppelgängertums — so vordringlich, daß man bei der Analyse an dieser Stelle anzusetzen hat anstatt bei überkommenen Motiv- und Stilelementen. Unromantisch ist die Erzählungshandlung; unromantisch — und darüber hinaus überhaupt ungewöhnlich in der Tradition der Novellendichtung — ist der Versuch, statt der üblichen Krisensituation nicht nur einen ganzen Lebenslauf in der Novelle zu gestalten, sondern zugleich damit auch das Leben der Eltern mit in die Darstellung hineinzunehmen. Unromantisch ist des weiteren die Bindung des Geschehens an ein bestimmtes landschaftliches Milieu, unromantisch auch die Art und Weise, in der das Doppelgängertum nicht nur psychologisch im Sinne der Bewußtseinsspaltung gedeutet wird, sondern auch so, daß die Spaltung bis in die Tiefe der Generationenherkunft hinabreicht und von daher begriflich gemacht wird.

Die große Schwierigkeit, mit der die Dichterin zu tun hatte, war in der das übliche Novellenschema sprengenden Fülle des vorgegebenen Stoffes begründet. Benno v. Wiese ist in seiner Interpretation des

Werkes, auf Vorarbeiten von Schulte-Kemminghausen fußend, auf diese Schwierigkeiten im einzelnen eingegangen.[20]

Wie die Dichterin mit ihnen fertig wurde, ohne die für die Form der Novelle eigentümliche Konzentration zu beeinträchtigen und aufzugeben, verdient höchste Bewunderung. Über viele Jahrzehnte erstreckt sich das Geschehen, angefangen mit dem Leben der Eltern Friedrich Mergels, über seine Kindheit, seine Reifezeit, seine Erlebnisse in der algerischen Sklaverei bis hin zu jenem Tod, in dem er an sich selbst das Gericht über seine Schuld vollzieht. Thematisch gesehen ist alles auf diese Schuld zentriert, darin eingeschlossen, was immer damit in Zusammenhang steht: die Frage nach der Verantwortung, das Verhältnis von Freiheit und Schicksal und nicht zuletzt die Sühne dieser Schuld. Der Dichterin gelingt es, die Breite eines Lebens novellistisch in der Weise zu gestalten, daß sie die Darstellung auf Krisensituationen des Lebens eingrenzt, d. h. auf Situationen, in denen sich alles auf diese Schuld zuspitzt. Diese Situationen werden in knapp gestalteten Erzählphasen entfaltet. Was an Zeit dazwischen liegt, wird in den verschiedenen Arten der Zeitaussparung und Zeitraffung in die Darstellung einbezogen.

Wenn in der Schuld Friedrich Mergels — sehr verschieden etwa von der Gestaltung der gleichen Thematik in Kleists Novelle ‚Die Marquise von O.'[21] — das Schicksal schwerer wiegt als die Freiheit, dann ist ein solches Verständnis der Schuld Erklärung dafür, warum die Erzählerin im Eingang des Werkes die landschaftliche Herkunft, die gesellschaftliche Konstellation und das Erbe der Generationen sorgfältig herausarbeitet. Dies sind Einflüsse, durch die die Verantwortung Mergels zwar nicht aufgehoben, aber doch schicksalhaft eingegrenzt ist. In Konsequenz dessen beginnt die Novelle mit dem Blick auf das „gebirgichte Westfalen"[22], ein Umstand, der noch einmal daran erinnert, daß die Novelle Teil eines größeren Ganzen sein sollte; zugleich ist dies auch erster Hinweis darauf, in welcher Weise die Bedingtheit des Raumes in das Dasein des Menschen hineinreicht. So wird davon gesprochen, wie im Umkreis dieser fern von den großen Straßen und dem Verkehr gelegenen Landschaft das Rechtsgefühl unsicher geworden und Holz- und Waldfrevel an der Tagesordnung sind; in einem damit erste Vorausdeutung auf jenes Geschehen, in dem Friedrich Mergel Schuld auf sich lädt. Von dem weiteren Umkreis der Landschaft wird dann der Blick auf das Dorf gerichtet, in dem die Eltern Friedrichs leben. Ist schon im ganzen Fürstentum die

Neigung zu Frevel und Verbrechen lebendig, so ist die gleiche Neigung in diesem Dorf in besonders extremer Weise ausgebildet. Und noch ein drittes Mal setzt die Erzählerin ein, um etwas von dem schlimmen Erbe erkennen zu lassen, mit dem F. Mergel belastet ist. In einer relativ weit gespannten Erzählphase ist die Rede von seinen Eltern; von dem Vater und noch ausführlicher von der Mutter, die in der Ehe mit dem haltlosen Mann bei allem guten Willen in ihrem Widerstand gelähmt und am Ende gebrochen wird. In diesem Umkreis wird vor allem die Partie wichtig, in der von dem Tode des Vaters berichtet wird. Sie ist in mehr als einer Beziehung wichtig; vor allem deshalb, weil Friedrich Mergel in ihr zum erstenmal in den Vordergrund tritt. Dabei wird erkennbar, welche Wirkung die schlimme Umgebung schon jetzt auf ihn gewonnen hat und wie bereits in dem Kind die Unterscheidung zwischen Recht und Unrecht in Zweifel geraten ist. Wie weit diese Wirkung gediehen ist, macht das Gespräch offenbar, das die Mutter einige Tage nach dem Tod des Mannes mit Friedrich führt. Die Mutter: „‚Fritzchen komm her!' — Friedrich kam scheu heran; die Mutter war ihm ganz unheimlich geworden mit den schwarzen Bändern und den verstörten Zügen. ‚Fritzchen', sagte sie, ‚willst du jetzt auch fromm sein, daß ich Freude an dir habe, oder willst du unartig sein und lügen, oder saufen und stehlen.' — ‚Mutter, Hülsmeyer stiehlt.' — ‚Hülsmeyer? Gott bewahre! Soll ich dir auf den Rücken kommen? Wer sagt dir so schlechtes Zeug?' ‚Er hat neulich den Aaron geprügelt und ihm sechs Groschen genommen.' — ‚Hat er dem Aaron Geld genommen, so hat ihn der verfluchte Jude gewiß zuvor darum betrogen. Hülsmeyer ist ein ordentlicher angesessener Mann, und die Juden sind alle Schelme.' — ‚Aber, Mutter, Brandis sagt auch, daß er Holz und Rehe stiehlt.' — ‚Kind, Brandis ist ein Förster.' — ‚Mutter, lügen die Förster?' Margreth schwieg eine Weile, dann sagte sie: ‚Höre, Fritz, das Holz läßt unser Herrgott frei wachsen, und das Wild wechselt aus eines Herren Land in das andere; die können niemand angehören. Doch das verstehst du noch nicht...'" (S. 889) Daß schon hier die beiden Gestalten genannt werden, an denen F. Mergel später schuldig werden soll, läßt noch einmal erkennen, wie dicht das Ganze gearbeitet ist.

Ein Zeitsprung — „Er war zwölf Jahre alt" (S. 890) — leitet zur nächsten Erzählphase über, der Begegnung mit Semmler, einer Gestalt, die in dem Werk vor allem dazu bestimmt ist, die in Friedrich schlummernde Neigung zum Bösen noch stärker herauszulocken. Es kommt zu einer raschen Verständigung zwischen dem Oheim und dem sonst so verschlossenen Knaben. Nachdem die Mutter ihren schweren Bedenken zum Trotz ihr Einverständnis zur Adoption gegeben hat, folgt eine der aufschlußreichsten Stellen des Werkes, die nämlich, in der von dem nächtlichen Gang des Oheims und des Neffen durch das Brederholz berichtet wird; wiederum eine Gelegenheit für die Erzählerin zu zeigen, wie sehr Friedrich von Anlage und Erbe her dem Ohm Semmler verfallen ist. Angedeutet wird zunächst, was beide unterscheidet. Dann heißt es: „Dennoch war eine große Familienähnlichkeit beider nicht zu verkennen, und wie F. so langsam seinem Führer nachtrat, die Blicke fest auf denselben geheftet, der ihn gerade durch das Seltsame seiner Erscheinung anzog, erinnerte er unwillkürlich an jemand, der in einem Zauberspiegel das Bild seiner Zukunft mit verstärkter Aufmerksamkeit betrachtet." (S. 893)

Während die beiden dahinschreiten, entspinnt sich zwischen ihnen eines jener Gespräche, die, wie oft in der Novelle, geeignet sind, die Grenze zwischen Gut und Böse mehr zu verwischen als zu klären: „‚Betet die Mutter noch so viel?' hob Simon wieder an. — ‚Ja, jeden Abend zwei Rosenkränze.' — ‚So? Und du betest mit?' Der Knabe lachte halb verlegen mit einem durchtriebenen Seitenblick." — (S. 694). So gerät Friedrich von Phase zu Phase mehr in die Verführung des Bösen. Längst weiß er, was der Ohm von ihm erwartet und was er dafür bietet. Wenn er bisher noch unentschieden war, so löst sich nun im Laufe dieser Begegnung das Böse endgültig von dem, was in Friedrich noch als Widerstand des Guten lebendig war. Genauer: Friedrichs Hang zu Reichtum und Ansehen gewinnt die Übermacht über all das, was noch furchtsam und zögernd in ihm ist. Auch an dieser Stelle deutet die Erzählerin diese inneren Vorgänge nicht nur in Dialogpartien, sondern auch in visionärer Form an; und zwar so, daß Gebärde und Atmosphäre dabei zugleich als Ausdruckshilfe benutzt werden; einmal um das Schwanken in F. anzudeuten, dann aber, um den langsamen Übergang zur Entscheidung erkennbar zu machen: „Es war jetzt ganz finster; das erste Mondviertel stand am Himmel, aber seine schwachen Schimmer dienten nur dazu, den Gegenständen, die sie zuweilen durch eine Lücke der Zweige berührten, ein fremdartiges Ansehen zu geben. Friedrich hielt sich dicht hinter seinem Ohm; sein Odem ging schnell, und wer seine Züge hätte unterscheiden können, würde den Ausdruck einer ungeheueren, doch mehr phantastischen als furchtsamen Spannung darin wahrgenommen haben. So schritten beide rüstig voran. Simon mit dem festen Tritt des abgehärteten

Wanderers, Friedrich schwankend und wie im Traum." (S. 894) Auf diese Weise gerät im Inneren Friedrichs alles ins Gleiten. Das gleiche Schwanken und die gleiche Unfestigkeit erscheint aber auch draußen in der nächtlichen Natur: „Es kam ihm vor, als ob alles sich bewegte und die Bäume in den einzelnen Mondstrahlen bald zusammen, bald voneinander schwankten. Baumwurzeln und schlüpfrige Stellen, wo sich das Regenwasser gesammelt, machten seinen Schritt unsicher; er war einigemal nahe daran, zu fallen." (S. 894) Dann aber kommen beide, der Ohm und der Neffe, zu jener Stelle, da die Blaukittel zuvor Waldfrevel begangen haben. Es ist kein Zufall, daß es der gleiche Ort ist, wo Jahre zuvor der alte Mergel tot aufgefunden wurde. Nimmt man die Worte hinzu, die Semmler jetzt an Friedrich richtet, dann wird noch deutlicher, in welchem Maße dieser als Versuchergestalt zu begreifen ist; einmal die Worte, die daran erinnern, daß der Vater ohne Buße gestorben sei, und dann vor allem der Versuch Semmlers, diese Tatsache zu verharmlosen. „Dein Vater war übrigens eine gute Seele; Gott wirds nicht so genau mit ihm nehmen. Ich hatte ihn so lieb wie meinen eigenen Bruder." (S. 893)

Neue Erzählphase: Friedrich Mergel tritt mit seinem Doppelgänger auf. In einer eigentümlichen, vielleicht an Jean Pauls Doppelgängergestalten geschulten Weise, hat die Droste dieses romantische Motiv in ihrer Novelle aufgegriffen und gestaltet. Wie schon angedeutet, nicht nur als eine innere Erfahrung, sondern von ferne dem Verhältnis von Leibgeber und Siebenkäs vergleichbar, aufgespalten in zwei Gestalten. Geblieben ist indessen auch in dieser Gestaltung, was den Sinn des Doppelgängertums ausmacht: daß sich die Verschränkung der Existenz gelöst und die beiden Pole — hier der Wille zur Macht und dort das Gefühl der Schwäche und Ohnmacht — voneinander gelöst und aufgespalten haben. Denn so stehen sich Johannes — das uneheliche Kind Semmlers — und Friedrich am Morgen in dem Hause der Mutter gegenüber: Friedrich stellt sich in der Weise dar, daß in seiner Gestalt die rücksichtslose Härte verkörpert ist, während sich in seinem Doppelgänger all das darbietet, was zuvor noch an Zweifel, Bedenken, Gewissenhaftigkeit in ihm lebendig war. „Der fremde Knabe hatte sich wieder über die Kohlen gebeugt mit einem Ausdruck augenblicklichen Wohlbehagens, der an Albernheit grenzte, während in Friedrichs Zügen der Wechsel eines offenbar mehr selbstischen als gutmütigen Mitgefühls spielte und sein Auge in fast glasartiger Klarheit zum erstenmale den Ausdruck jenes ungebändigten Ehrgeizes und Hanges zum Großtun zeigte, der nachher als so starkes

Motiv seiner meisten Handlungen hervortrat." (S. 897) So steht hier Friedrich Mergel „seinem verkümmerten Spiegelbild" (S. 896) gegenüber. Dabei ist der Umstand, daß diese Spaltung auf zwei Personen verteilt ist, noch einmal Hinweis darauf, daß die Schuld in der Novelle der Droste Freiheit und Schicksalhaftes zugleich in sich begreift; so, daß sie auf der einen Seite in der Entscheidung eines Menschen wirklich wird, diese Entscheidung aber anderseits in dem Erbe der Generationen vorentworfen ist.

Die darauf folgende Erzählphase berichtet von dem ersten Verbrechen Friedrichs und dem Anteil seiner Verantwortung an dem Tode des Försters Brandis. Ein kurzer Blick auf die weitere Entwicklung seines Charakters leitet die Phase ein. Er weist noch einmal in die gleiche Richtung, die zuvor mit dem Motiv des Doppelgängertums angedeutet wurde. „Der Knabe war seitdem wie verwandelt, das träumerische Wesen gänzlich von ihm gewichen, er trat fest auf, fing an, sein Äußeres zu beachten und bald in den Ruf eines hübschen gewandten Burschen zu kommen." (S. 899/900) Von dem Motivzusammenhang der Schuld her ist in diesem Zusammenhang vor allem die Partie entscheidend, da Friedrich, bevor Brandis in seinen Tod geht, kurz mit ihm zusammentrifft; und zwar deshalb, weil hier zum erstenmal eindeutig zu erkennen ist, wie die Schuld in dieser Novelle zwar durch Milieu und Erbe bedingt ist, bei aller Einschränkung der Verantwortlichkeit aber ein gewisses Maß der Freiheit und Entscheidung gewahrt wird; auch noch in dem Stadium der Entwicklung, von dem hier berichtet wird. An zwei Stellen des Werkes zumindest bleibt die Möglichkeit der Entscheidung offen; in der Begegnung mit dem Förster und da, wo Friedrich später nach dem Mord an Brandis zur Beichte gehen will.

Innerhalb der ersten Partie ist auf die Stelle hinzuweisen, in der erzählt wird, wie F. den Förster dazu verleitet, in die Richtung zu gehen, in der ihn seine Mörder erwarten. „ ‚Nein, Herr', rief Friedrich, ‚wenn Ihr zu den andern Förstern wollt, die sind dort an der Buche hinaufgegangen.' — ‚An der Buche?' sagte Brandis zweifelhaft. ‚Nein, dort hinüber, nach dem Mastergrund.' — ‚Ich sage Euch, an der Buche; des langen Heinrich flinker Riemen blieb noch am krummen Ast dort hängen; ich habs ja gesehen!' Der Förster schlug den bezeichneten Weg ein." (S. 905) Dieser szenischen Partie fügt die Erzählerin folgenden Satz hinzu: „Friedrich hatte die ganze Zeit hindurch seine Stellung nicht verlassen, halb liegend, den Arm um einen dürren Ast geschlungen, sah er dem Fortgehenden unverrückt nach... Friedrichs Gesicht hatte während dieses allmählichen Verschwindens den Ausdruck seiner Kälte verloren, und seine Züge schienen zuletzt unruhig bewegt." (S. 905) Dieser letzte Satz ist in dem hier in Frage stehenden Zusammenhang besonders wichtig: Denn er besagt, daß Friedrich nicht kalt und ohne Regung der Reue das Verbrechen vorbereitet, sondern daß in ihm bei aller Hinneigung zum Bösen der Ruf des Gewissens doch lebendig geblieben ist. Und noch einmal setzt die Erzählerin an, um in ihrer behutsamen, wesentlich von der Perspektive der Außensicht her bestimmten Weise zu ergründen, was in Friedrichs Innerem vorgeht. „Gereute es ihn vielleicht, den Förster nicht um Verschweigung seiner Angabe gebeten zu haben? Er ging einige Schritte voran, blieb dann stehen. ‚Es ist zu spät!' sagte vor sich hin... Ein leises Picken im Gebüsche... Es war der Förster, der den Flintenstein schärfte. Friedrich horchte. — ‚Nein!' sagte er dann mit entschlossenem Tone!" (S. 905) Nachdem von dem Verhör F.s durch den Gerichtsschreiber berichtet wird, folgt die zweite der genannten Episoden, nämlich jene, in der er sich durch die Beichte von der inneren Unruhe befreien will. Auch diese ist Zeichen dafür, in welchem Maße das Gewissen in Friedrich wach geblieben ist. Zwar scheitern alle diese Versuche, sich von der Schuld zu lösen. Und trotzdem würde man der Novelle nicht gerecht werden, wenn nicht betont würde, daß zwar der faktische Weg Friedrichs in das Böse hineinführt, daß aber prinzipiell von Anfang an die Möglichkeit der Verantwortung, der Entscheidung und der Umkehr offen steht. Gegenüber dem deterministischen Charakter der romantischen Schicksalsnovelle von Tieck über Brentano bis hin zu Hoffmann gewinnt die Droste bei allem Wissen um die Gebundenheit des Menschen wieder Einsicht für das, was in ihm frei und entscheidungsmächtig ist. Nur wenn man diese feine Unterscheidung beachtet, ist es möglich, dem gerecht zu werden, was die ‚Judenbuche' auch in formaler Beziehung — in der Erzählhaltung, in der besonderen Gestaltung szenischer Partien etwa — von der romantischen Novelle abhebt.

Der Versuch F.s, sich durch die Beichte von der Last der Schuld zu befreien, wird am Ende durch die Ankunft Semmlers vereitelt. Auch für diese Episode setzt die Erzählerin den Dialog als Gestaltungsmittel ein. Zu beachten ist dabei immer wieder die Eigenart dieser Dialoge. Diente der Dialog in der ‚Marquise von O.' dazu, das Geschehen auf die Entscheidung hin vorzutreiben[23], so wird in der Novelle

I. Die deutsche Novelle im Übergang von der Romantik zum Realismus

der Droste die gleiche Form dazu benutzt, um alles in dem Zwielicht der Unentschiedenheit untergehen zu lassen. Das gilt für das oben erwähnte Gespräch Friedrichs mit der Mutter nach dem Tode des Vaters wie für das Gespräch zwischen Semmler und Friedrich auf ihrem Gang durch den nächtlichen Wald. Nicht anders aufgebaut ist auch der Dialog zwischen den beiden an diesem Morgen, da Friedrich zur Beichte gehen wollte. „ ‚Ich habe schwere Schuld', seufzte Friedrich, ‚daß ich ihn den unrechten Weg geschickt — obgleich — doch, dies habe ich nicht gedacht; nein, gewiß nicht. Ohm, ich habe Euch ein schweres Gewissen zu danken.' — ‚So geh', beicht!' flüsterte Simon mit bebender Stimme; ‚verunehre das Sakrament durch Angeberei und setze armen Leuten einen Spion auf den Hals, der schon Wege finden wird, ihnen das Stückchen Brot aus den Zähnen zu reißen, wenn er gleich nicht reden darf — geh!' — Friedrich stand unschlüssig; er hörte ein leises Geräusch; die Wolken verzogen sich, das Mondlicht fiel wieder auf die Kammertür: sie war geschlossen. Friedrich ging an diesem Morgen nicht zur Beichte!" (S. 913) Damit ist aber, nachdem die letzte Möglichkeit der Umkehr vertan ist, der Weg Friedrichs zwangsläufig vorgezeichnet. Darum schließt die Erzählerin ihren Bericht mit folgendem Satz. „Der Eindruck, den dieser Vorfall auf F. gemacht, erlosch leider nur zu bald. Wer zweifelt daran, daß Simon alles tat, seinen Adoptivsohn dieselben Wege zu leiten, die er selber ging? Und in Friedrich lagen Eigenschaften, die dies nur zu sehr erleichterten: Leichtsinn, Erregbarkeit, und vor allem ein grenzenloser Hochmut, der nicht immer den Schein verschmähte und dann alles daran setzte, durch Wahrmachung des Usurpierten möglicher Beschämung zu entgehen. Seine Natur war nicht unedel, aber er gewöhnte sich, die innere Schande der äußern vorzuziehen..." (S. 913)

Noch einmal leitet ein Zeitsprung die Erzählphase ein, in deren Mittelpunkt der Bericht von dem zweiten Verbrechen steht, das F. auf sich geladen, dem Mord an Aaron. Psychologisch sorgfältig vorbereitet durch den Hinweis auf die Ereignisse des Hochzeitsfestes, erreicht dieser Teil seinen Höhepunkt mit der Ankunft der Frau des Aaron im Hause des Gutsherrn. Wenn die Erzählerin auch, gemäß der von ihr gewählten, durch Außensicht bestimmten Erzählperspektive nirgends davon spricht, daß Friedrich der Mörder Aarons ist, macht sie trotzdem durch genaue psychologische Motivation wahrscheinlich, daß er die Tat begangen hat: Auf der einen Seite läßt das Auftreten Friedrichs während des Festes noch einmal erkennen, wie sein Anspruch auf Geltung und Ansehen jedes Maß verloren hat; auf der anderen prägt sich ihm in dem Zusammentreffen mit seinem Doppelgänger und noch stärker mit Aaron demütigend ein, was einen solchen Anspruch fragwürdig macht. Und so ist es kaum überraschend, wenn er, um über die Demütigung und auch die finanzielle Zerrüttung hinwegzukommen, das Verbrechen begeht.

Es gehört zur Eigenart der Droste, daß sich in ihrem Werke Psychologisches und Magisches ebenso unlösbar verbindet und durchdringt, wie der Anteil von Freiheit und Schicksal schwer abzuschätzen und zu scheiden ist. Fast wie ein Leitmotiv geht durch die ganze Novelle der Hinweis auf das Brederholz. Dort ist der Vater Friedrichs umgekommen; es wird dann von ihm berichtet, daß er nach seinem Tod als Wiedergänger am gleichen Ort sein spukhaftes Spiel treibt. Im Brederholz wird Aaron erschlagen, und noch einmal ist es das Brederholz, in dem die Juden die Buche kaufen, in die sie den Sühnspruch einritzen. An dem gleichen Ort wird dann Friedrich selbst am Ende von seinem Schicksal eingeholt. Wenn man des näheren nach der Bedeutung der Natur in der Novelle fragt, dann ist es schwer, in bezug darauf das gelegentlich gebrauchte Wort „magisch" zu vermeiden. Allerdings darf man diesen Begriff nicht nur in einem deterministischen Sinn verstehen, sondern so, wie die Natur auch in dem lyrischen Werk der Dichterin verstanden wird: als ein Bereich nämlich, der, einmal durch die Schuld des Menschen versehrt, dann den so mit Schuld beladenen Menschen nicht mehr freigibt. So ist es auch am Ende der Novelle: Wenn die Freunde Aarons den hebräischen Spruch in die Buche einhauen, dann nehmen sie diese dunkle Macht der Natur in Anspruch, um den Mörder zum Gericht zu zwingen.

Um diese Erzählpartie zu begreifen, muß ein letztes Mal darauf hingewiesen werden, daß in der Dichtung der Droste zwar die Möglichkeit des Sich-Entscheidens freigegeben ist, daß aber dann, wenn sie nicht genutzt wurde, das Geschehen in schicksalhafter Folgerichtigkeit seinem Ende zugeht.

In dieser Erzählphase ist es bedeutungsvoll, daß noch einmal am Ende das Motiv des Doppelgängertums anklingt. Friedrich kommt zu der Gefangenschaft zurück, aber nicht, um sich in seiner wahren Gestalt, sondern in der seines Doppelgängers dem Gutsherrn vorzustellen; vordergründig gesehen, um sich so der Strafe zu entziehen; in tieferer Sicht aber in dem Sinn zu verstehen, daß nun, nachdem aller Hochmut zunichte geworden, nur noch übrig geblieben ist, was zuvor in der Armseligkeit und Nichtigkeit seines Spiegelbildes Gestalt gewonnen hatte.

In der letzten Partie der Novelle wird berichtet, wie Friedrich an sich selbst das Gericht vollzieht. Wiederum spielt die Natur und der Raum in das Geschehen hinein. Nach langen Jahren türkischer Sklaverei in die Heimat zurückgekehrt, umkreist F. Mergel, kaum daß er zu Hause angekommen, das Brederholz; zunächst noch gegen den Bann, der von ihm ausgeht, aufbegehrend, dann am Ende hineingezwungen, um in ihm das Gericht an sich selbst zu vollziehen. Zwei Stellen geben darüber Auskunft: Zunächst ein kurzes Gespräch mit der Gutsherrin, für die er einen Botengang übernommen hat. „ ‚Du bist lange ausgeblieben, Johannes', sagte sie; ‚ich dachte schon, du hättest dich im Brederholz verirrt.' — ‚Ich bin durch den Föhrengrund gegangen.' — ‚Das ist ja ein weiter Umweg; warum gingst du nicht durchs Brederholz?' — Er sah trübe zu ihr auf: ‚Die Leute sagten mir, der Wald sei gefällt, und jetzt seien so viele Kreuz- und Querwege darin, da fürchtete ich, nicht wieder hinauszukommen...'" (S. 932/33) Daß jedes Wort Zeichen dafür ist, wie Friedrich sich dem Gericht entziehen will und wie ihm zugleich die Kraft dazu fehlt, braucht nicht im einzelnen belegt zu werden. Noch aufschlußreicher ist eine zweite Stelle, darin es heißt, daß ein Kind den Vermißten zum letzten Mal im Brederholz gesehen. „Ein Kind hat ihn gesehen, wie er am Rande des Brederholzes saß und an einem Löffel schnitzelte. Er schnitt ihn aber ganz entzwei", sagte das kleine Mädchen. Und dann wieder: „Das war vor zwei Tagen gewesen. Nachmittags fand sich wieder eine Spur: abermals ein Kind, das ihn an der anderen Seite des Waldes bemerkt hatte, wo er im Gebüsch gesessen, das Gesicht auf dem Knie, als ob er schliefe. Das war noch am vorigen Tag. Es scheint, er hatte sich immer um das Brederholz herumgetrieben." (S. 934) Nichts kann deutlicher machen, wie sehr alles unter jenem eigentümlichen Zwang steht, der als Konsequenz der verlorenen Freiheit zu begreifen ist. Wenn dann Friedrich an der Buche tot aufgefunden wird, in die die Juden den Gerichtsspruch eingehauen haben, und zwar aufgefunden von dem Sohne des Försters, dessen Tod F. zuvor verschuldet hat, so schließt sich der Kreis seines Lebens. Für kurze Zeit hatte ihm die Möglichkeit zur Umkehr offengestanden. Daß diese Chance am Ende doch vertan wird, verweist — das ist der eigentümliche Sinngehalt der Novelle — auf eine Tiefe, in der Schuld und Schicksal unlösbar ineinander verflochten sind.

Fragt man rückblickend noch einmal, was für die Struktur und Form der Novelle charakteristisch ist, dann läßt sich zeigen, daß diese von dem besonderen Gehalt des Werkes nicht ablösbar erscheint. Verglichen mit dem, was bis dahin als deutsche Novellendichtung vorliegt, ist der Formzusammenhang des Werkes — Aufbau der Handlung, Wahl und Gestaltung der epischen Grundformen, Erzählhaltung — ebenso einzigartig, wie die Form der romantischen Novelle oder die der Novelle Kleists in ihrer Art neu und unvergleichbar waren.

Daß es kein Zufall ist, wenn in dieser Novelle zum erstenmal der Lebenslauf eines Menschen von der Kindheitsphase bis zum Tode in einer Novelle ausgebreitet wird, wurde schon erwähnt. Noch einmal sei an Kleists ‚Marquise von O.' erinnert, um das Besondere der ‚Judenbuche' zu erkennen. Daß auch die Novelle Kleists sich aus der Thematik der Schuld entfaltet, daran wurde schon erinnert. Indessen bedarf Kleist dazu nicht der Darstellung eines ganzen Lebenslaufes; denn in seiner Vorstellung von Schuld und Gericht hat der Zusammenhang mit dem Erbe der Generationen, aber auch der mit dem Raum der Landschaft nicht die geringste Bedeutung. Darum fällt kein Wort über die Vergangenheit der Marquise; darum spielt auch der Raum keine Rolle. Für die Schuld zuständig ist bei Kleist nur eine einzige Instanz: das ist die Person, die zur Verantwortung aufgerufen ist und die in Freiheit zu entscheiden hat.[24] Daß eine solche personale Entscheidung im Umkreis der Novelle der Droste nur in begrenztem Maße möglich erscheint, hat die Interpretation in verschiedenen Ansätzen aufzuzeigen versucht: Mit der Freiheit wird das Moment der Verflochtenheit von gleicher Bedeutung. Darum spielt das Erbe der Generationen so entscheidend in das Geschehen hinein. Darum konnte die Dichterin es nicht vermeiden, den Raum der Landschaft in die Gestaltung mit einzubeziehen; ein Umstand, der es mit sich bringt, daß mit dem Bericht auch der Redeform der Beschreibung erhöhte Bedeutung zukommt. Von denselben Voraussetzungen ist auch der zuvor berührte Unterschied zu begreifen, der zwischen den szenisch-dialogischen Partien der Kleistnovelle und denen der Droste liegt.

Noch einmal einzugehen ist auf Erzählhaltung und Perspektive. In der Novelle herrscht durchgängig die Außensicht vor. Auch Kleist wählt die gleiche Perspektive.[25] Aber hinter der formalen Gemeinsamkeit verbirgt sich eine völlig verschiedene Intention. Welches die Kleists ist, wurde in dem entsprechenden Kapitel des ersten Bandes der Novellengeschichte dargelegt: Die Außensicht der ‚Marquise von O.'

war darin begründet, daß der Erzähler es vermeidet, sich ein Wissen anzumaßen, das den handelnden Figuren auf weite Strecken des Geschehens hin selbst nicht zur Verfügung steht.[26] Worin die Wahl der Außensicht im Werke der Droste begründet ist, darauf deutet das Motto hin, das der Novelle vorgestellt ist: „Wo ist die Hand, so zart, daß ohne Irren, / Sie sondern mag beschränkten Hirnes Wirren, / So fest, daß ohne Zittern sie den Stein / Mag schleudern auf ein arg verkümmert Sein? / Wer wagt es, eitlen Blutes Drang zu messen, / Zu wägen jedes Wort, das unvergessen / In junge Brust die zähen Wurzeln trieb, / Des Vorurteils geheimen Seelendieb? / Du Glücklicher, geboren und gehegt / Im lichten Raum, von frommer Hand gepflegt, / Leg hin die Waagschal, nimmer dir erlaubt! / Laß ruhn den Stein — er trifft dein eigen Haupt!" (S. 882) Gesagt wird in diesen Versen, daß es nicht in des Menschen Hand liegt, den Anteil von Schuld und Schicksal entscheidend gegeneinander abzuwiegen. Dem beschränkten menschlichen Urteilsvermögen steht es nicht zu, über Recht und Unrecht voreilig Gericht zu halten. Darum die Vorsicht und die Zurückhaltung, mit der die Erzählerin von den Ereignissen um Friedrich Mergel berichtet. Daß auch diese die Erzählungshaltung bestimmende Behutsamkeit als Ausdruck und Konsequenz jener für die Dichterin eigentümlichen Auffassung der menschlichen Existenz zu verstehen ist, bedarf keiner Begründung.

Literaturangaben und Anmerkungen

Ludwig Tieck, Wilhelm Hauff, Heinrich Laube

Zu Ludwig Tieck: Helmut ENDRULAT, Ludwig Tiecks Altersnovellistik und das Problem der ästhetischen Subjektivität, Diss. Münster 1957. Christian GNEUSS, Der späte Tieck als Zeitkritiker, Diss. Würzburg 1948. Jürgen HEINICHEN, Das späte Novellenwerk Ludwig Tiecks. Eine Untersuchung seiner Erzählweise, Diss. Heidelberg 1963. Jörg HIENGER, Romantik und Realismus im Spätwerk Ludwig Tiecks, Diss. (Masch.) Köln 1955. Paul Gerh. KLUSSMANN, Ludwig Tieck. In: Dt. Dichter des 19. Jahrhunderts. Ihr Leben und Werk. Hrsg. von Benno v. Wiese, Berlin 1969, S. 15—52. W. J. LILLYMAN, Ludwig Tiecks „Des Lebens Überfluß". The crisis of a conservative. In: GQ 46, 1973, S. 393—409. Yorio NOBUOKA, L. Tiecks Novelle „Die Reisenden". Ein Beitrag zu seiner späteren Dichtung. Forschungsberichte zur Germanistik. Hrsg. vom Japanischen Verein für Germanistik im Bezirk Osaka-Kobe, Osaka 1965, S. 13—32. Manfred SCHUNICHT, Der „Falke" am „Wendepunkt". Zu den Novellentheorien Tiecks und Heyses. GRM 41, 1960, S. 44—65. Rolf STAMM, Ludwig Tiecks späte Novellen. Grundlage und Technik des Wunderbaren. Stuttgart 1973. Dazu: Robert MINDER, Wandlungen des Tieck-Bildes. In: Romantik heute, Bonn-Bad Godesberg 1972, S. 60—76.   Marianne THALMANN, Ludwig Tieck, „Der Heilige von Dresden". Aus der Frühzeit der deutschen Novelle. Quellen und Forschungen zur Sprach- und Kulturgeschichte der germanischen Völker, N. F. 3, Berlin 1960. Benno von WIESE, Ludwig Tieck. Des Lebens Überfluß, In: B. v. W., Die deutsche Novelle von Goethe bis Kafka. Interpretationen II, Düsseldorf 1962, S. 117—133.

Zu Laube : Wilh. Johannes BECKER, Zeitgeist und Krisenbewußtsein in Heinrich Laubes Novellen, Diss. Frankf./M. 1960.   Luise Margarete von GERSDORFF, Laubes Reisenovellen und das Junge Deutschland, Diss. Breslau 1923. Reinhold GRIMM, Romanhaftes und Novellistisches in Laubes Reisenovellen. In: GRM 1968, S. 299—303.   Gerhard SCHÜLER, Die Novellen des Jungen Deutschland, Diss. Berlin 1941.

Zu Hauff : Janaki ARNAUDOFF, Wilhelm Hauffs Märchen und Novellen, Diss. München 1915.   Agnes JASCHEK (geb. Krämer), Wilhelm Hauffs Stellung zwischen Romantik und Realismus, Diss. Frankfurt 1956.   Johannes KLOSSE, Wilhelm Hauffs Märchen in ihrem Verhältnis zum Volksmärchen, Diss. Breslau 1923.   Fritz MARTINI, Wilhelm Hauff. In: Deutsche Dichter der Romantik. Ihr Leben und Werk. Hrsg. von Benno v. Wiese, Berlin 1971, S. 442—472.   Johanna ZELLERMAYER, Hauffs Novellen, Diss. Wien. 1921.

¹ Vgl. dazu Hermann Pongs, Das Bild in der Dichtung, Band II, Marburg 1939, S. 174 f.

² Novelle a. a. O., S. 53.

³ L. Tieck, Werke XI. Bd., hrsg. von Ed. Behrend; darin Einleitung zum IV. Bd., S. 3.

⁴ Novelle a. a. O., S. 52 ff.

⁵ Agnes Jaschek, Wilhelm Hauff zwischen Romantik und Realismus. Diss. Frankfurt 1956, S. 12.

⁶ H. H. Houben, Heinrich Laubes Gesammelte Werke, Bd. 7, Leipzig 1908, S. 6 f.; vgl. dazu auch die oben genannte Diss. von Johannes Becker.

Eduard Mörike

R. B. FARRELL, Mörike: Mozart auf der Reise nach Prag. Studies in German Literature. Nr. 3, London 1960.   Max ITTENBACH, „Mozart auf der Reise nach Prag", GRM 1937, S. 338—354.   Franz H. MAUTNER, Mörikes „Mozart auf der Reise nach Prag". In: Die Werkinterpretation. Hrsg. von Horst Enders. Wege der Forschung, Band 34, Darmstadt 1967, S. 349—378.   Harry MAYNC, Eduard Mörike. Sein Leben und Dichten, Freiburg 1944.   Herbert MEYER, Eduard Mörike, Stuttgart 1965.   Joachim MÜLLER, Mörikes Mozartdichtung. Ztschr. f. Dtschkde. 52, 1938, S. 10—16.   Karl Konrad POLHEIM, Der künstlerische Aufbau von Mörikes Mozartnovelle. Euphorion 48, 1954, S. 42—70.

I. Die deutsche Novelle im Übergang von der Romantik zum Realismus

Hugo ROKYTA, Das Schloß in Mörikes Novelle „Mozart auf der Reise nach Prag". In: Jahrb. d. Wiener Goethevereins 71, 1967, S. 127—153. Gisela SOLL, Die Entwicklung der Erzählkunst Mörikes in den Jahren 1833—1854, Diss. Berlin 1942. Horst STEINMETZ, Mörikes Erzählungen, Stuttgart 1969. Gerhard STORZ, Eduard Mörike, Stuttgart 1967. Gerhard STORZ, Mörike. Ein Forschungsbericht (1951—1969). In: DU 21, 1969, H. 3, Beilage, S. 1—8. Rudolf Maria TSCHERPEL, Die rhythmisch-melodische Ausdrucksdynamik in der Sprache Eduard Mörikes, Diss. Tübingen 1964. Hanns WALDER, Mörikes Weltanschauung, Zürich 1922. Benno von WIESE, Eduard Mörike, Tübingen und Stuttgart 1950. Benno von WIESE, Eduard Mörike, Mozart auf der Reise nach Prag. In: B. v. W., Die deutsche Novelle von Goethe bis Kafka. Interpretationen I. Düsseldorf 1956, S. 213—237.

[7] Schelling, Sämtliche Werke III., S. 617; dazu Paul Tillich, Ges. Werke Bd. 1, Stuttgart 1959, S. 57 f.

[8] Zitiert nach Eduard Mörike, Sämtliche Werke, Hrsg. von Herbert G. Göpfert, München 1958, 2. Aufl., S. 1064.

[9] Vgl. die Interpretation der Novelle bei Josef Kunz, Die deutsche Novelle zwischen Klassik und Romantik, a. a. O., S. 80 ff.

[10] J. Kunz, a. a. O., S. 18 f.

Franz Grillparzer

Ernst ALKER, Komposition und Stil von Grillparzers Novelle „Der arme Spielmann". Neophilologus 11, 1926, S. 15—27. Wolfgang BAUMGART, Grillparzers „Kloster bei Sendomir". Neues zur Quellenfrage, Entstehung und Datierung. ZfdPh 67, 1942, S. 162—176. Richard BRINKMANN, Franz Grillparzer: „Der arme Spielmann". Der Einbruch der Subjektivität. In: R. Br., Wirklichkeit und Illusion. Studien über Gehalt und Grenzen des Begriffs Realismus für die erzählende Dichtung des neunzehnten Jahrhunderts, Tübingen 1957, S. 87—145. John M. ELLIS, Grillparzer: „Der arme Spielmann". In: J. M. E., Narration in the German Novelle. Theory and interpretation, London 1974, S. 113—135 Karl Kurt KLEIN, Zur Weltdeutung in Grillparzers Novellen, Marburg 1928. Karl Kurt KLEIN, Der Elga-Stoff bei Grillparzer und Hauptmann. Der Wächter, 11, 1929, S. 45—48 und 84—90. Joachim MÜLLER, Grillparzers Novelle „Der arme Spielmann". Zeitschrift für Deutschkunde 55, 1941, S. 158—162. Arno MULOT, Grillparzers „Armer Spielmann". DU 5, 1953, Heft 1, S. 51—61. Heinz POLITZER, Franz Grillparzers „Der arme Spielmann", Stuttgart 1967 (Dichtung und Erkenntnis 2). Heinz POLITZER, Franz Grillparzer oder Das abgründige Biedermeier, Wien 1972. Konrad SCHAUM, Grillparzers ‚Kloster bei Sendomir'. Wort in der Zeit 8/9, 1962, S. 41—45. Bernhard SEUFFERT, Grillparzers Spielmann. Festschrift für August Sauer, Stuttgart 1925, S. 291—311. Walter SILZ, Grillparzers „Der arme Spielmann". In: W. S.,

Literaturangaben und Anmerkungen

Realism and Reality. Studies in the German Novelle of Poetic Realism, Chapel Hill, The University of North Carolina Press, 1962, S. 67—78. Paul STRAUBINGER, Der arme Spielmann. Grillparzer-Forum Forchtenstein. Vorträge, Forschungen, Berichte. Wien und München 1967, S. 97—102. M. W. SWALES, The Narrative Perspective in Grillparzer's „Der arme Spielmann". German Life and Letters 20, 1966/67, S. 107—116. Kurt VANCSA, Grillparzers „Der arme Spielmann" und Stifters „Der arme Wohltäter". Versuch einer vergleichenden Interpretation. Festschrift für Eduard Castle, Hrsg. Gesellschaft für Wiener Theaterforschung und Wiener Theater-Verein, Wien 1955, S. 99—107. Benno von WIESE, Grillparzers „Der arme Spielmann". In: B. v. W., Die deutsche Novelle von Goethe bis Kafka. Interpretationen II, Düsseldorf 1962, S. 134—154. Herbert SEIDLER, Franz Grillparzer. Ein Forschungsbericht. ZfdPh 83, 1964, S. 228—242 und S. 472—504.

11 Zitiert nach Franz Grillparzer, Sämtliche Werke, Hrsg. von Peter Frank, Darmstadt 1964, Bd. 3, S. 162 f.

12 Vgl. dazu Walter Höllerer, Zwischen Klassik und Moderne, Stuttgart 1958, S. 461 f. Dort finden sich alle einschlägigen Stellen, in denen sich Kafka über die Novelle Grillparzers geäußert hat, gesammelt und zitiert.

13 Franz Kafka, Gesammelte Werke, Hrsg. von Max Brod. Schocken Books New York 1946, Erzählungen S. 130.

14 Vgl. dazu die ganze Partie der Rahmenhandlung, vor allem S. 147 ff.

Georg Büchner

Gerhart BAUMANN, Georg Büchner, Lenz. Seine Struktur und der Reflex des Dramatischen. Euphorion 52, 1958, S. 152—173. Herbert FELLMANN, Georg Büchners Lenz. Jahrbuch der Wittheit zu Bremen, VII, 1963, S. 7—124. Heinz FISCHER, Georg Büchner. Untersuchungen und Marginalien, Bonn 1972. Peter HASUBEK, „Ruhe" und „Bewegung". Versuch einer Stilanalyse von Georg Büchners „Lenz". In: GRM N. F. 19, 1969, S. 33—59. Gerhard JANCKE, Die Novelle ‚Lenz'. In: G. J., Georg Büchner. Genese und Aktualität seines Werkes. Einführung in das Gesamtwerk. Scriptor Taschenbücher S. 56, Kronberg/Ts. 1975, S. 233—252. Erna KRITSCH, Buchners „Lenz". Zur Struktur der Novelle. In: GQ 43, 1970, S. 199—209. Paul LANDAU, Lenz. In: Georg Büchners Gesammelte Schriften. Hrsg. von Paul Landau, Band I, Berlin 1909, S. 104—123. Wiederabdruck in: Georg Büchner. Hrsg. von Wolfgang Martens. Wege der Forschung, Band LIII, Darmstadt 1965, S. 32—49. Walter MOOS, Büchners „Lenz". Archiv für Neurologie und Psychiatrie, XLII, 7, S. 98—102. Klaus-Dietrich PETERSEN, Georg Büchner-Bibliographie. In: Philobiblon 17, 1973, S. 89—115. Hermann PONGS, Büchners „Lenz". Dichtung und Volkstum 36, 1935, S. 241—253. Wiederabdruck in: H. P., Das Bild in der Dichtung, Band II, Marburg 1963, S. 254—265. Erneuter Abdruck in: Georg Büchner. Hrsg. von Wolfgang Martens. Wege der Forschung, Band LIII, Darmstadt 1965, S. 139—

I. Die deutsche Novelle im Übergang von der Romantik zum Realismus

150. Heinz Peter PÜTZ, Büchners „Lenz" und seine Quelle. Bericht und Erzählung. ZfdPh 84, 1965, Sonderh., S. 1—22.   Karl VIETOR, „Lenz", Erzählung von Georg Büchner. GRM 25, 1937, S. 2—15.   Benno von WIESE, Georg Büchner. Lenz. In: B. v. W., Die deutsche Novelle von Goethe bis Kafka. Interpretationen II, Düsseldorf 1962, S. 104—126.   Fritz BERGEMANN, Georg-Büchner-Schrifttum seit 1937. DVjs. 25, 1951, S. 112—122.   Horst OPPEL, Stand und Aufgaben der Büchner-Forschung. Euphorion 49, 1955, S. 91—109.

15 Zu der hier vorausgesetzten Deutung der Angst vgl. Paul Tillich, Der Mut zum Sein, Stuttgart 1954, S. 28 ff.

16 Zitiert nach Georg Büchner, Werke und Briefe, Hrsg. von Fritz Bergemann, Wiesbaden 1958, S. 86.

17 Benno von Wiese, Die deutsche Novelle von Goethe bis Kafka. Interpretationen II, Düsseldorf 1962, S. 107 f.

18 Walter Höllerer, a. a. O., S. 131 f.

19 Walter Höllerer, a. a. O., S. 131.

Annette von Droste-Hülshoff

Peter BERGLAR, Annette von Droste-Hülshoff in Selbstzeugnissen und Bilddokumenten. Zeugnisse und Bibliographie: Helmut RIEGE, Hamburg 1971.   Clifford Albr. BERND, Clarity and obscurity in A. v. Droste-Hülshoffs „Judenbuche". In: Studies in German Literature of the 19th and 20th Centuries, 1970, S. 64—77.   Artur BRALL, Vergangenheit und Vergänglichkeit. Zur Zeiterfahrung und Zeitdeutung im Werk Annette von Droste-Hülshoffs, Marburg 1975.   Winfried FREUND, Der Mörder des Juden Aaron. Zur Problematik von A. v. Droste-Hülshoffs Erzählung „Die Judenbuche". In: Wirk. Wort 19, 1969, S. 244—253.   Felix HEITMANN, Die Droste als Erzählerin. Realismus und Objektivität der „Judenbuche", Münster 1914.   Heinrich HENEL, Annette von Droste-Hülshoff. Erzählstil und Wirklichkeit. In: Festschrift f. Bernhard Blume, 1967, S. 146—172.   Clemens HESELHAUS, Annette von Droste-Hülshoff. Werk und Leben, Düsseldorf 1971.   Lore HOFFMANN, Studien zum Erzählstil der Judenbuche. Jahrbuch der Droste-Gesellschaft 2, 1948/50, S. 137—147.   Dominique IEHL, Le monde religieux et poétique d' Annette von Droste-Hülshoff. Contribution à l'étude de la poésie post-romantique en Allemagne, Paris 1966.   Joachim MÜLLER, Natur und Wirklichkeit in der Dichtung Annette von Droste-Hülshoffs. Veröffentlichungen der Droste-Gesellschaft, Band VI, Münster 1941, S. 115—123.   Hermann PONGS, Schelers Theorie des Tragischen. Annette von Drostes „Judenbuche". In: H. P., Das Bild in der Dichtung, II. Bd., Voruntersuchungen zum Symbol, Marburg 1963, S. 202—218.   Heinz RÖLLEKE, Annette von Droste-Hülshoff: „Die Judenbuche", Bad Homburg 1970.   Karl SCHULTE-KEMMINGHAUSEN, „Die Judenbuche" mit sämtlichen jüngst wieder aufgefundenen Vorarbeiten der Dichterin, Dortmund 1925.   Walter SILZ, Droste-Hülshoff, Die Judenbuche. In: W. S., Realism and reality. Studies in the German Novelle of

Literaturangaben und Anmerkungen

Poetic Realism, Chapel Hill 1954, S. 36—51. Winfried THEISS, Droste-Bibliographie 1949—69. In: Jahrbuch der Droste-Gesellschaft 5, 1972, S. 147—244. L. H. C. THOMAS, „Die Judenbuche", by Annette von Droste-Hülshoff. The Modern Language Review 54, 1959, S. 56—65. Benno von WIESE, Annette von Droste-Hülshoff, Die Judenbuche. In: B. v. W., Die deutsche Novelle von Goethe bis Kafka. Interpretationen I, Düsseldorf 1956, S. 154—175. Erik WOLF, Vom Wesen des Rechts in deutscher Dichtung. Frankfurt am Main 1946, S. 223—358. Clemens HESELHAUS, Droste-Bibliographie 1932—48. Jahrbuch der Droste-Gesellschaft 2, 1948/50, S. 334—352. Gustav KONRAD, Annette von Droste-Hülshoff. Zur gegenwärtigen Forschungslage. Wirk. Wort 4, 1953/54, S. 291—298.

[20] Benno von Wiese, Die deutsche Novelle von Goethe bis Kafka. Interpretationen II, Düsseldorf 1962, S. 154 ff.; da die hier vorgelegte Interpretation der Arbeit des Verfassers manches verdankt, sei besonders dankbar darauf hingewiesen.

[21] Vgl. dazu meine Interpretation in: Die deutsche Novelle zwischen Klassik und Romantik, a. a. O., S. 128 ff.

[22] Zitiert nach Annette von Droste-Hülshoff, Sämtliche Werke, Hrsg. von Clemens Heselhaus, Darmstadt 1960, S. 882.

[23] J. Kunz, a. a. O., S. 143 ff.

[24] J. Kunz, a. a. O., S. 131 und S. 134 ff.

[25] J. Kunz, a. a. O., S. 128 ff.

[26] J. Kunz, a. a. O., vor allem S. 129 f.

II. Die deutsche Novelle in der Mitte des 19. Jahrhunderts
Adalbert Stifter

Daß man die Darstellung der Novellendichtung in der Jahrhundertmitte mit Adalbert Stifter eröffnet, läßt sich mit guten Gründen rechtfertigen: Gerade an der Erzählkunst dieses Dichters ist es möglich, noch einmal den Übergang von der romantischen zu einer mehr realistischen Form der Novelle zu kontrollieren; sowohl im Wandel von den Früh- zu den Spätfassungen, wie auch in der Entwicklung von Stifters Novellendichtungen im allgemeinen. Diese zeichnet sich in drei großen Novellensammlungen ab: in den verschiedenen Bänden der ‚Studien‘, Erzählwerke enthaltend, die zuvor in erster Fassung in verschiedenen Zeitschriften erschienen waren, und, zum großen Teil umgearbeitet, 1844–1850 in der genannten Sammlung neu veröffentlicht wurden, des weiteren in der Sammlung ‚Bunte Steine‘, 1853 herausgegeben, zuvor als ‚Kindererzählungen‘ einzeln publiziert, schließlich in den Späterzählungen, von denen die fragmentarisch gebliebene letzte Fassung der ‚Mappe des Urgroßvaters‘ besondere Bedeutung hat. Stifter hat an ihr 1863–67 gearbeitet. Der künstlerische Reifeprozeß, der dieser Entwicklung zugrunde liegt, ist oft beschrieben worden. Im Grunde geht er darauf aus, das Moment des tragischen Zwiespaltes immer stärker zugunsten des epischen Ausgleichs aufzuheben, eine Neigung, die nicht nur im Gehalt nachweisbar, sondern auch im Stilwandel in wünschenswerter Deutlichkeit zu belegen ist.

Die früheste Stufe dieser Erzählkunst wird durch den ‚K o n d o r‘ und die ‚Feldblumen‘ repräsentiert. Eine kurze Analyse der erstgenannten Novelle möge sie charakterisieren. Die Handlung — so weit es überhaupt möglich ist, hier von einer solchen zu sprechen — entfaltet sich aus dem Motiv der Liebe zweier junger Menschen, Cornelias und eines jungen Künstlers; aus ihrem anfänglichen Sichfinden und dem späteren Scheitern dieser Liebe; zahlreiche Hinweise machen deutlich, daß es sich um einen Konflikt handelt, wie er in dieser Übergangszeit oft genug in der Dichtung gestaltet worden ist; in einer Zeit also, da sich die Frau immer stärker von der ihr in der patriarchalischen Ordnung zugewiesenen, wesenhaft passiven Rolle zu lösen beginnt, um mit dem Anspruch auf Ebenbürtigkeit und Selbst-

bestimmung dem Mann entgegenzutreten. Daß der konservativ gestimmte Stifter einen solchen Anspruch als fragwürdig und unangemessen empfindet, prägt die geistige Perspektive des Werkes von Anfang bis zum tragischen Ende.
Um die Fragwürdigkeit einer solchen Forderung der Frau auf unbeschränkte Selbstbestimmung überzeugend zu machen, greift Stifter auf ein Motiv zurück, das bei Jean Paul, dem großen Vorbild Stifters in der Frühzeit, eine bedeutende Rolle spielt, auf das vom Aufstieg zum Himmel und dem Sichbefreien von der Schwerkraft der Erde. Cornelia will dem Mann ebenbürtig werden, indem sie sich entschließt, an einem Aufstieg im Luftballon teilzunehmen, mit dessen Hilfe zwei Männer die obere Atmosphäre erforschen wollen. Dieser Versuch mißlingt. Cornelia ist den Eindrücken, denen sie sich damit aussetzt, nicht gewachsen: Von Grauen überwältigt, bricht sie zusammen; und der Aufstieg muß trotz der für die Forscher günstigen Bedingungen des Unternehmens um ihrer Schwäche willen abgebrochen werden. Daß das Ganze von dem Dichter symbolisch verstanden wird, ergibt sich aus dem Zusammenhang des Geschehens: Was dem Manne möglich ist, ist der Frau nicht erlaubt; zu ihrem von Stifter im Sinne der idealistischen Tradition wesenhaft passiv und vegetativ verstandenen Dasein gehört die Basis und der Raum der Erde.
So gesehen ist die Eingangspartie der Novelle bereits konsequent auf das Liebesmotiv bezogen. Die Fremdheit und das Mißverstehen, das von früh an diese Liebe gefährdet, haben ihren Grund darin, daß Cornelia nicht zu jener Hingabe bereit ist, die von seiten des Mannes erwartet wird. Dabei mögen soziale Unterschiede mit hineinspielen — die Herkunft Cornelias aus angesehenem Geschlechte und die des Mannes aus geringem Stand —, indessen sind diese Unterschiede nicht zwingend. Entscheidender ist das menschliche Problem: also jene verschiedene Auffassung von der Stellung der Frau im Verhältnis der Geschlechter.
Nach der mißlungenen Teilnahme an dem Aufstieg beginnt Cornelia an dem Recht ihres Anspruchs zu zweifeln. Bedenken dieser Art machen für kurze Zeit eine Annäherung und Verständigung der beiden jungen Menschen möglich. Dann gehen sie wieder auseinander, „das Äußerste zu wagen, um nur einander wert zu sein"[1], Worte, die Zeichen dafür sind, daß diese Liebe der vorübergehenden Verständigung zum Trotz immer noch tragisch gefährdet ist.
Ein Zeitsprung leitet die letzte Erzählphase ein: „Manches Jahr war

seit dem Obigen verflossen, allein es liegt nichts davon vor." (S. 30) Mit der Zeit wechselt auch der Raum des Geschehens. Nun ist es Paris, wohin der Erzähler den Leser führt. Ohne Wissen voneinander befinden sich beide, der Maler und Cornelia, zu dem gleichen Zeitpunkt in der Stadt. Beide sind in den Jahren, die dem Abschied gefolgt sind, über sich hinausgewachsen. Von dem Mann wird berichtet, daß er ein berühmter Künstler geworden ist; von Cornelia liest man, daß ihre außerordentliche Schönheit viele anzuziehen vermocht hat. Mit einem Blick in den Salon, in dem Gustav seine Bilder ausgestellt hat, schließt die Novelle. Zufällig wird der Erzähler dort Zeuge des Besuches Cornelias. Sie ist in den Salon gekommen, um die Bilder ihres Jugendfreundes zu sehen. Was dann von diesem und ihr selbst gesagt wird, läßt erkennen, daß beide zwar die Jahre hindurch unlösbar aneinander gebunden geblieben sind; daß sich aber am Ende der Wille zur Behauptung und Wahrung des Selbst als stärker erwiesen hat denn die Liebe und die Bereitschaft zur Hingabe.

Daß die Wertperspektive der Novelle idealistisch-konservativ ist, wurde betont: für den Dichter ist es selbstverständlich, daß der Anspruch der Frau auf unbedingte Freiheit in Zerstörung und Unerfülltheit führen muß. So ist schon — weniger in der novellistischen Form als in der Gesinnung — die kommende Entwicklung Stifters vorgezeichnet. Bei dieser Charakterisierung der Novelle wird man allerdings eine Partie nicht übersehen dürfen, die, entgegen dieser konservativen Neigung, andeutet, daß man sich in einer späteren, nachidealistischen Phase der Geschichte befindet. Es ist die Stelle, darin von dem Grauen berichtet wird, das über Cornelia kommt, als der Luftballon in den höchsten Äther emporsteigt. Einige Sätze daraus seien zitiert: „Der erste Blick Cornelias war wieder auf die Erde — diese aber war nicht mehr das wohlbekannte Vaterhaus: in einem fremden goldnen Rauche lodernd, t a u m e l t e sie gleichsam zurück, an ihrer äußersten Stirn das Mittelmeer, wie ein schmales, gleißendes Goldband tragend, überschwimmend in unbekannte phantastische Massen. Erschrocken wandte die Jungfrau ihr Auge zurück, als hätte sie ein Ungeheuer erblickt — aber auch um das Schiff herum wallten weithin weiße, dünne, sich dehnende und regende Leichentücher — von der Erde gesehen — Silberschäfchen des Himmels. — Zu diesem Himmel floh nun ihr Blick — aber siehe, er war gar nicht mehr da: das ganze Himmelsgewölbe, die schöne blaue Glocke unserer Erde, war ein ganz schwarzer Abgrund geworden, ohne Maß und Grenze

in die Tiefe gehend, — jenes Labsal, das wir unten so gedankenlos
genießen, war hier oben völlig verschwunden, die Fülle und Flut des
Lichtes auf der schönen Erde. Wie zum Hohne, wurden alle Sterne
sichtbar — winzig, ohnmächtige Goldpunkte, verloren durch die Öde
gestreut — und endlich die Sonne, ein drohendes Gestirn, ohne
Wärme, ohne Strahlen, eine scharfgeschnittene Scheibe aus wallendem,
blähendem, weißgeschmolzenem Metalle: so glotzte sie mit vernich-
tendem Glanze aus dem Schlunde..." (S. 18/19) In diesen Sätzen
ist ein Überschuß, der über den sonst so knappen und andeutenden
Stil der Novelle hinausgeht. Was in diesen Sätzen zum Ausdruck
kommt, sind Zweifel und Ängste, wie sie von Jean Pauls Dichtung
her vertraut sind; Zweifel, die von der Sorge ausgehen, daß jene
kosmische Ordnung unzuverlässig werden könne, auf der der Hoch-
idealismus seine Zuversicht und Sicherheit begründete. Daß sich Stifter
— ähnlich wie in seiner bekannten Beschreibung der Sonnen-
finsternis — bis zu einem solchen Grad in die Verfremdung einer
bis dahin schlechthin vertrauten Ordnung einläßt, macht die Frage
unausweichlich, ob die konservative Gesinnung des Dichters wirklich
so begründet und überzeugend erscheint, wie man es im allgemeinen
hinzunehmen bereit ist.

Überlegungen dieser Art können allerdings im Rahmen einer Gattungs-
geschichte nicht weiter verfolgt werden. In dieser Darstellung ist es
vordringlicher, die Aufmerksamkeit noch einmal auf den Formtypus
der frühen Stifter-Novelle zu richten. Was diesen betrifft, macht es keine
Mühe, ihn zu charakterisieren: Das Werk steht in allen entscheidenden
Zügen noch in der Tradition der romantischen Novelle. Um nur das
Allgemeinste anzudeuten: Wiederum bestimmt nicht mehr das Faktische als solches den Akzent der Darstellung, sondern die seelische
Reaktion der betroffenen Menschen auf die Fakten. Darum ist auch
das Frühwerk Stifters im wesentlichen durch die Subjektivität der
romantischen Novellisten geprägt, eine Prägung, bei der auch der in
gleiche Richtung weisende Erzähltypus Jean Pauls mitbestimmend
geworden ist.

So setzt die Novelle — um mit dem Auffallendsten zu beginnen —
nicht mit dem sachlichen Bericht, sondern mit einer nach Jean Pauls
Vorbild mit ‚Nachtstück' überschriebenen szenischen Partie ein. Es
ist jene, in der der Jüngling in dem fiktiven Gespräch mit einem
Kater sein Herz öffnet. „‚Was ist denn das, du lieber alter Spiel- und
Stubengenosse, daß du heute in die späte Nacht dein Gesicht zum
Fenster hinaushältst...' ‚Ei, Trauter', erwiderte ich auf die stumme

II. Die deutsche Novelle in der Mitte des 19. Jahrhunderts

Frage, ‚die Zeiten haben sich nun einmal sehr geändert...'" (S. 9) Ein solcher Einsatz erinnert nicht nur an den Erzählstil Jean Pauls; er weist zugleich auch auf den des ‚Don Juan' E. T. A. Hoffmanns zurück. Wie dort besitzt der Erzähler St. nicht mehr die Distanz und die Besonnenheit, um in der Form des Berichtes das Geschehen chronologisch zu ordnen und damit in die Objektivität zu zwingen. Statt dessen wählt er, jede epische Vermittlung außer acht lassend, die dialogische Aussprache und die Szene, um die Betroffenheit seiner Gestalten möglichst unmittelbar darzustellen.[2]

Auch in den folgenden Partien folgt Stifter dem romantischen Modell. Wie bei E. T. A. Hoffmann geschieht es, daß sich der Erzähler, nach einem anfänglichen Hineingerissenwerden in medias res, wieder auf seine eigenste Aufgabe besinnt und das Wort nimmt, um das zunächst szenisch Dargestellte zu kommentieren und damit zugleich die Vorgeschichte nachzuholen. So folgt in dem zweiten, ‚Tagstück' überschriebenen Abschnitt der Bericht von dem, was sich faktisch ereignet hat: also der von dem Aufstieg Cornelias mit den Luftschiffern und das Scheitern dieses Versuches: „Der junge Mann, aus dessen Tagebuche das Vorstehende wörtlich genommen wurde, war ein angehender Künstler, ein Maler, noch nicht völlig 22 Jahre alt..." (S. 13) Aber nicht nur in den szenisch gestalteten Teilen, sondern auch in den Berichtpartien bestimmt — in schärfstem Gegensatz zu der Prosa des späten Stifter — das Moment der Subjektivität die Form der Wiedergabe. Hier ist es vor allem ein Sprachstil, dem höchste Bewegtheit und Erregtheit eigen ist. Als Beispiel dafür können die oben wiedergegebenen Sätze gelten, in denen von Cornelias Ängsten die Rede war. Wenn man versucht, die Eigenart dieser Sätze zu charakterisieren, dann ist vor allem die extreme Vorliebe für das verbale Element bestimmend. Dieses tritt so stark heraus, daß es nicht nur als Prädikat, sondern — wiederum vergleichbar dem Stil E. T. A. Hoffmanns[3] — als Attribut in der Form des Partizipiums präsentis den Satzbau beherrscht: „sich dehnende und regende Leichentücher" — „wie ein schmales, gleißendes Goldband tragend, überschwimmend in unbekannte phantastische Massen" (S. 19). Dazu kommt als weiteres Ausdrucksmittel der Steigerung mit dem Partizipium präsentis das Attribut überhaupt; wobei dieses — auch hier in der Nachfolge Hoffmanns — mit Vorliebe in der Form des Superlativs erscheint: „ein unbeschreiblich treuherziges Gesicht" (S. 13) — „das seltenste und tollste Gestirn" (S. 9) — „ein ganz schwarzer Abgrund." (S. 19) — Der gleichen

Ausdruckstendenz dienen die Stilformen des Pleonasmus und der Repetition. — „und endlich die Sonne, ein drohendes Gestirn, ohne Wärme, ohne Strahlen, eine scharfgeschnittene Scheibe aus wallendem, blähendem, weißgeschmolzenem Metalle..." (S. 19); alles eingesetzt, um das Höchstmaß der Erschütterung in das Wort zu zwingen. Mögen sich im einzelnen Differenzen zwischen der Prosa Hoffmanns und des frühen Stifter zeigen, dem Typus und der Struktur nach ist der Stil hier und da der gleiche.
Wenn die novellistische Gestaltung und die sprachliche Form des Erzählens auf die Romantik zurückweist, so dürfen diese formalen Überlegungen allerdings nicht dazu führen, über der Gemeinsamkeit zu vergessen, daß die geistige Perspektive schon dieser frühen Novellen wesenhaft von der Romantik verschieden ist. So leidenschaftlich der Erzähler sich nach dem Vorbild der romantischen Novellenkunst in das Geschehen einläßt, es muß noch einmal betont werden, daß er doch weit entfernt ist, sich durch das Unbedingte hinreißen und verzaubern zu lassen. Die geistige Voraussetzung schon dieser Frühstufe ist die Ehrfurcht und das Wissen um den verpflichtenden Anspruch jener kosmisch-menschlichen Ordnung, auf die der Idealismus sein Vertrauen gesetzt hat; so, daß man schon bei der Lektüre dieser Frühnovellen oft geneigt ist, an das Ethos der ‚Wanderjahre' zu denken.
Noch überzeugender als auf der Frühstufe des Schaffens gelingt es dem Dichter, in den Novellen der ‚Studien' das Recht des Bedingten gegenüber dem Unbedingten zu sichern; sowohl im Aufbau der Handlung wie auch in der hier schon spürbaren Neigung, das Tempo des Erzählens immer mehr zu verlangsamen. Diese Tendenz in der Entwicklung Stifters wird noch deutlicher, wenn man die Erstfassung dieser Novellen mit den sogenannten ‚Studienfassungen' vergleicht. Nichts kann exakter und prägnanter die Richtung dieser Entwicklung erkennen lassen als ein solcher Vergleich. Trotzdem bleiben diese Erzählwerke in den Gattungsgrenzen der Novelle. Denn auch in ihnen beansprucht das spezifisch Novellistische im Sinne der Thematik des „Unerhörten" besondere Aufmerksamkeit. Eingeleitet wird die zweite Epoche des Schaffens durch den ‚Hochwald' und ‚Die Narrenburg'. Bedeutsam für die Entwicklung Stifters werden dann Novellen wie ‚Abdias', ‚Brigitta', ‚Der Hagestolz', ‚Zwei Schwestern'. Was diese im einzelnen sehr verschiedenen Erzählwerke verbindet und was vor allem ihre Eigenart im Zusammenhang mit der Entwicklung Stifters bestimmt, prägt sich am besten ein, wenn man den Blick von dieser Stufe des Novellenschaffens auf die spätere Sammlung ‚Bunte Steine'

richtet. Wenn dort die Demut vor dem Bedingten das Ganze endgültig zu durchdringen vermag und das Telos der Stifterschen Entwicklung zu einem bestimmten Abschluß kommt, tritt in den Studiennovellen die tragische Isolierung als noch entscheidendes Charakteristikum hervor. In ‚Abdias' als Verachtung der menschlichen Grenze und zugleich damit als Wille, der absoluten Erfüllung nahe zu kommen: im Besitz der höchsten Schönheit, als Eroberer, in der Begierde nach Fülle und Reichtum und endlich in der ebenso maßlosen Liebe zum Kind. In anderen Novellen, im ‚Hagestolz', der ‚Brigitta', den ‚Zwei Schwestern' ist die Thematik der tragischen Gefährdung wiederum in anderer Weise abgewandelt. Darüber aber summarisch zu sprechen, ist nur in begrenzter Weise möglich. Auch hier empfiehlt es sich, statt dessen durch die Analyse von repräsentativen Einzelwerken diese Entwicklungsstufe Stifters zu beleuchten und zu charakterisieren. Als geeignet für eine solche Aufgabe und exemplarische Deutung erscheinen vor allem ‚Brigitta' und die Novelle ‚Zwei Schwestern'.

‚B r i g i t t a' gilt als eine der Novellen Stifters, von denen bis auf die jüngste Zeit eine starke Anziehung ausgegangen ist.[4] Diese ist einmal in der Titelgestalt der Novelle begründet, aber noch stärker in der eigentümlichen Konfiguration der wichtigsten Personen um Brigitta. Vielleicht ist es deshalb angemessen, bei einer Analyse des Werkes von dieser Gruppierung auszugehen. Von Brigittas tragischer Verfassung wird immer wieder gesprochen, vor allem davon, daß diese Tragik in dem Widerspruch der äußeren und inneren Schönheit begründet ist. Verwiesen wird auf die Häßlichkeit des Antlitzes, aber auch auf den Umstand, daß in dem Glanz der Augen etwas von der Schönheit der Seele verheißend offenbar wird. So lebt sie einsam und von Eltern und Geschwistern isoliert; auf das Ganze gesehen, in einer Umwelt, die konventioneller und schicksalsfremder nicht gedacht und dargestellt werden könnte. Dann aber tritt ein Mann zu ihr, der den inneren Adel Brigittas entdeckt und bereit ist, sein Leben auf diese Liebe zu wagen, Stephan Murai. Durch zahlreiche Hinweise wird angedeutet, daß und in welcher Weise Murai als Partner Brigittas ebenbürtig ist. Obwohl der gleiche menschliche Rang und das Gefühl einer tiefen Liebe beide Menschen zueinander führt, ist ihr Verhältnis von Anfang an eigentümlich angespannt. Für Brigitta ist die Liebe zu Murai schicksalhafter Art. Denn von der ersten Begegnung an fordert sie von dem Geliebten, daß er so bedingungslos zu ihr steht, daß er sich nicht eine Stunde von dem Schein der Häßlichkeit abschrecken läßt. Gerade in dieser Erwartung aber wird sie getäuscht. So ebenbürtig von Anlage her Murai als Partner zu Brigitta steht, an dieser Unbedingtheit läßt er es fehlen. So ist es kein Zufall, daß er eines Tages an ein junges Wesen gerät, das in allen Zügen als Gegengestalt zu Brigitta entworfen ist. Wie Brigitta äußerlich häßlich ist, so erscheint Gabriele äußerlich liebreizend und anziehend. Aber es ist eine Schönheit ohne Leben, und die Anziehung, die von ihr ausgeht, ist ohne Tiefe und Verantwortung. Damit aber zerbricht die Ehe Murais und Brigittas, und beide gehen auseinander. So etwa bietet sich die Konfiguration der wichtigsten Gestalten und der Gang des Geschehens bei einer flüchtigen Sicht dar.

Versucht man, in einem zweiten Ansatz über die zentrale Gestalt der Novelle mehr Klarheit zu gewinnen, so erinnert sie von fern an mythische Gestalten neuplatonisch-gnostischer Herkunft. Von daher wird vor allem der Gegensatz von Seele und Leib bedeutsam; von daher die „Gefangenschaft" der Schönheit in einer leiblichen Verfassung, die dieser Schönheit widerspricht. Aber nicht nur Brigitta, auch Stephan Murai fügt sich in dieses mythische Schema überraschend ein. So wie Brigitta auf Märchengestalten wie die „verzauberte Braut" zurückverweist, so erinnert Murai an jene Gestalten, die gesandt sind, dieses Wesen von der Verzauberung zu lösen. Daß von ihm eine Faszination ausgeht, der keiner widerstehen kann, wird wiederholt gesagt. Bedeutsamer noch ist der Hinweis, daß er die Gabe des Magnetismus besitzt. Und es ist auch in Stifters Novelle nicht anders als in den Dichtungen Hoffmanns und mancher romantischer Dichter: Der Besitz magischer Kräfte dieser Art ist Zeichen höheren Ursprungs. Selbst das in diesem mythologischen Umkreis bedeutsame Motiv des „Wiedererkennens" wird in der Novelle angedeutet; im Mythos ein „Sich-Wiedererkennen" im Zeichen der gemeinsamen transzendenten Herkunft; in der Novelle als Erkennen einer letzten schicksalhaften Verbundenheit: Bei Gelegenheit des Festes im Hause ihrer Eltern trifft Brigitta auf den fragenden Blick des Mannes, und sie kommt von diesem Blick nicht mehr los. Im übrigen geschieht es in der Novelle wie in entsprechenden Mythologemen der Gnosis. Zwar weiß der Mann um seinen Auftrag, aber, angezogen durch den verführerischen Glanz der Sinnenwelt, vergißt er ihn und verrät jenes Wesen, zu dessen Erlösung er in die Welt gesandt wurde. Erst von diesen mythischen Voraussetzungen her bekommt Gabriele ihre Bedeutung als Gegensatzfigur zu Brigitta. Sie sei als „ein Abgrund der Unbe-

II. Die deutsche Novelle in der Mitte des 19. Jahrhunderts

fangenheit" erschienen, wird von ihr gesagt. Bedeutet die Begegnung mit Murai für Brigitta letzte Verbindlichkeit, so ist die Anziehung, die von Gabriele ausgeht, wie schon zuvor angedeutet, ohne Verantwortung. Damit wird noch einmal die tragische Unausweichlichkeit und Unbedingtheit des Geschehens begreifbar. Wer so wie Brigitta unter dem Widerspruch der Seele und des Leibes leidet, wem es aufgegeben ist, mit diesem Widerspruch fertig zu werden, der muß es als Verrat empfinden, wenn der, der den Auftrag hat, sich in diesen Widerspruch einzulassen, ihm gegenüber ausweicht, um sich an eine Schönheit ohne Seele zu verlieren.

In dieser Weise kommt die Stiftersche Novelle der Konfiguration des gnostischen Mythos nahe. Vielleicht darf man noch hinzufügen, daß auch der zweite Handlungszug in der Novelle von daher erklärbar wird. Von Anfang an leidet Brigitta nicht nur an dem, was in ihr als Widerspruch zwischen Leib und Seele wirksam ist, sondern darüber hinaus an allem, was an diesen tragischen Widerspruch erinnert. So richtet Brigitta von früh an ihre Aufmerksamkeit auf alles, was in der Natur widersprüchlich und unausgeglichen erscheint: den Gegensatz von äußerer Erstarrung und verborgenem Leben. Schon das Spiel des Kindes mit den ungefügen Steinen weist darauf hin. Nicht anders wird Brigitta später auf die heimatliche Natur da aufmerksam, wo sie unter der steinigen und steppenhaften Oberfläche den noch unerschlossenen Reichtum des Lebendigen ahnt. So wird von Anfang an mit dem Handlungszug, der sich aus dem Liebesmotiv entfaltet, ein zweiter verbunden; jener, der auf das Motiv der Natur zentriert ist. Gemeinsam ist beiden Handlungszügen der Widerspruch zwischen Außen und Innen, der Gegensatz eines ungeformten Äußeren und der dahinter sich verbergenden Fülle und Schönheit; eine Gemeinsamkeit, die im übrigen bis in die Sprache deutlich gemacht wird. Etwa in der Weise wie die Worte „wild", „öde" als Wortbrücken den menschlichen und den naturhaften Bereich verbinden.

So unverkennbar das Schema des Mythos in alle Teile der Novelle hineinwirkt, an einer bestimmten Stelle hört die Übereinstimmung auf. Die den gnostischen Mythen zugrunde liegende Erfahrung einer absoluten Tragik und eines ontologischen Dualismus war für das versöhnende Denken Stifters nicht vollziehbar. In Stifters Novelle ist das Geschehen auf die Überwindung des Widerspruchs bezogen. Darum wendet sich Brigitta nach dem Versagen des Mannes der Natur zu, um ihr jenen Liebesdienst zu leisten, den ihr Murai schuldig geblieben ist; eine Tat, die nicht nur um der Natur willen geleistet wird, sondern ebenso als versteckte Mahnung an Murai zu verstehen ist, ihm zu bedeuten, unter welcher Bedingung der Weg zu ihr zurückführt.

Man kann sich vorstellen, wie ein romantischer Novellendichter, aber auch der frühe Stifter der Kondorstufe, sich dieses märchenhaft-mythischen Stoffes bemächtigt hätte. Vermutlich ohne sich die Mühe zu machen, das Geschehen in die Objektivität zu übersetzen. Jedenfalls wäre in der Romantik die Form der epischen Darstellung, wie sie Stifter für die ‚Brigitta' gewählt hat, kaum möglich gewesen. Denn von der romantischen Novelle — und von seinen eigenen Anfängen — unterscheidet sich Stifter in dieser Novelle durch die Neigung, alle Unmittelbarkeit aufzuheben und das Ganze gedanklich vorbereitet und objektiviert darzustellen. Johannes Pfeiffer ist dieser Eigenart der Gestaltung nachgegangen, und man kann seiner Analyse in ihren entscheidenden Zügen folgen und sie bestätigen.[5] In der angedeuteten Richtung charakterisiert Pfeiffer schon den Wechsel des Rahmens und der Novellenhandlung: „Wenn also diese Erzählung sich eines vermittelnden Rahmens bedient, dann hat das einen ganz bestimmten Sinn: den nämlich, daß dadurch die eigentlichen Vorgänge und Konflikte gleichsam hinter die Kulissen verlegt werden. Behutsame Winke lassen das hintergründige Geschehen mehr ahnen als deutlich erblicken..."[6] Diese Vermittlung wird im übrigen nicht zuletzt dadurch realisiert, daß Stifter einen Erzähler wählt, der nicht aus der Unmittelbarkeit des Erlebens, sondern von der Weisheit des Alters her auf die Ereignisse seiner Jugend zurückblickt: „Zu diesen Bemerkungen" — so berichtet dieser Erzähler — „bin ich durch eine Begebenheit veranlaßt worden, die ich einmal in sehr jungen Jahren auf dem Gute eines alten Majors erlebte, da ich noch eine sehr große Wanderlust hatte, die mich bald hier bald dort ein Stück in die Welt hinein trieb, weil ich noch weiß Gott was zu erleben und zu erforschen verhoffte."[6a]

Von der Wahl dieser durch die Distanz bestimmten Perspektive ist es dann auch zu verstehen, daß die Novelle sehr viel mehr durchreflektiert ist, als es bisher im Formzusammenhang dieser Gattungsform üblich war. Schon die Romantiker und dann Grillparzer und Mörike haben den Erzähler als genau faßbare und genau charakterisierte Figur in die Novelle eingeführt und damit die Sachlichkeit des rein Ereignishaften in einen mehr reflektierten Erzählstil übersetzt. In noch stärkerem Maße spielt die Reflexion in die Novelle Stifters hinein. Breite Erörterungen leiten die entscheidenden Erzählpartien

II. Die deutsche Novelle in der Mitte des 19. Jahrhunderts

ein: die über das Geheimnis der inneren Schönheit im Eingang der Novelle; und noch einmal in einer zweiten Einleitung die Erörterung über die tragische Gefährdung des Schönen, eingeschaltet vor der Partie, darin der Erzähler die Lebensgeschichte Brigittas in der großen Rückwendung jenes Kapitels nachholt, das mit „Steppenvergangenheit" überschrieben ist: „Es liegt im menschlichen Geschlechte das wundervolle Ding der Schönheit..." (S. 197) Reflexionen und Erörterungen dieser Art haben zur Folge, daß das Tragisch-Unerhörte den Charakter des Bedrängenden, Einmaligen und Unausweichlichen verliert und von einer Ebene her betrachtet wird, da es als ein Element im Ablauf des Lebens erscheint, mit dem jeder zu rechnen hat, der Einsicht in das Leben und die Gesetzlichkeit des Lebendigen besitzt.

Noch ein zweiter Stilzug dient dem gleichen Zweck: die Neigung des Erzählers, durch zahlreiche Vorausdeutungen langsam auf die kommenden Ereignisse vorzubereiten, statt den Leser unvorbereitet und überraschend damit zu überfallen. Eine solche Vorbereitung leisten schon die zuvor genannten Erörterungen. Sie werden aber durch zahlreiche andere Vorausdeutungen ergänzt. So ist die Begegnung des Erzählers mit Stephan Murai auf der Höhe des Vesuvs eine Vorausdeutung „gleichnishafter Art".[7] So weist die von dem Erzähler auf seinem Ritte zu Murai wahrgenommene Steppenlandschaft auf Brigittas Existenz voraus. Demselben Zweck dient der Umstand, daß der gleiche Erzähler wiederholt auf sie aufmerksam wird, ohne ihre Lebensgeschichte und ihr Schicksal zu kennen: Er begegnet Brigitta persönlich bei seiner Ankunft in Maroshely, ohne zu wissen, wer sie ist; er sieht sie auf dem Bild, das er in dem Zimmer Murais vorfindet; und noch einmal trifft er auf ihrem Gut mit ihr zusammen, ohne von der tragischen Bedingtheit ihrer Existenz zu wissen. Das sind Weisen der Konfrontation, die zwar auf das Schicksalhafte dieses Daseins vorbereiten, aber damit zugleich vermeiden, dieses unvorbereitet und allzufrüh zu enthüllen. Und auch die Enthüllung vollzieht sich in einzelnen Etappen: einmal in den vorsichtig hinweisenden Bemerkungen Gömörys, des Gutsnachbarn Murais, und dann in dem wiederum in zeitlicher Distanz gegebenen Bericht Murais selbst.

Das alles ist im Grunde nicht mehr novellistischer Stil, sondern der Stil der epischen Entspannung, ein Stil, der in seiner letzten Intention aus dem Willen zu begreifen ist, „die andrängende Ereignishaftigkeit des Daseins in eine verklärende und verschleiernde Ferne"[8] zu rücken, statt dieses Ereignishafte zu akzentuieren.

Adalbert Stifter

Wie weit sich die Form der Novelle damit von der Novellistik der Romantik und auch der Kleists entfernt hat, braucht nicht im einzelnen dargelegt zu werden. Wenn für E. T. A. Hoffmanns Novelle und in ihrer Weise auch für die Novelle Kleists — man denke an den Eingang der ‚Marquise von O.'[9] — der Wille entscheidend war, den Leser schonungslos vor das Tragisch-Unbedingte zu zwingen, so ist die Novelle Stifters durch die entgegengesetzte Stiltendenz bestimmt. Zwischen dem Leser und den Ereignissen der Novelle wird ein Erzähler eingeschaltet, der hilft, aus seinem überlegenen Wissen und aus der Weisheit des Alters diese Ereignisse, bei aller Überraschung, als notwendig zu begreifen und sie in einen übergreifenden Sinnzusammenhang einzuordnen. Daß damit auch die Möglichkeit frei wird, die Welt der Natur und der Dinge in jener genau umrissenen Gegenständlichkeit darzustellen, wie es in der Novelle Stifters immer stärker geschieht, liegt in der Konsequenz jener Erzählhaltung. Um so erstaunlicher ist es, daß Stifter, obwohl sich sein Schaffen immer deutlicher in der Richtung auf einen episch-romanhaften Stil hin wandelt, auf das Ganze gesehen, die Grenze zwischen Novelle und Roman nicht überschritten hat. Spezifisch novellistisch ist die Thematik des Werkes, in der sich die tragische Bedingtheit des Schönen in einer einzigen Gestalt zusammenzieht. Novellistisch ist aber auch die — entgegen allen retardierenden Formelementen — doch wieder strenge Verdichtung des Werkes auf diese Thematik hin. Dabei spielt vor allem die Parallelführung jener beiden Handlungszüge, von der im Eingang die Rede war, eine entscheidende Rolle; des Handlungszugs, der sich aus dem Liebesmotiv entwickelt, und des anderen, in dem es um die Begegnung der Heldin mit der Natur geht. Daß dieses Zueinander durch zahlreiche methaphorische Wendungen und Wortbrücken ermöglicht wird, wurde zuvor betont.

Entfaltet sich ‚Brigitta' aus der Tragik des Schönen, so knüpfen die ‚Z w e i S c h w e s t e r n' — und zwar in der ersten Fassung noch stärker als in der ‚Studienfassung' — wieder an das romantische Motiv des Künstlertums an. Wie in dem novellistischen Werk Wackenroders, in zahlreichen Novellen Hoffmanns und in der Mozart-Novelle Mörikes ist es auch in dem Werk Stifters der Zauber der Musik, der über Camilla, die erste der beiden Schwestern, beglückend-unheilvolle Macht gewonnen hat. Insofern setzt diese Novelle unverkennbar die Künstlernovelle der Romantik fort. In der ersten Nacht, die Otto Falkhaus im Hause Ricars zubringt, hört er Camillas Spiel: „Es ist

71

nicht mehr das Ding, das mit einfacher Liebe in den goldenen Tönen gespielt hat, bloß aus dem Grunde, weil sie goldene sind; sondern das ist so zu sagen ein schreiendes Herz, welches seinen Jammer erkannt hat. Es lag in dem Spiele ein Schmerz und eine Sehnsucht, die so einleuchtend ausgesprochen waren, daß man sah, das sei nicht ein vorgebildetes und vorgespieltes Ding der Kunst, sondern das sei aus dem wirklichen, bitteren, erfahrenen Leben hergenommen. Es war für mein Ohr die ganz natürliche Steigerung des Herzens darinnen. Zuerst war eine sanfte Klage, die versuchsweise bittet, und, wiewohl vergeblich, hinschmilzt — dann war das heiße Flehen, das ein fernes wohlerkanntes Glück so gerne herbei ziehen möchte — dann war die Ungeduld des Heischens — dann stand die Seele auf, und es war ein Zürnen, daß das Gut, das man geben wolle, nicht erkannt werde — dann war ein Hohn, der da sagt, wie hoch das eigene Herz steht, und wie es sich durch Verachtung rächen will..."[10] Was in diesen Worten zum Ausdruck kommt, ist kaum etwas anderes als jene Erwartung, die man in der Romantik auf die Kunst und vor allem auf die Musik gesetzt hat: daß sie dem Menschen hilft, in die Daseinsregion der absoluten Erfüllung vorzustoßen. Was in ihnen aber auch anklingt, ist — wiederum im Einklang mit dem romantischen Künstlertum — die Enttäuschung, die einem solchen maßlos ungeduldigen Vorstoß ins Absolute folgen muß. Daß die Stelle damit nicht überdeutet ist, zeigt die folgende Partie der Novelle: jene, in der Otto Falkhaus am Morgen danach zum erstenmal Camilla persönlich begegnet. Von Anfang an erscheint sie als ein Mensch, der mit dem Wagnis eines solchen Vorstoßes ins Absolute an den Rand des Lebensmöglichen gekommen ist. „Sie war", so berichtet er, „sehr weich, zart und edel, aber es war etwas Sonderbares an ihr, etwas Verwelkendes und Verblühendes, als hätte sie einen geheimen Kummer, und als zehre ein innerer Gram an ihr." (S. 507) Und noch deutlicher kommt das Gesetz, nach dem Camilla angetreten, in der besorgten Rede des Vaters im Gespräch mit der Gattin ins Wort: „Teure Viktoria, ...ja es ist eine himmlische Kunst; aber unser Kind wird an dieser Kunst sterben. Du hast selber gesagt, wie die Übungen ihrer Gesundheit geschadet haben — Du hast auch gesagt, wie sie rosenwangig und jauchzend gewesen sei — aber siehe, wo sind denn nun die roten Wangen, und wo ist die Fröhlichkeit? — Es ist wahr, daß die Kunst in jeder ihrer Darstellungsarten himmlisch ist, ja sie ist das einzige Himmlische auf dieser Welt, sie ist, wenn ich es sagen darf, die irdische

Schwester der Religion, die uns auch heiligt, und wenn wir ein Herz haben, sie zu vernehmen, werden wir erhoben und beseligt: aber, liebe Viktoria, der, der sie ausübt, muß fast mehr sein, als ein Mensch, daß er ihr nicht unterliege. Er muß von dem, was er andern reicht, und wovon er mehr ergriffen wird, als sie, nicht überschüttet und zerstört werden. Darum muß er auch die übrigen Kräfte in hoher Gabe haben: er muß im Haupte den erhabenen Verstand haben, daß er die Dinge in großen Maßen verbinden und würdigen kann, er muß in den Nerven den festen Sinn haben, daß er die Welt aufnehmen und mit der Entschiedenheit und Liebe tragen kann, und er muß in dem ganzen Körper die klare Gesundheit haben, daß er alles, sowohl die linden Lüfte und den warmen Sonnenschein als auch die starre Kälte und die schneidenden Winde mit Anmut genieße. Von dem bloßen einseitig wiederholten heißen Gefühle ermattet das Herz. Siehst Du nicht, wie von der Hingabe Camillas an ihr Spiel ihr Gemüt verwelkt? Ihre Wangen sind blasser, um die Stirne ist ein Flor, und die Augen sehen stiller, aber auch sehnsüchtiger und trauriger. Siehst Du nicht, wie sie beim Fortschreiten dieser Dinge nur immer mehr zur Geige flüchtet, um ihr das versinkende Leben anzuvertrauen?" (S. 534/35) Die erste Fassung der Novelle hatte diese tragische Situation Camillas noch schärfer und unverdeckter herausgearbeitet. Aber auch in der zweiten Fassung steht Camilla zunächst in ihrer tragischen Gefährdung, wie sie unvermeidlich wird, wenn ein Mensch von der Kunst erwartet, was sie ihm nicht zu geben vermag.

Als der Erzähler bei seiner Ankunft auf der Hochebene der ihm zu dieser Zeit noch unbekannten Camilla zum erstenmal begegnet, da sitzt sie auf einem Stein, zu Füßen einer vom Blitz versengten Fichte: über ihr ein Adler, der in der Höhe des abendlichen Himmels schwebt; auch dieses Bild Vorausdeutung auf das hin, was die Schwierigkeit ihrer Existenz ausmacht: daß sie von dem versengenden Glanz einer absoluten Vollendung getroffen ist, es aber nicht vermocht hat, diese Leidenschaft des Absoluten im Hier und Jetzt des Endlichen zu verwurzeln und fruchtbar zu machen: „Als ich eine Weile so gewandert war" — so berichtet er —, „stellte sich auch das letzte Merkmal, das mir angegeben worden war, dar, der schwarze Stein mit der verdorrten Fichte... Als ich zu ihm hinzu gekommen war, hatte ich einen seltsamen Anblick. Hoch im zartgoldenen Abendhimmel gerade über dem feinen Gerippe des dürren Baumes schwebte ein Adler, wie eine dunkle Fliege anzuschauen, und am Fuße des Steines in dem Schatten desselben, den er von dem Abendlicht warf, saß ein Mädchen. Ich konnte nicht erkennen, ob es schön sei, und wie es gekleidet sei..." (S.464)

Wenn man die Existenz Camillas in dieser Weise versteht, wird begreiflich, daß die Schwester bis in alle einzelnen Züge hinein als die Gegengestalt zu Camilla entworfen ist: Sie ist es, der die Verwurzelung im Hier und Jetzt gelingt. Darum ist es kein Zufall, daß sie als Gärtnerin der gefährdeten Künstlergestalt Camillas gegenübersteht. Daß zu Maria wesenhaft der Bereich der Pflanzen gehört, wird bereits da deutlich, wo sie ihren Besucher am Morgen nach seiner Ankunft hinaus in den Garten führt, und an der Art, in der sie über die Pflanzen spricht, erkennen läßt, was ihr Daseinsgesetz ist. Steht Camilla in der Versuchung, den Bereich der Erde zu übersehen, so lebt Maria, dem Wachstum der Pflanzen dienend, in tiefer Ehrfurcht diesem Bereich gegenüber. Etwas von dieser Ehrfurcht klingt oft in ihren Worten an; besonders in den Gesprächen an jenem schon erwähnten Morgen: „Es ist sehr schön" — so bekennt sie ihrem Besucher —, „wenn man den Dingen die ihnen zugeartete Erde geben kann, wenn man sie nach ihrem Begehren feucht oder trocken halten, und ihnen nach Wunsch Licht und Schatten erteilen kann. Dann sind sie auch dankbar, und werden so schön, wie man es vorher kaum geahnt hatte." (S. 485) So ist Maria geartet, und so hat sie Falkhaus auch in seiner Erinnerung bewahrt, nachdem er das Haus auf dem Berg verlassen und in seine Heimat zurückgekehrt ist. „Dieses Mädchen steht so fest auf dem irdischen Boden, und sein Herz ragt doch so schön und zart in den höchsten Himmel hinein." (S. 573) — Und wie in Camillas äußerer Erscheinung die Spur ihrer Daseinsbestimmung eingetragen ist, so ist auch das Äußere Marias von dem her geprägt, was man ihre Lebensentscheidung nennen darf.

Indem Maria so in gleichem Rang an die Seite Camillas tritt, ist auch der Gang der Handlung so vorbereitet, wie er in der ‚Studienfassung' verläuft. Mit der Nähe zur Erde hat Maria — an die Goethesche Lehre von der Ehrfurcht gegenüber der Tiefe erinnernd — die Tugend der Opferbereitschaft und der Entsagung gelernt. So hat sie ihre Schönheit aufs Spiel gesetzt, um der Not der Ihrigen zu steuern. In der gleichen Gesinnung tritt sie dann zurück und entsagt ihrer Liebe zu Alfred Mussar, um Camilla vor der Zerstörung zu bewahren. Damit aber treten die beiden Männergestalten der Novelle in den Vordergrund; mit Alfred Mussar der Erzähler Otto Falkhaus.

Adalbert Stifter

Mag die Novelle in der Studienfassung — vor allem in ihrer Neigung zur Retardation — oft genug die Grenze von der novellistischen Gattungsform zum Roman hin öffnen, die Art und Weise, wie die entscheidenden vier Gestalten in das Spannungsfeld des Geschehens gerückt sind, deutet auf die Konzentration der ursprünglichen novellistischen Konzeption des Werkes zurück. So wie sich Camilla und Maria gegenüberstehen — die eine als Gefährdete, und Maria als jene, die die Gefährdung in sich zu überwinden vermag —, so stehen sich die beiden Männergestalten in der gleichen Gegensätzlichkeit gegenüber: der Erzähler wiederum als der von der Maßlosigkeit Bedrohte und Alfred Mussar als einer, dem die Maßlosigkeit fremd ist.

Von der Gefährdung des Otto Falkhaus spricht jener, der sich im Eingang der Novelle als der Vermittler seines Lebensweges vorstellt, bereits auf der ersten Seite des Werkes: „Uns hat es einst ein sanftes, fast trauriges Gefühl erregt, als uns ein Freund die lückenhafte Tatsache, wie sie war ... erzählt hat. Die Teilnahme war um so größer, als dieser Freund selber in seiner Jugend eine einseitige Bildung seiner Geisteskräfte erhalten hatte, wodurch er in der Folge viel leiden mußte..." (S. 419) Und Otto Falkhaus erzählt dann in der großen Rückwendung im Eingang des 3. Kapitel selbst, wie durch die einseitige, rein auf das Praktische hingerichtete Erziehung des Oheims in ihm Gefühl und Phantasie unterdrückt wurden, Kräfte, die dann, nachdem er aus dieser Erziehung entlassen war, um so nachdrücklicher ihr Recht beanspruchten. „Ihr wißt alle, meine teuren Freunde, wie ich von jeher ein Kind des Zufalles gewesen bin." (S. 438) Mit diesen Worten beginnt er seinen Lebensbericht, und dann spricht er ausführlich über die einseitige Erziehung durch den Oheim und die folgende Reaktion auf diese Einseitigkeit: „Ich gab mich nun, da ich frei war, dem Zuge meiner Einbildungskraft und den Anregungen meiner sinnenden Kräfte unbedingt hin. Ich ließ die schönen Künste, und allerlei Schwelgereien der Gefühle ohne Maß auf meine Seele wirken. Wenn mir damals ein hochherziges edles starkes tief fühlendes Wesen entgegengetreten wäre, das aber auch im Schaffen und Wirken tüchtig gewesen wäre, ... ich glaube, ich hätte es nicht erkannt und gewürdigt." (S. 438/39) So verliert er sich, vor allem nachdem er in Wien das Spiel der Schwester Milanollo gehört hat, wie Camilla an die Musik, und zwar in einer solchen Maßlosigkeit, daß auch er in die Nähe der tragischen Entwurzelung gerät. „In jener Zeit dachte ich wieder an die Schwestern Milanollo. Wenn ich nämlich manchmal

Abends, da meine Leute etwa gar schon zur Ruhe gegangen waren, oder hinten an den Wirtschaftsgebäuden saßen und plauderten, einsam in meiner grünen Stube saß, und nichts um mich war, als die schönen Kupferstiche, die ich von der Tante geerbt hatte, nahm ich gerne meine Geige aus ihrem Fache, und geigte mir etwas vor. Ich hatte nämlich in jener Zeit, als ich meinen Träumereien gelebt hatte, die Geige spielen gelernt, und hatte manche Stunde mit meinem Meister vergeigt." (S. 442) Wiederum ist in der ersten Fassung die Gefährdung noch ungleich stärker betont. In der zweiten Fassung dagegen wird sie nur angedeutet. Zugleich wird auch hier stärker als zuvor auf das hingewiesen, was in Otto Falkhaus die Gefährdung einzugrenzen vermag, seine Liebe zum Landbau. Schon in der ersten Stunde der Einkehr in Rikars Haus bekennt er sich zu dieser Liebe. Und Rikar, der während ihres gemeinsamen Aufenthaltes in Wien die Gefährdung in der Existenz seines jungen Freundes gespürt haben mag, ist von der Wandlung beglückt. „Ich muß Euch noch einmal sagen', antwortete er, ‚daß es mich sehr freut, daß Ihr die Pflege des Bodens so hochachtet — es ist ein schöner Abend für mich, daß Ihr von diesem Dinge so redet. Es gibt auch noch andere Beschäftigungen, von den Menschen bedeutend hochgeschätzt, Künste, die sehr, sehr schmerzlich sein können, die ungemein, ganz ungemein schmerzlich sein können!'" (S. 472)

Daß Otto Falkhaus auf diese Weise die Emanzipation der künstlerischen Begabung schon früh überwinden lernt, das vor allem führt ihn schon am ersten Tag seines Aufenthaltes in Rikars Haus zu Maria hin. In der Sympathie für den Bereich der Erde und der Pflanze vermögen sich beide mühelos zu verständigen. „Der Vater hat mir auch gesagt', entgegnete sie, ‚daß Sie ein Landwirt seien, daß Sie Felder und Gärten haben, und daß sie von der Pflege dieser Dinge mit vieler Liebe und Wärme gesprochen haben. Sehen Sie, das ist sehr schön und lieb von Ihnen...'" (S. 483)

Obwohl Maria zunächst Alfred liebt, finden die beiden doch immer mehr zusammen. So ist es auch Otto Falkhaus, dem allein sie von ihrer Liebe und ihrem Verzicht spricht. Und wenn die Novelle zunächst mit Worten schließt, nach denen eine Verbindung zwischen dem Erzähler und Maria noch offen, ja unwahrscheinlich erscheint, so nimmt doch der Freund, also jener, der im Eingang der Novelle von dem Lebenslauf des Otto Falkhaus erzählt hat, am Ende noch einmal das Wort, um den Freund zu berichten: „Der Zufall, von dem mein Freund behauptet, daß er so wichtig in sein Leben hineinspiele, hat ihn diesmal gut gebettet. Nie hat es zwei Menschen gegeben, die besser für einander taugen, als er und Maria. Darum wird er sein Vorhaben nicht halten. Er wird und muß wieder nach Riva und in das Haidehaus gehen. Maria wird allgemach und unvermerkt seine Gattin werden, sie werden mit einander leben, eine Schar blühender Kinder wird sie umgeben, und sie werden ein festes, reines, schönes Glück genießen. Dies ist so wahr, als die Sonne im Osten auf- und im Westen untergeht, und als sie noch viele Jahre auf- und untergehen wird." (S. 574)

Wie die Verbindung mit Maria Otto Falkhaus helfen wird, noch mehr zu dem Gleichgewicht seiner Kräfte zurückzufinden als in den Jahren, die dieser Begegnung vorangegangen sind, so erfährt auch Camilla in der Verbindung mit Alfred Mussar Heilung von ihrer Leidenschaft. Als Otto Falkhaus sie bei seinem zweiten Besuch auf dem Berge wiedersieht, ist sie schon mit Alfred verbunden, und der Besucher stellt sofort fest, daß durch diese Verbindung eine tiefe Wandlung bewirkt worden ist: „Camilla konnte mir nicht genug sagen, wie es sie freue, daß ich da sei. Ich aber geriet fast in ein Erstaunen, wie sie sich geändert hatte. Eine volle klare Gestalt stand vor mir, die Wangen waren dunkler, die Augen glänzender. Mit einer lieben Geschäftigkeit ordnete sie die Dinge des Hauses an, die unsere Ankunft notwendig gemacht hatte. Im Triumphe zeigte sie mir meine Geige, die sie bei den andern in ihrem Fache aufbewahrt hatte. Unaufgefordert spielte sie etwas Heiteres und Kräftiges auf diesen Saiten. Alfred behandelte sie sehr zart, und man sah, er hegte sie und pflegte sie in seinem Herzen." (S. 572/73) Damit aber tritt noch einmal Alfred Mussar in den Vordergrund; er ist es, der in der Novelle am ungeführdetsten erscheint und im Umgang mit der Natur am meisten Beherrschtheit zu finden vermochte. In einem großen Bekenntnis spricht er in diesem Sinn auch von der Natur als der Erzieherin zum Maß: „Freilich ist die Natur im Ganzen, wozu indeß der Mensch auch als Glied gehört, das Höchste. Sie ist das Kleid Gottes, den wir anders als in ihr nicht zu sehen vermögen, sie ist die Sprache, wodurch er einzig zu uns spricht, sie ist der Ausdruck der Majestät und der Ordnung: aber sie geht in ihren großen eigenen Gesetzen fort, die uns in tiefen Fernen liegen, sie nimmt keine Rücksicht, sie steigt nicht zu uns herab, um unsere Schwächen zu teilen, und wir können nur stehen und bewundern." (S. 554) Mit diesem Bekenntnis schließt der Kreis des Geschehens.

Unter den Büchern, die Otto Falkhaus in seinem Zimmer in dem Berghaus vorfindet, wird auch Goethes ‚Italienische Reise' genannt; zu verstehen als diskretes Bekenntnis Stifters zur klassischen Periode Goethes. Die ‚Zwei Schwestern' — vor allem in der zweiten Fassung — sind eines der vollendetsten Erzählwerke des Dichters. Ist es aber erlaubt, diese Vollendung so zu charakterisieren, daß man das Attribut „klassisch" für die Novelle bemüht? In dem Werk findet sich eine Stelle, die so eigenartig ist, daß man doch wieder zögert, gerade dieses Attribut in Zusammenhang mit ihm zu bringen. Von Alfred Mussar wird berichtet, daß er eine Sammlung von allen Ähren der Welt besitzt. Bei dem Besuche des Freundes in seinem Hause spricht er davon, und bei dieser Gelegenheit fallen Worte, die befremden müssen: „,Es ist merkwürdig, wie wichtig eigentlich diese Dinge sind', sagte Alfred. ‚Diese getrockneten Ähren in ihren Glaskästen, die nur einfache Gräsersamen sind, und diese Blümlein auf ihren Stengeln, die zu den bescheidensten gehören und oft keine Schönheit ansprechen, sind das auserlesenste und unbezwinglichste Heer der Welt, die sie unvermerkbar und unbestreitbar erobern. Sie werden einmal den bunten Schmelz und die Kräutermischung der Hügel verdrängen, und in ihrer großen Einfachheit weit dahin stehen. Ich weiß nicht, wie es dann sein wird. Aber das weiß ich, daß es eine Veränderung der Erde und des menschlichen Geschlechtes ist, wenn zuerst die Cedern vom Libanon, aus denen man Tempel baute, dann die Ahorne Griechenlands, die die klingenden Bogen gaben, dann die Wälder und Eichen Italiens und Europas verschwanden, und endlich der unermeßliche Schmuck und Wuchs, der jetzt noch an dem Amazonenstrome steht, folgen und verschwinden wird. Es gibt unendliche Wandlungen auf der Welt, alle werden sie nötig sein, und alle werden sie, eine auf die andere, folgen.'" (S. 550) Wie man diese Worte auch verstehen mag, eines lassen sie zumindest erkennen: daß der Ausgleich, auf den die Novelle Stifters zugeht, begrenzter ist als jene Harmonie, die sich in Goethes Klassik verwirklicht hat. Offenbar ist es bei Stifter nicht mehr möglich, die Dimension der letzten Vollendung in dem Maße mit in die Harmonie hineinzunehmen, wie es für Goethe noch selbstverständlich war. Damit ist auch die Frage nahe gelegt, wie es um die Kunst der Novelle bestellt ist. Ist sie wirklich so in den Ausgleich des Lebensvollzugs hineingenommen wie z. B. in Goethes

‚Römischen Elegien'? Ist nicht das Gleichgewicht, das Camilla am Ende gewonnen, mehr Verzicht auf die Kunst als eine wirkliche Inkarnation des Schönen im Hier und Jetzt?

Wenn Johannes Pfeiffer für die Gestaltung der ‚Brigitta' zu zeigen vermochte, daß für den besonderen Erzählstil der Novelle das Bestreben entscheidend ist, „die andrängende Ereignishaftigkeit des Daseins in eine verschleiernde Ferne zu rücken"[11], so gilt diese Charakterisierung für den Stil der ‚Zwei Schwestern' in noch gesteigertem Maße; vor allem für ihre endgültige Fassung. Dafür ist schon die wiederholt berührte Wahl des Rahmens aufschlußreich. Er ist von ähnlicher Bedeutung für das Werk wie die Rahmenhandlung der ‚Brigitta'. Otto Falkhaus figuriert dort nicht als Erzähler „ersten Grades". Statt seiner nimmt, wie schon erwähnt, der Freund zunächst das Wort; ein Stilmittel, für das sich Stifter entschied, um auch in dieser Novelle der Gefahr zu begegnen, daß die Eindrücke und die Erinnerungen allzu unmittelbar und beunruhigend auf den Leser eindringen. „Wir erzählen" — so heißt es am Ende des ersten Rahmenabschnittes — „die Tatsache mit den Worten unseres Freundes, obgleich wir als Nacherzähler auf die Frische und Ursprünglichkeit verzichten müssen, die ihm, der die Sache erlebte, eigen war, und wir überhaupt nicht die Lebendigkeit der Darstellung besitzen, wie unser Freund..." (S. 419 f.)

Von der gleichen Absicht, das Jähe und Überraschende des Ereignishaften zu vermeiden, ist auch der Aufbau der Novelle bestimmt, so wie er übrigens schon in der ersten Fassung vorgezeichnet erscheint. Er entspricht in allen Einzelheiten dem der ‚Brigitta'. Statt den Leser mit der Sphäre des „Ungebändigten" — hier der des romantischen Künstlertums — zu konfrontieren, bereitet er ihn, vergleichbar der ersten Novelle, in zahlreichen Vorausdeutungen darauf vor; auch sie, wie die Wahl des zusätzlichen Erzählers, ein wichtiges Mittel, ein Klima der Gelassenheit und Entspannung zu schaffen. Es ist, wie wenn die Novelle sich so nur langsam und allmählich — fast möchte man sagen, wachstumsartig — dem Telos ihrer Entfaltung näherte. Daß die Interpretation, um die formale Eigenart dieses Erzählwerkes zu fassen, zu Metaphern des Vegetativen greifen muß, zeigte in bezug auf die Form der Novelle noch einmal, wie weit sich die Novellistik Stifters nicht nur von der romantischen Novelle, sondern auch von Stifters eigenen romantischen Anfängen entfernt hat. Nichts ist aufschlußreicher für den Stil der Studiennovellen als die besondere Technik

II. Die deutsche Novelle in der Mitte des 19. Jahrhunderts

der Vorausdeutung. Schon die einleitenden Bemerkungen des Freundes enthalten eine solche Vorausdeutung auf die tragische Bedingung des Künstlertums. Es folgt die breite Episode von den Schwestern Milanollo, die wiederum als gleichnishafte Vorausdeutung auf den Höhepunkt der Novelle hin zu verstehen ist: auf die Begegnung von Otto Falkhaus mit Camilla. Aber auch diese ereignet sich nicht unvorbereitet. Wiederum wird man langsam dahin geführt; durch die Beschreibung der Gebirgslandschaft, durch die Art und Weise, wie Falkhaus zum ersten Mal Camilla in einer Umgebung erblickt, in der jede Einzelheit auf ihre tragische Lebenssituation vorbereitet. Es folgt das nächtliche Spiel Camillas; auch diese Partie zu dem Zweck eingefügt, um auf die persönliche Begegnung vorzubereiten; indem das Spiel von dem Erzähler immer noch so distanziert erlebt wird, daß Raum für Überlegung und Betrachtung bleibt. Auf diese Weise wird weder die handelnde Gestalt noch der Leser von dem tragischen Ausnahmehaften überfallen, sondern von weitem zu diesem hingeführt; so, daß beide am Ende einer solchen Begegnung gewachsen sind.

Man würde Wesentliches an dem Aufbau vor allem der zweiten Fassung außer acht lassen, wenn man nicht auch darauf verwiese, daß nicht nur der Konflikt, sondern auch die Lösung vorweggenommen wird; in der Weise etwa, wie Otto Falkhaus in seiner gärtnerischen Tätigkeit die Heilkraft der Natur erfährt; wie er auf seiner Reise die Natur in ihrer heilenden Mächtigkeit erlebt und immer tiefer in das hineinfindet, was in ihr als Ausgleich angelegt ist. An dieser Stelle kann man im übrigen erkennen, wie sich die Vorausdeutungstechnik Stifters von der der romantischen Novelle unterscheidet. Dort schaffen die Vorausdeutungen eine Atmosphäre der Fatalität, in der Novellistik Brentanos ebenso wie in der Hoffmanns. Bei Stifter dienen dieselben Vorausdeutungen dazu, mit dem Hinweis auf die Gefahr zugleich auch die Überwindung und die Entspannung vorzubereiten. Nichts liegt den Gestalten des Dichters jedenfalls ferner, als ihre Wünsche „vorzeitig" verwirklichen zu wollen. Das aber heißt, daß das Ereignishafte im Sinne der Überraschung immer seltener das Geschehen bestimmt. Vielleicht ist das Moment der Überraschung nur da, wo Maria gegen alle Erwartungen die Werbung Mussars ablehnt. Sonst werden Überraschungen dieser Art streng gemieden.

Von den inneren Voraussetzungen ist es auch zu verstehen, daß in der Wahl der epischen Grundformen der Bericht sein Recht mit anderen Formen des Erzählens teilen muß; vor allem mit der sonst in der

Adalbert Stifter

Gattungsform der Novelle seltenen Beschreibung; aber auch mit der vor allem dem Roman vorbehaltenen Grundform der Erörterung und der Reflexion. Beschrieben wird das Innere des Hauses Rikar, breit ausgemalt werden die Gemächer, in denen Camilla und die Mutter wohnen, und zwar so, daß zwar die kostbare Ausgestaltung dieser Räume manches von der Eigenart und Gefährdung der Bewohnerin spüren läßt, aber doch auch derart, daß dabei in der Spiegelung dieser Eigenart durch die Dinge manches allzu Unvermittelte gemildert erscheint. Beschrieben wird vor allem, wie schon oben berührt, der Garten als das Tätigkeitsfeld Marias. Beschrieben werden Pflanzen, die dank ihrer Sorge in ihrem Wachstum vollkommen geworden sind. Beschrieben wird im gleichen Sinn die Landschaft und die Natur als der eigentümliche Raum des Geschehens. Daß Natur und Pflanze wesenhaft das Raumgefühl bestimmen, darf noch einmal als Bestätigung des Interpretationsansatzes gelten.

Ergänzt wird die Beschreibung wiederum, wie in der ‚Brigitta', durch die Redeform der Erörterung, wobei auch diese — fast mehr noch als die Beschreibung — vor allem den Sinn hat, ins Bewußtsein zu heben, was bei Stifter in der Natur als Vorbildlichkeit und Irrelosigkeit beschlossen ist. So hat die große Reflexion des Otto Falkhaus im 3. Kapitel zu Anfang seiner Reise eine für den Sinnzusammenhang der Novelle integrierende Bedeutung, jene, in der das allzu geschäftige Leben des Menschen abwertend der Natur als dem Inbegriff der Wahrheit gegenübergestellt wird. „Wenn man mit seinem Fühlen und Denken außer der Gegenwart steht, und von ihr nicht fortgerissen wird, so hastet alles in Unruhe, in Begehren und in Leidenschaft vorüber — manches schöne edle Herz lächelt uns an, daß man es liebt, und an sich drücken möchte; aber es geht auch vorüber: — — wenn man dann die Natur betrachtet, wie die Geselligkeit der Pflanzen über alle Berge dahin liegt, wie die Wolken ziehen, wie das Wasser rieselt, und das Licht schimmert — welch ein Treiben jenes, welch ein Bleiben dieses! Durch die Natur wird das Herz des Menschen gemildert und gesänftigt, durch das Wogen der Völker, sobald man einen tieferen Geist hinein zu legen vermag, wird es begeistert und erhoben." (S. 445) Ähnliche Bedeutung hat das große Bekenntnis Alfred Mussars zur Natur anläßlich des Besuches von Otto Falkhaus, das in den Sätzen gipfelt, die zuvor schon zitiert wurden: „Freilich ist die Natur im Ganzen, wozu indeß der Mensch auch als Glied gehört, das Höchste..." (S. 554) Es gibt andere Reflexionen in der Novelle, auf die im einzelnen hier nicht eingegangen werden kann. Alle diese Redeformen aber, ob Beschreibung oder Erörterung, haben letztlich den Sinn, das Ereignishafte im Dasein am Zuständlichen, und das heißt die Zeit am Raume zu messen und auf diese Weise den Überraschungscharakter der Zeit einzugrenzen.

Da ist noch hinzuzufügen, daß sich bei Stifter immer Zuständlichkeit und Raum zum Ereignishaften und zur Zeit verhalten wie der Bereich des Normativen zu dem des Zufalls und der Willkür.

Ein ähnliches Ergebnis vermittelt auch die Analyse der Sprachschicht des Werkes; vor allem, wenn man den sehr instruktiven Vergleich zwischen den beiden Fassungen als Ergänzung hinzunimmt. Die Arbeit von Werner Hoffmann[12] hat das im einzelnen dargetan, und unser Vergleich kann den Ergebnissen dieser Untersuchungen im wesentlichen folgen. Welcher Unterschied in der Sprachgebung der ersten und der zweiten Fassung besteht, läßt sich an einem einzigen Zitat stellvertretend deutlich machen. In der ersten Fassung wird das Spiel Camillas mit folgendem Satz charakterisiert: „aber nein, das sind ja die Töne der Jugend, der glückseligen, der jauchzenden, der gluterfüllten, jubelnden Jugend — der klagenden, der weinenden, der trostlosesten, hilflosesten, jammererfüllten Jugend — ... das schwärmt hinaus mit einer Inbrunst, als müßte es das ganze Weltall an die Seele reißen, oder es in Stücke zertrümmern."[13] In der zweiten Fassung liest man statt dessen den schon zuvor zitierten Satz: „Es lag in dem Spiele ein Schmerz und eine Sehnsucht, die so einleuchtend ausgesprochen waren, daß man sah, das sei nicht ein vorgebildetes und vorgespiegeltes Ding der Kunst, sondern das sei aus dem wirklichen, bitteren, erfahrenen Leben hergenommen ... Zuerst war eine sanfte Klage, die versuchsweise bittet, und, wiewohl vergeblich, hinschmilzt — dann war das heiße Flehen, das ein fernes wohlerkanntes Glück so gerne herbei ziehen möchte — dann war die Ungeduld des Heischens — dann stand die Seele auf, und es war ein Zürnen, daß das Gut, das man geben wolle, nicht erkannt werde — dann war es ein Hohn, der da sagt, wie hoch das eigene Herz steht, und wie es sich durch Verachtung rächen will ..." (S. 477) Auch in der zweiten Fassung sind noch genug romantische Stilelemente anzutreffen. Trotzdem kann man an den Unterschieden der beiden Zitate ermessen, wie weit sich die Sprache der Studienfassung von der Urfassung entfernt hat, und zwar unverkennbar auf den Sprachstil der Spätstufe hin. In der ersten Fassung ist die Sprache jedenfalls von der E. T. A. Hoffmanns und auch von dem Stil der Kondor-Stufe nicht sehr weit entfernt. Es ist ein Stiltypus bewegter, expressiver und hyperbolischer Art. So trifft man wiederum auf die von E. T. A. Hoffmann her vertraute und von Stifter in seinen Anfängen aufgenommene Vorliebe für das Partizipium präsentis als Attribut. Man begegnet weiter der Vorliebe für attributive Sprachformen superlativer Art. Beliebt sind auch in diesem Text Stilelemente des Pleonasmus, alles bevorzugte Mittel jenes ausgesprochen subjektiv-expressiven Sprachtypus. Und noch etwas erinnert an die Romantik: die Neigung, das Ich in das Es übergehen zu lassen: „das schwärmt hinaus" — unverkennbarer Ausdruck des Überwältigtseins der Person durch Mächte anonymer Art. Diese zum extremen Ausdruck neigende Sprachhaltung ist in der zweiten Fassung entscheidend gemildert. Der Stil verrät ein viel höheres Maß an Distanz, die sich nicht nur in der klaren Gliederung des Satzes darbietet, sondern auch in der Objektivität der Aussage. Daß die Wandlung der Sprache der veränderten Haltung des Erzählers in der zweiten Fassung genau entspricht, bedarf keiner umständlichen Begründung. Wenn man der Verschiedenheit der zitierten Sätze aus den beiden Fassungen nachgeht, ist es möglich, auch die Wandlung anderer Stilelemente zu begreifen. Vor allem hat die syntaktische Fassung der Sätze im Übergang zur Studienfassung eine entscheidende Korrektur erfahren. Im Gegensatz zu der anfänglichen Neigung, die klare Gliederung des Satzes zu verwischen, drängt der Stil der Studienfassung auf eine solche. So hieß es in der ersten Fassung: „Die wunderbarsten grauen Lichter spielten auf seinem Körper, die violetten oder blauen Schatten hinter sich hinab streifend."[14] In der zweiten Fassung heißt es dagegen: „An seinem Körper spielten die grauen Lichter und die violetten Schatten." (S. 448) Diesen Stilwandel charakterisiert Werner Hoffmann folgendermaßen: „Die Aussage verliert auf diese Weise das Gleitende, das ihr das Partizip des Präsens gegeben hat, und wird fester, bestimmter. Es verdient auch beachtet zu werden, daß in der umgearbeiteten Fassung das Spiel der Lichter und der Schatten grammatisch nicht mehr als Subjekt und Objekt wiedergegeben wird, sondern im Verhältnis zu dem von ihm betroffenen Felskörper als gleichwertig nebeneinander geordnete Subjekte."[15]

Dieselbe Tendenz wird deutlich, wenn die Studienfassung gegenüber der Urfassung in bezug auf die metaphorischen Wendungen vorsichtiger ist; auch das ist ein Zeichen dafür, wie anstelle der gleitenden Übergänge eine genauere Scheidung und Gliederung vorgezogen wird.

Metaphern werden nicht gemieden, aber behutsamer eingesetzt, und zwar meist so, daß ein „gleichsam" die beiden Teile des Vergleichs in Distanz hält. So heißt es in der ersten Fassung: „Wir brachten die Nacht in einem einsamen Gasthause zu, das mit seinen schimmernden Mauern wie ein weißes Blatt Papier an die Felsen angeklebt schien."[16] Dagegen die zweite Fassung: „Die Nacht brachten wir in einer einzeln gelegenen Herberge zu, die mit ihren schimmernden Mauern, gleichsam wie eine weiße Tafel, an die Felsen geklebt schien." (S. 449) — Und noch ein zweites Beispiel. Erste Fassung: „Aber ohnmächtig, in diesen Wassern etwas zu beleuchten, zeigten sie (die Sterne) nur die schwarzen Schlacken, die sich von dem Himmel weg schnitten."[17] Zweite Fassung: „Unter ihnen (den Sternen) lag die Gegend so unkenntlich, gleichsam wie eine schwarze Schlacke, an der die Funken des Himmels verknisterten." (S. 475)

Noch ein weiterer Stilzug verdient besondere Beachtung, weil er bereits den Stil der ‚Witiko'-Stufe vorbereitet: Es ist die Neigung, das Prädikat durch ein Hilfsverbum zu ersetzen. Werner Hoffmann konnte nachweisen, daß die zweite Fassung vor allem für den selbständigen Gebrauch von „sein" entschieden zahlreichere Belege enthält als die Urfassung. So heißt es: „über ihm am Rande der Landschaft waren, wie überall, die Felsen." (S. 450) „Bald ging ich auf einem Pfade, zu dessen beiden Seiten hohe Felswände waren, aufwärts." (S. 455) Hier wird das Hilfsverbum „sein" auf die Dinge angewandt. Aber das gleiche Hilfsverbum wird auch mit dem Zustand des Menschen in Beziehung gebracht. „Es war von beiden Seiten eine große unverhohlene Freude" (S. 570) — „... es waren Gespräche von fernen ... Dingen." (S. 560)[18] Noch einmal wird durch diese auffallende Bevorzugung des Hilfsverbums — eine Bevorzugung, die am Ende darauf ausgeht, das verbale Element zu Gunsten des nominalen überhaupt zu vernachlässigen — bestätigt, in welche Richtung die Entwicklung Stifters verläuft. Es ist die schon zuvor angedeutete Richtung vom Werden zum Sein, von der Bewegung zur Ruhe und zum Bleibenden. Die Zeit im Raume aufzufangen und am Ende darin untergehen zu lassen, das ist im Grunde die Tendenz in der Entwicklung dieses Dichters. Daß dies immer stärker von der Novelle wegführen und zum Roman hinleiten muß, liegt auf der Hand.

Auch in der zweiten Sammlung, ‚Bunte Steine', finden sich Novellen, in denen die Ohnmacht des Gesetzlichen in beklemmender Weise erfahren wird. Das gilt vor allem für die dritte dieser Sammlung, ‚Katzensilber'; aber auch für die von Paul Hankamer auf diesen Gesichtspunkt hin interpretierte Novelle ‚Bergkristall'.[19] Manches, wie etwa ‚Turmalin', erforderte eine eingehende Überarbeitung, um überhaupt einen Platz in der neuen Sammlung finden zu können. Auf das Ganze gesehen, offenbart sich darin eine noch weit radikalere Abkehr von dem tragischen Übermaß, als es in den Studiennovellen möglich war. Es ist bekannt, daß Stifter in der berühmten Vorrede zu den ‚Bunten Steinen' von dieser Abkehr fast programmatisch gesprochen hat. In ihr stellt er mit Nachdruck gegen den Anspruch des Besonderen das Recht des „einzig-Allgemeinen", gegen die „Zerstörung" das „einzig-Erhaltende". Alle Gedanken kreisen in dieser Vorrede um das „Sanfte Gesetz", in dem sich für den Dichter alles darstellt, was im Grunde die spezifische Ordnung der großen epischen Formen ausmacht, die Verflochtenheit von Mensch und Ding, die Teilnahme an den Rhythmen der Natur, das Vertrauen auf die mütterliche Kraft der Erde, das Mißtrauen allen Versuchen gegenüber, einseitig und voreilig Wesen und Wirklichkeit zu scheiden und tragisch entgegenzusetzen.

Es versteht sich von selbst, daß ein so tiefgreifender Wandel der Gesinnung nicht nur die Gehalte der Novelle veränderte, sondern auch Konsequenzen formaler Art in sich barg. Man kann sich keinen radikaleren Unterschied denken als den zwischen dem Formgesetz einer Novelle wie ‚Granit' und dem der romantischen Novelle. Aber auch innerhalb der Entwicklung Stifters selbst ist der Wandel tiefgreifend und von erstaunlicher Spannweite. Indem auch in den ‚Bunten Steinen' — und zwar noch weit über die Studiennovellen hinaus — das Zuständliche dem Handlungsgeschehen gegenüber an Bedeutung gewinnt, tritt die Beschreibung, mehr als der Bericht, immer stärker in den Vordergrund. In den gleichen Zusammenhang gehört es, wenn die Neigung zur episodenhaften Aufgliederung die einlinige Handlungsführung ablöst und so das Tempo des Erzählens immer mehr verlangsamt wird. Hankamer hat diese Entwicklung in der Analyse von ‚Bergkristall' hierfür in Einzelheiten aufgezeigt.[20] Daß die Erzählungshaltung — selbst über die Studienfassung der ‚Brigitta' und der ‚Zwei Schwestern' hinaus — einen höheren Grad von Objektivität gewinnt, ist leicht durch Vergleiche belegbar. Hatte Stifter auf der Frühstufe — im engen Anschluß an die romantische Novelle — den Akzent noch nach der Seite des Unbedingten gesetzt, so schwingt die Bewegung in den Erzählwerken der ‚Bunten Steine' immer mehr

II. Die deutsche Novelle in der Mitte des 19. Jahrhunderts

und fast ebenso einseitig zum Gegenpol zurück; so, daß man gelegentlich versucht ist, auf den Gattungsnamen der Novelle zu verzichten und statt dessen von „Erzählungen" zu sprechen, weil die eigentümliche Konfliktsituation der Novelle kaum mehr zustande kommt.

Man kann diesen Wandel am besten an der ersten Novelle der Sammlung studieren, die Stifter nachträglich ‚Granit' genannt hat. Die Wahl dieser Novelle ist auch darum gerechtfertigt, weil nach der Meinung des Dichters selbst — so in einem Brief an Heckenast — die Intention der neuen Stufe an diesem Werk am besten verwirklicht sei.[21] Der novellistische Kern des Werkes ist bezeichnenderweise fast an den Rand gerückt. Im Grunde isr er beschränkt auf die Erzählung des Großvaters von dem Schicksal der beiden Kinder in der Pestzeit. Aber selbst in diesem Teil, bei dem es sich immer noch um einen novellistischen Vorgang im traditionellen Sinn handelt, kann man beobachten, wie der Dichter bemüht ist, die Gefahr der Katastrophe und der Vernichtung aufzufangen und immer wieder die Grenze aufzuzeigen, die die eingeborene Tüchtigkeit des Lebens dem Tod, die Sinnmächtigkeit des Ganzen der Drohung der Sinnlosigkeit gesetzt hat. Von da aus ist es zu verstehen, daß der Dichter Sorge trägt, diese Mächtigkeit des Lebens und des Sinns in vielfältiger Weise auszubreiten. So etwa, wenn von den Heilkräften gesprochen wird, die in Element und Pflanze dargeboten werden, oder wie in den Wäldern die Unerschöpflichkeit und der Reichtum der Natur verborgen sei, oder wenn daran erinnert wird, wie Menschen tapfer und voller Vertrauen in Widerwärtigkeiten und Nöten ausharren und für dieses Vertrauen belohnt werden. Auch Einleitung und Rahmen der Novelle sind in dem aufgezeigten Zusammenhang zu sehen: daß da ein alter Mann in einem pädagogisch entscheidenden Gespräch mit seinem Enkel auf die Kräfte in Natur und Menschendasein hinweist, und zwar in der Absicht, ihn an der Lebenstüchtigkeit des Ganzen teilnehmen zu lassen und in einer vorübergehenden Orientierungslosigkeit ihm über die Krise des Vertrauens hinwegzuhelfen.

Verfolgt man Stifters Erzählkunst auf das Spätwerk hin, so zeichnet sich immer deutlicher jene Entwicklungstendenz ab, wie sie eben dargestellt wurde. Auch in diesem Spätwerk ist die Neigung unverkennbar, die novellistische Isolierung zu Gunsten der Einfügung aufzuheben, den Geltungsbereich der Ausnahme zu Gunsten des Allgemeinen einzuschränken; gattungsmäßig gesprochen: die Neigung, die Novelle zum Roman hin zu erweitern. So ist es auch kein Zufall, sondern durchaus folgerichtig, wenn die Arbeit auf dem Gattungsgebiet der Novelle schließlich durch die am ‚Nachsommer' und ‚Witiko' abgelöst wurde.

Es gibt ein Werk, an dem man diesen Übergang von der Novelle zum Roman noch genauer kontrollieren kann als an den bisher berührten Dichtungen: das ist die Spätfassung der ‚M a p p e   m e i n e s   U r g r o ß v a t e r s'. Von der ‚Mappe' liegen bekanntlich drei Fassungen vor: die sogenannte ‚Urmappe', die Studienfassung und die ‚Letzte Mappe', an der Stifter zur gleichen Zeit gearbeitet hat, da er den ‚Witiko' beendete. Diese drei Fassungen spiegeln den erwähnten Wandel noch einmal in besonderer Deutlichkeit. Stellt die ‚Urmappe' und in gewisser Beziehung auch die Studienfassung noch so etwas wie einen gelockerten Novellenzyklus dar, so läßt sich die letzte Umarbeitung gattungstheoretisch nicht anders kennzeichnen denn als Versuch, aus dem ursprünglichen Novellenzyklus einen Roman zu schaffen. In der ‚Urmappe' handelt es sich um Geschehnisse, die reichlich locker und willkürlich aneinander gereiht und nur äußerlich durch die Gestalt des Augustinus zusammengehalten sind: die noch für die Erzählweise von Stifters Frühepoche charakteristische Geschichte von den ‚Zween Bettlern', das ‚Scheibenschießen in Pierling' und andere novellistische Gebilde. Am Ende zentriert sich alles um die Gestalt des Augustinus. Im Mittelpunkt des Werkes steht nun sein Reifeprozeß und seine Bildung: von der Unbändigkeit der Jugend über das Leid zur Verantwortung und zum Maß; von der tragischen Absonderung zur Einfügung in die Gesetzlichkeit des Ganzen, der Natur und der menschlichen Gemeinschaft. In dieser letzten Fassung gibt es nichts Isoliertes mehr. Selbst die Gestalt des Eustachius aus den ‚Zween Bettlern' wird nun aus der novellistischen Abschließung herausgenommen und erscheint als Kontrastfigur zu dem Helden; so, daß das Geschehen sich in den Lebensgang dieser beiden gegensätzlichen Gestalten aufgliedern sollte, eine Gliederung, die das Ziel hatte, in der Einbeziehung wesenhafter Möglichkeiten des Menschseins der Forderung nach epischer Totalität gerecht zu werden. Wenn es im Bildungsroman im wesentlichen um die Versöhnung von Ich und Welt im Sinne der Einfügung und Einordnung dieses Ichs in der Welt geht, so gehört zur Voraussetzung und zur Grundlage eines solchen Romangebildes auch, daß die Welt in reicher und vielfältiger Weise zur Darstellung kommt. Einer solchen Forderung kam Stifter in der letzten Umarbeitung nach, indem er darin dem Zuständlichen einen so breiten Raum gab, wie es nur dem Roman gestattet ist. So kamen im zweiten Band große Kapitel hinzu, die einzig dem Zweck dienten, der Handlung Weltfülle zu geben und zugleich damit den Raum der bleibenden Verhältnisse auszubreiten. Darum wurde das Kapitel ‚Tal ob Pierling' gegenüber der Studienfassung um das Sechsfache erweitert, und aus demselben Grunde kamen in der letzten Fassung die beiden großen Kapitel ‚Von unserm Haus' und ‚Von meinem Haus' hinzu. Wie sich die Umarbeitung in charakteristischen Einzelheiten darbietet, hat Franz Hüller in seiner großen Einleitung zur Edition der letzten Fassung gezeigt.[22]

Sieht man einmal von den ‚Wanderjahren' Goethes ab, so ist es offenbar, daß in dieser leider unvollendeten letzten Fassung der ‚Mappe' die Geschichte der deutschen Novelle eine Stufe erreicht hat, die, wie schon im Zusammenhang der ‚Bunten Steine' erwähnt wurde, den äußersten Gegenpol zur romantischen Novelle darstellt. Hatte diese die Neigung, alles in das Gefälle des Dämonischen hineinzuwerfen, so sieht sich Stifter hier nach jeder Hilfe um, die ihm geeignet scheint, der Verlockung des Dämonischen Widerstand zu leisten und es zu überwinden. Waren Tieck und E. T. A. Hoffmann in ihrer Neigung, die bleibenden Verhältnisse und das Gesetzliche zu Gunsten des Dämonischen zu entmächtigen, bestrebt, alle Möglichkeiten der Sicherung fragwürdig zu machen; gab ihnen die Technik der Parallelerzählung im Aufbau der Zyklen die Möglichkeit, auch im Rahmengeschehen den Boden zum Wanken zu bringen[23], so geht Stifter den umgekehrten Weg. Nicht mehr die Novelle gibt dem Rahmengeschehen die Prägung, nicht sie bestimmt die Haltung der darin Beteiligten, sondern die Rahmenhandlung hat ein solches Gewicht, daß sie immer wieder das Besondere der Novelle auf das Allgemeine zu beziehen vermag. Nicht die Ausnahme ist bestimmend, sondern die Norm; nicht das Ereignis des Novellengeschehens, sondern die Ordnung und die Sphäre des Zuständlichen. Strebt E. T. A. Hoffmann zur Anekdote als der Ausdrucksform äußerster Punktualität und Isoliertheit, so geht die Entwicklung Stifters zum Bildungsroman als zu jener epischen Form hin, in der alles Isolierte zu Gunsten des Ausgleichs und der Ordnung überwunden ist.

Jeremias Gotthelf

Entsprechungen zeitgeschichtlicher und stilistischer Art legen es nahe, der Darstellung der Novellistik Stifters die der beiden großen Schweizer

Jeremias Gotthelf

Epiker Jeremias Gotthelf und Gottfried Keller folgen zu lassen. Bei aller Verschiedenheit des Erzählstiles sind sie zumindest darin verwandt, daß auch ihnen mit der Abkehr von der romantischen Maßlosigkeit die Einfügung und das Maß der kreatürlichen Bindungen am Herzen liegt. Und auch das kann man als Begründung anführen: daß sowohl Stifter als auch die Schweizer auf stammeshafte und landschaftliche Energien zurückgreifen, Energien, die, von der fortschreitenden Entfremdung und Verdinglichung des Lebendigen noch unberührt, einen solchen Ausgleich zu tragen vermochten.

Wenn man diese Vorzüge prüft, wird allerdings Jeremias Gotthelf als Novellist Gottfried Keller gegenüber mehr in den Hintergrund treten müssen. Denn der Zug zur epischen Breite in dem Werk dieses Dichters ließ die Novelle nicht recht zur Entfaltung kommen. Trotz dieser ausgesprochenen Begabung für den Roman besitzen wir indessen von Gotthelf einige Novellen von Rang, darunter ‚Elsi, die seltsame Magd‘ und die sehr bedeutende Novelle ‚Die schwarze Spinne‘.

In den fünfziger Jahren wurden der Novelle ‚D i e s c h w a r z e S p i n n e‘ zwei große Arbeiten gewidmet. Eine umfassende Interpretation durch Benno v. Wiese[24] und eine mehr den Formzusammenhang des Werkes charakterisierende Deutung von Johannes Pfeiffer.[25] Daß der künstlerische Rang der Novelle nicht zuletzt seinen Grund in der sorgfältigen Fügung von Rahmenhandlung und Innenhandlung hat, betonen beide Interpreten: „Gegen das behagliche, gesicherte Wohlleben steht die mahnende, aus aller Sicherheit aufschreckende Vergangenheit; ... Dem rhythmisch-kompositorischen Gefüge von Spannung und Lösung, Ballung und Lockerung, Anstieg und Ausklang entspricht die meisterhafte Abstufung des Tempos: zu Beginn die verweilende Behaglichkeit einer breit-schildernden Darstellung, die beherrscht ist von der Zuständlichkeit des Raumes, der Dinge, des Herkommens; dann ein fast unmerkliches Hineingleiten in einen Vorgang von vorwärtsreißender Zielstrebigkeit, der in immer schnellerem Tempo abläuft und alles Zuständlich-Ruhende in sich hineinzieht; dann ein Abschwellen zu innehaltender Besinnlichkeit; dann eine zweite Steigerung zu jagendem Tempo — und schließlich die Rückkehr zur Ausgangslage, so jedoch, daß in deren beruhigtes Grundmaß das durchlaufende Auf und Ab als überwundenes eingegangen ist."[26] Mit diesen Sätzen charakterisiert Johannes Pfeiffer den Aufbau des Werkes. In ähnlichem Sinn spricht Benno v. Wiese von dem Zueinander von Rahmen- und Innenhandlung. Daß vor allem das Motiv der Taufe die beiden Teile verbindet, wie schon Hermann Pongs beobachtet hatte[27], wird noch einmal durch Benno v. Wiese bestätigt: „Entgegensetzungen und Verkoppelung von Rahmen und Erzählung werden... im gemeinsamen Thema der Taufe deutlich: die Feier der Kindtaufe im Rahmen; der grausige, vom Teufel persönlich inszenierte Kampf um das ungetaufte Kind in der Binnenerzählung."[28]

Nicht befriedigend gedeutet erscheint in einem Beitrag Benno v. Wieses die Innenhandlung. Seine Interpretation zusammenfassend, schreibt er: „Die Novelle handelt von der mythischen Begebenheit, in der das zeitlos Überdauernde der ‚Schwarzen Spinne' in die Welt der Geschichte tritt." Und wenig später heißt es: „Dem Mythos von der schwarzen Spinne entspricht in der geschichtlichen Welt des Menschen als Gegenpol das Symbol des Hauses mit den schwarzen Holzpfosten."[29] Ähnlich wie v. Wiese hatte schon Hermann Pongs auf die Bedeutung des Hauses verwiesen.[30] Daß aber das Haus in dem Symbolgefüge der Novelle tatsächlich von so primärer Bedeutung ist, wie es die beiden Interpreten betonen, ist zu bezweifeln. Ohne schon hier genauer auf diese Schwierigkeit einzugehen, sei zunächst auf ein anderes Problem in der Deutung der Novelle durch Benno v. Wiese aufmerksam gemacht. Was in dem zusammenfassenden Resümee seiner Interpretation auffällt, ist der Umstand, daß das Motiv der Taufe — mit dem der schwarzen Spinne doch offenbar von zentraler Bedeutung, jedenfalls bedeutsamer als das des Hauses — am Ende kaum mehr berührt wird, ja fast unterschlagen scheint. Ein angemessenes Verständnis der Novelle ist aber ohne Einsicht in die Bedeutung dieses Motives nicht möglich. Deshalb sei an dieser Stelle noch einmal eingesetzt, um über diese Schwierigkeit hinwegzukommen.

Daß das Geschehen der Novelle weniger auf den symbolischen Gegensatz des Hauses und der schwarzen Spinne als vielmehr auf den der schwarzen Spinne und der Taufe hin erzählt wird, erkennt man ohne Mühe. Zu fragen ist nur, wie beide in Zusammenhang zu bringen sind. Dabei ist davon auszugehen, daß der Dichter beide Motive, das der Taufe und das der Spinne, jeweils als einen Akt der Geburt versteht und so bezeichnet. Diese Symbolgestaltung ist für die künstlerische Konzeption des Werkes von zentraler Bedeutung. Von allen Interpreten ist betont worden, daß im Verhältnis des „Grünen" zu Christine das Erotische gewichtig hineinspielt. Hermann Pongs spricht davon, daß um den „Grünen" die Atmosphäre „niederer Geschlechtsdämonie" sei.³¹ In entsprechender Weise versteht Benno v. Wiese das Ins-Leben-Treten der Spinne als einen Geburtsakt mythischer Art.³² Beide Forscher sprechen aber mehr oder minder beiläufig davon und versäumen so, diesen Bildzusammenhang der Geburt zum Angelpunkt ihrer Interpretation zu machen. Doch wird von dem Erzähler sehr eindringlich und in immer neuen Ansätzen auf den Bereich des Geschlechtes verwiesen. Auch wenn man darauf verzichtet, psychoanalytische Methoden zu Hilfe zu nehmen, um die Erscheinung des grünen Jägers zu deuten, muß man sich doch vergegenwärtigen, daß die entscheidende Begegnung zwischen ihm und Christine auf die Sphäre des Geschlechtlichen bezogen ist. In ihrem Mittelpunkt steht im Sinne dieses Symbolzusammenhangs die in nur leicht verhüllten Worten angedeutete Zeugung der schwarzen Spinne. „Jetzt schauderte es Christine doch an Leib und Seele, jetzt, meinte sie, komme der schreckliche Augenblick, wo sie mit Blut von ihrem Blute dem Grünen den Akkord unterschreiben müsse. Aber der Grüne machte es viel leichtlicher und sagte: von hübschen Weibern begehre er nie eine Unterschrift, mit einem Kuß sei er zufrieden. Somit spitzte er seinen Mund gegen Christines Gesicht, und Christine konnte nicht fliehen, war wiederum wie gebannt, steif und starr."³³ Und wie am Anfang der Akt der Zeugung steht, so wird dann im folgenden ebenso konsequent das In-Erscheinung-Treten der schwarzen Spinne als Akt der Geburt beschrieben. „Im Hause begann der Jubel über den neuen Sieg, des Grünen Ohnmacht, seiner Helfershelferin vergebliches Ringen; draußen aber lag Christine, von entsetzlicher Pein zu Boden geworfen, und in ihrem Gesichte begannen Wehen zu kreißen, wie sie noch keine Wöchnerin erfahren auf Erden, und die Spinne im Gesichte schwoll immer höher auf und brannte immer glühender durch ihr Gebein." (S. 53/54) Und dann entsprechend der Zustand Christines nach der Geburt der Spinne: „Matt, einer Wöchnerin gleich, schlich Christine nach Hause..." (S. 54) All das sind nicht metaphorische Wendungen auswechselbarer Art, sondern gehören zum Kern des Bildzusammenhanges.

Wie auch das Motiv der schwarzen Spinne im einzelnen zu verstehen ist — irgendwie ist sie in ihrer Erscheinung wie in ihrer Wirkung Symbol für die durch die Sünde ins Gestaltwidrige verkehrte Schöpfung —, wichtiger für das Verständnis der Novelle ist der Umstand, daß sie durch den Akt der Geburt ins Leben tritt. Erst damit läßt sich die Frage, von der das künstlerische Verständnis der Novelle abhängt, beantworten, die Frage nach dem Zusammenhang des Motivs von der schwarzen Spinne mit dem Motiv der Taufe. Denn auch die Taufe ist im Ritus der christlichen Kirchen als Akt der Geburt bzw. der Wiedergeburt verstanden. Von daher ist der Kontrast begreifbar, der im Grund die Novelle trägt: die Geburt der schwarzen Spinne als Geburt des Dämonischen im Menschen, die Taufe als Geburt des Göttlichen im Menschen. So wird im übrigen auch begreifbar, warum das Fest der Himmelfahrt des Herrn einen so breiten Raum in der Rahmenhandlung einnimmt. Es muß als Hinweis darauf verstanden werden, daß das Telos des kreatürlichen Lebens die Teilnahme am Göttlichen ist; eine Teilnahme, die zugleich die Notwendigkeit und Würde der Taufe als der zweiten Geburt auf Gott hin begründet.

Dieser erste und wichtigste Ansatz genügt aber nicht, um das Werk im ganzen aufzuschließen. Um die Novelle in ihrer inneren Konsequenz zu begreifen, muß man sich darüber hinaus gegenwärtig halten, daß es für den Dichter — der durch seine seelsorgerische Tätigkeit im täglichen Umgang mit der sakramentalen Welt des christlichen Glaubens stand — eine selbstverständliche Vorstellung war, daß im Ritus der Taufe mit der Vereinigung mit Gott zugleich Abwehr und Schutz gegen die dämonischen Mächte eingeschlossen sind, eine Abwehr, die in den rituellen Gebeten der Taufe ausdrücklich ins Wort kommt. Nur von daher ist es zu verstehen, daß eine notwendige Beziehung zwischen der Taufe und dem dämonischen Angriff auf sie besteht. Daß sich das Geschehen im übrigen nicht in einem Ritualismus objektivistischer Art erschöpft, sondern daß mit dem sakramentalen Element der Einschlag der personalen Bewährung bedeutsam wird, betonen alle Interpreten: Die Überwindung des Dämonischen hängt nicht nur von der rituellen Spendung des Sakramentes ab, sondern bedarf zugleich der Opferbereitschaft des Menschen, um wirksam werden zu können. Erst im Opfer des eigenen Lebens — in dem Opfer des Priesters im ersten Teil, in dem der Mutter im zweiten Teil der Novelle — wird die Macht des Dämons gebrochen.

Die dargelegten Voraussetzungen sind nötig, um die Novelle in ihrem Motiv- und Handlungsgefüge angemessen zu verstehen. Die Dichte und Konsequenz dieses Symbolzusammenhangs ist es vor allem, die den Rang des Werkes ausmacht. Um aber die Dichtung in allen Dimensionen zu begreifen, muß auf eine dritte Symbolschicht hingewiesen werden: nämlich jene, die man als die mythische Schicht des Werkes benannt und begriffen hat. Ist auch sie von der christlichen Grundlage her zu fassen? Nur wenn es gelingt, diese Frage überzeugend zu beantworten, wird man die Novelle Gotthelfs nicht als eine Überschneidung von disparaten Einflüssen verstehen müssen, sondern als ein Werk nehmen dürfen, das aus einer einzigen Konzeption folgerichtig und mit Notwendigkeit entfaltet ist.

Daß der Dichter auch in diesem Fall wiederum auf Elemente der christlichen Tradition zurückgreift, läßt sich ohne Mühe zeigen. Dabei handelt es sich um eine Tradition, die, in erster Linie auf Paulinische Vorstellungen gründend, davon überzeugt ist, daß von der Entscheidung des Menschen nicht nur sein eigenes Heil und Unheil, sondern auch das des Kosmos abhängt. Was so an mythischen Vorstellungen im christlichen Heilsgeschehen beschlossen ist — mythisch weniger im Sinn eines Naturmythos als vielmehr eines solchen geschichtlich-eschatologischer Art —, spielt in entscheidender Weise mit in diese Novelle hinein. Damit wäre der dritte Ansatzpunkt gewonnen. Er erst ermöglicht es, mit der Horizontalen des Handlungszusammenhangs auch die Vertikale der räumlichen Konzeption zu begreifen.

Schon im Eingang der Rahmenhandlung, da, wo von dem Fest der Himmelfahrt gesprochen wird, heißt es: „Nicht umsonst glänzte die durch Gottes Hand erbaute Erde und das von Menschenhänden erbaute Haus im reinsten Schmucke; über beide erglänzte heute ein Stern am blauen Himmel, ein hoher Feiertag. Es war der Tag, an welchem der Sohn wieder zum Vater gegangen war, zum Zeugnis, daß die Leiter noch am Himmel stehe, auf welcher Engel auf- und niedersteigen und die Seele des Menschen, wenn sie dem Leibe sich entwindet, und ihr Heil- und Augenmerk beim Vater droben war und nicht hier auf Erden; es war der Tag, an welchem die ganze Pflanzenwelt dem Himmel entgegenwächst und blüht in voller Üppigkeit, dem Menschen ein alle Jahre neu werdendes Sinnbild seiner eigenen Bestimmung." (S. 7/8) Man liest über eine solche Stelle leicht hinweg. Geht man aber von dem aus, was über den mythischen Einschlag im Denken und Dichten Gotthelfs gesagt wurde, dann verliert sie die Unverbindlichkeit einer mehr oder minder stimmungsmäßigen Floskel. Das Fest — das wird schon an dieser Stelle deutlich — hatte für diesen Dichter nicht nur den Bezug zur menschlichen Existenz, sondern zugleich auch den Bezug zum Kosmos und zur Natur.

Aber nicht nur der Bereich des Göttlichen hat Affinität zum Kosmos, für den des Satanischen gilt das Gleiche. So entspinnt sich in der

Menschenseele wie in der Natur der Konflikt zwischen Schöpfung und Chaos, zwischen den Mächten der Erlösung und denen der Unerlöstheit. Wie über den Menschen kommt auch über die Natur Angst und Schaudern, sobald der Dämon gegenwärtig ist und seine Macht anmeldet. „Da lachte hell auf der Grüne, daß die Fische im Bache sich bargen, die Vögel das Dickicht suchten..." (S. 33), so heißt es, nachdem der Jäger seinen Anspruch auf ein Kind angemeldet hat. Und nachdem Christine ihren Bund mit dem Bösen geschlossen, ist es wiederum so, als ob die Zerstörung nicht nur Gewalt über den Menschen gewonnen hätte, sondern auch die Natur in das Chaos mit hineingerissen würde. „Es war eine wilde Nacht. In Lüften und Klüften heulte und toste es, als ob die Geister der Nacht Hochzeit hielten in den schwarzen Wolken, die Winde die wilden Reigen spielten zu ihrem krausen Tanze, die Blitze die Hochzeitsfackeln wären und der Donner der Hochzeitssegen. In dieser Jahreszeit hatte man eine solche Nacht noch nie erlebt." (S. 40) Ähnlich ist es da, wo Christine die Männer des Dorfes für sich gewonnen hat: „Als der Rat nach Christines Sinn gefaßt wurde, da war es, als ob alle Wirbelwinde über dem Hause zusammenstießen, die Heere der wilden Jäger vorübersausten; die Pfosten des Hauses wankten, die Balken bogen sich, Bäume splitterten am Haus wie Speere auf einer Ritterbrust." (S. 44)

Und umgekehrt, auch nachdem der Priester das Kind getauft hat, ist es, als ob mit dem Menschen auch die Natur vor dem Bösen gerettet wäre: „Ums Haus, in welchem das Weib ihrer Stunde harrte, zog er den heiligen Bann mit geweihtem Wasser... und ruhig gebar das Weib, und ungestört taufte der Priester das Kind. Ruhig blieb es auch draußen, am Himmel flimmerten die hellen Sterne, leise Lüfte spielten in den Bäumen." (S. 49)

Wie im Mittelpunkt des Mythos immer der Bericht von dem Kampf der guten und der bösen Mächte steht, so auch in der Novelle Gotthelfs. Wie sich die Handlung aus dem gegensätzlichen Motiv der Geburt entfaltet, der Geburt des Göttlichen und des Dämonischen, so wiederholt sich in der Natur der gleiche Gegensatz und dasselbe Ringen. Darum ist es auch keine nur stimmungshafte Metaphorik, wenn in der Sprache Bilder und Vergleiche des Kampfes wichtig werden. Hingewiesen sei auf die Stelle, da der Priester das Kind in letzter Stunde retten will. Da ist die Metaphorik des Kampfes besonders deutlich entfaltet: „Und allerdings stürmte ein Gewitter daher, wie man in Menschengedenken nicht oft erlebt. Aus allen

Schlünden und Gründen stürmte es heran, stürmte von allen Seiten, von allen Winden getrieben über Sumiswald zusammen, und jede Wolke wurde zum Kriegsheer, und eine Wolke stürmte an die andere, eine Wolke wollte der anderen Leben, und eine Wolkenschlacht begann, und das Gewitter stund, und Blitz auf Blitz ward entbunden, und Blitz auf Blitz schlug zur Erde nieder, als ob sie sich einen Durchgang bahnen wollten durch der Erde Mitte auf der Erde andere Seite. Ohne Unterlaß brüllte der Donner, zornesvoll heulte der Sturm, geborsten war der Wolken Schoß, Fluten stürzten nieder." (S. 63) Diese oft zitierte Stelle gilt mit Recht als eines der bedeutsamsten Beispiele mythischer Gestaltung in der neuzeitlichen Dichtung. Es ist allerdings nicht erlaubt, sie aus der Ganzheit des Werkes herauszulösen; sie hat ihre Gewichtigkeit nur in einem Zusammenhang, in dem das Element des Mythischen nicht entbehrliche Zutat ist, vielmehr die Dichtung im Ganzen aus dem Mythos herauswächst, einem Mythos, der, wie schon gesagt, letztlich aus der eschatologischen Tradition des Christentums zu verstehen ist.

In der Erzählstruktur ist Gotthelfs Werk relativ einfach gestaltet. Die Novelle ist, wie die genaue Interpretation des Werkes herausgearbeitet hat, klar gegliedert; die beiden Teile, Rahmen und Innenhandlung, sind novellistisch und atmosphärisch sorgfältig aufeinander abgestimmt. Der epischen Technik nach dagegen läßt sie sich kaum mit so reich geschichteten Werken wie Kleists ‚Marquise von O.', mit Stifters ‚Brigitta' oder mit einer der gelungenen Novellen Raabes vergleichen. Gotthelf erzählt ohne irgendwelche Umstellung in einfacher chronologischer Folge. Der Rang des Werkes ist demnach nicht in der Vielfalt und Originalität der epischen Form begründet, sondern vielmehr in der Konsequenz, in der es aus einem bestimmten Symbol- und Bildzusammenhang entfaltet wird. Diese Folgerichtigkeit macht, wie schon oben betont wurde, seine Größe aus.

Gottfried Keller

Vergleicht man die Novelle Gotthelfs mit Kellers ‚Die Leute von Seldwyla' oder auch mit den ‚Züricher Novellen', so könnte es scheinen, als ob es sich bei Keller um Vorgänge von minderem Rang handelte und als ob im Gegensatz zu Gotthelfs ‚Schwarze Spinne' nur Vorletztes zur Diskussion gestellt würde. Bei Gotthelf erinnert das Handlungsgefüge der Novelle und vor allem die Art, wie sie in einer Gruppe vorgetragen wird, fast noch an die Funktion, die Mythos und

II. Die deutsche Novelle in der Mitte des 19. Jahrhunderts

Sage auf archaischer Kulturstufe hatten. Wie Berichte mythischer Art, so berührt auch das Geschehen der Novelle Gotthelfs den Kampf der lichten und dunklen Mächte. Und wie auf der frühen Stufe im Vortrag von Sage und Mythos immer wieder von neuem der spezifische Sinnbezug einer Gruppe aufleuchtet und auf diese Weise ein solcher Anspruch gegen die Möglichkeit des Vergessens gesichert wird, so bewirkt auch die Erzählung von der schwarzen Spinne — fast möchte man sagen — eine Art von Katharsis.

Bei Gottfried Keller, der sich viel unmittelbarer als Gotthelf in die Nöte der geschichtlichen Situation seiner Gegenwart eingelassen hat, hat auch die Novelle den unmittelbaren Bezug zum Mythos verloren. Es geht weniger um letzte metaphysische Gegensätze, als vielmehr um Fragen innermenschlicher Art, um Probleme der zwischenmenschlichen Beziehung, um das Verhältnis der Geschlechter etwa, um den Reifeprozeß eines Menschen, um pädagogische Probleme und ähnliches.

Das scheint, verglichen mit Gotthelf, zunächst ein Verzicht und ein Mangel zu sein, ist aber auf der anderen Seite — entgegen gelegentlichen Versuchen der Forschung, Gotthelf gegen Keller auszuspielen[34] — ein Vorzug; vor allem eine Zunahme an geschichtlicher Gegenwärtigkeit. Während bei Gotthelf der Gewinn an mythischem Gehalt oft genug durch das Ressentiment der Gegenwart gegenüber in Frage gestellt wurde, stellt sich Keller frontal der Ordnungslosigkeit seiner Zeit und hält ihr stand.

Wie bei Stifter gliedert sich die Novellendichtung Gottfried Kellers in drei Sammlungen bzw. Zyklen: in ‚Die Leute von Seldwyla', den Zyklus der ‚Züricher Novellen' und das ‚Sinngedicht'. Am Rande sind außerdem noch die oft in den Bereich der Novelle hineinspielenden Gebilde der ‚Legenden' zu nennen.

‚Die Leute von Seldwyla' sind in zwei Schaffensperioden entstanden, der erste Teil erschien 1856, die Arbeit am zweiten Teil zieht sich bis 1874 hin. Die ‚Züricher Novellen' erschienen 1877, das ‚Sinngedicht' 1881.

In ‚Die Leute von Seldwyla' deutet bereits der Name der Stadt das besondere Schicksal Seldwylas und seiner Bewohner an. Der Raum, der sich um sie ausbreitet, ist reich und durch die Gunst der Lage ausgezeichnet. Indessen — und damit beginnt die eigentliche Problematik des Zyklus — die Bewohner wissen mit dem Reichtum und dieser Gunst nichts anzufangen. Immer wieder kreist die Rahmenhandlung um dieses eine Thema, das der *saelde*, mit all dem, was für den Menschen darin eingeschlossen ist. Alle Daseinshuld scheint sich um Seldwyla gesammelt zu haben. „Seldwyla bedeutet nach der älteren Sprache einen wonnigen und sonnigen Ort... schön ist sie gelegen, mitten in den grünen Bergen, die nach der Mittagsseite hin offen sind, so daß wohl die Sonne hereinkann, aber kein rauhes Lüftchen. Deswegen gedeiht auch ein ziemlich guter Wein rings um die alte Stadtmauer, während höher hinauf an den Bergen unabsehbare Waldungen sich hinziehen, welche das Vermögen der Stadt ausmachen."[35] Dieser Reichtum gereicht indessen den Bewohnern der Stadt nicht zum Glück; „denn dies ist das Wahrzeichen und das sonderbare Schicksal derselben, daß die Gemeinde reich ist, und die Bürgerschaft arm, und zwar so, daß kein Mensch zu Seldwyla etwas hat und niemand weiß, wovon sie seit Jahrhunderten eigentlich leben." (S. 9) Auch auf die Ursache dieser Verarmung kommt der Erzähler zu sprechen: man läßt sich in Seldwyla vom Reichtum verleiten und vergißt darüber das Gebot der Zucht und des Maßes: „Der Kern und der Glanz des Volkes besteht aus den jungen Leuten von etwa zwanzig bis fünf-, sechsunddreißig Jahren, und diese sind es, welche den Ton angeben, die Stange halten und die Herrlichkeit von Seldwyla darstellen. Denn während dieses Alters üben sie das Geschäft, das Handwerk, den Vorteil oder was sie sonst gelernt haben, das heißt sie lassen, so lange es geht, fremde Leute für sich arbeiten und benutzen ihre Profession zur Betreibung eines prächtigen Schuldenverkehres, der eben die Grundlage der Macht, Herrlichkeit und Gemütlichkeit der Herrn von Seldwyla bildet . . . aber wohlgemerkt, nur unter dieser Aristokratie der Jugend. Denn sowie einer die Grenze der besagten blühenden Jahre erreicht, wo die Männer anderer Städtlein etwa anfangen, erst recht in sich zu gehen und zu erstarken, so ist er in Seldwyla fertig; er muß fallen lassen und hält sich, wenn er ein ganz gewöhnlicher Seldwyler ist, ferner am Ort auf als ein Entkräfteter und aus dem Paradies des Kredites Verstoßener..." (S. 9/10) Aussagen dieser Art machen das zuvor Angedeutete verständlich: Mit Seldwyla verhält es sich offenbar so, daß seine Bewohner zwar von der Gunst bevorzugt sind, ihr aber nicht gewachsen erscheinen. Es fehlt ihnen die Beherrschtheit, um die *saelde* für das Leben fruchtbar machen zu können. Sie lassen sich von der Chance der Erfüllung hinauslocken, und zwar maßlos verlocken, und vergeuden so die ihnen geschenkte Gunst.

II. Die deutsche Novelle in der Mitte des 19. Jahrhunderts

Man sieht: Unter einer zunächst überraschenden Verkleidung wird auch für Gottfried Keller die Thematik der romantischen Novelle wichtig: die der Huld und einer letzten Daseinserfüllung; nur daß sich die Huld weniger in der Kunst als vielmehr in der Natur und im alltäglichen Leben anbietet. Aber gemeinsam ist diese Thematik des Schönen, verbunden damit aber auch die Zweideutigkeit des Schönen und der Ambivalenz all dessen, was als Erfüllung des Daseins möglich ist. Und so ist auch die andere romantische Erfahrung nicht fern: die des Umschlags von der Hoffnung in die Enttäuschung, vom Rausch der Unendlichkeit in die bittere Erkenntnis der wesenhaften, nicht zu überschreitenden Begrenztheit des Daseins.

Betrachtete man das Werk Gottfried Kellers im Ganzen, so würde deutlich, wie und warum das Motiv des Todes eine zentrale Rolle im Schaffen des Dichters spielt. Manchmal erscheint der Tod als das Ereignis, das die Schönheit des Endlichen erst zum Aufleuchten bringt; häufiger aber ist er die Macht, die das Leben erstickend einschließt und ihm die Möglichkeit zur Erfüllung raubt. Man denke nur, um von allem anderen abzusehen, an den Gedichtzyklus ‚Lebendig begraben‘, aber auch an manche anderen Gedichte; all das ist Hinweis darauf, wie die maßlose Sehnsucht nach Erfüllung mit dem illusionslosen Wissen um die schlechthinige Unerfülltheit der menschlichen Existenz gepaart erscheint.[36]

Eine solche Einsicht ist, wie gesagt, bereits von der Romantik vorweggenommen worden, allerdings mit einem beträchtlichen Unterschied, dem nämlich, daß in der Dichtung Gottfried Kellers die gleiche Erfahrung — also die der Zweideutigkeit des Schönen und des Umschlags von der Erfüllung zur Verzweiflung — weniger ins Phantastische gesteigert als vielmehr nüchterner dargeboten wird. Wer von Keller als dem großen Realisten spricht, sollte diesen untergründigen Zusammenhang des Kellerschen Realismus mit der Romantik so wenig außer acht lassen wie bei Mörike und Stifter. Die Einleitung zu dieser Darstellung der Novelle im 19. Jahrhundert hat schon darauf verwiesen, daß ein so verstandener Realismus nicht in erster Linie Nähe zum Alltäglichen bedeutet — auch diese ist in der Novellistik des Schweizers natürlich da —, sondern eine Wirklichkeitsbezogenheit im existentiellen Sinn: Realismus also als Distanz dem Absoluten gegenüber; Realismus als Wissen um die Endlichkeit des Menschen; vor allem Realismus als Mißtrauen gegen den romantischen Rausch der Unendlichkeit.

Seldwyla ist ein räumliches Symbol. Daher scheint sich die Versuchung Seldwylas auf den begrenzten Raum dieser Stadt und dieser Landschaft zu beschränken. Nimmt man aber zum Verständnis der Rahmenhandlung die Novellen hinzu, so geht man wohl nicht fehl, wenn man im Schicksal der Stadt Seldwyla zugleich auch die Spiegelung geschichtlicher Krisen zu erkennen glaubt, vor allem die des Übergangs von einer bisher gebundenen Lebensordnung zur freien Verfügung und zur selbstverantwortlichen Gestaltung dieses Lebens.

Die Seldwyler sind Menschen, denen die Gunst der geschichtlichen Stunde nach einer Zeit der Einschränkung plötzlich einen ungeahnten Reichtum von Lebensmöglichkeiten freigegeben hat und die lernen müssen, mit diesem Reichtum umzugehen und hauszuhalten, soll nicht alles in Willkür und Zuchtlosigkeit verfallen.

Eine solche Deutung wird noch überzeugender, wenn man, wie es in den Novellen geschieht, Seldwyla mit seinen Nachbarstädten, vor allem mit Ruechenstein, vergleicht. In den verschiedenen Lebensbedingungen der beiden Nachbarstädte spiegelt sich nämlich weniger die räumliche Differenz als vielmehr eine solche zeitlich-epochaler Art, und zwar wiederum die von mittelalterlicher Gebundenheit und neuzeitlicher Freiheit; von Kargheit und Armut als der Signatur der vergangenen Epoche, von Reichtum und Fülle als Zeichen der kommenden; von archaischer Strenge auf der einen Seite und von Verantwortungslosigkeit und Leichtfertigkeit auf der anderen.

Um diese Spannung kreisen sowohl die Rahmenhandlung wie die Novelle. Im folgenden sollen die bisherigen Aussagen über Gottfried Kellers Dichtungen noch einmal anhand der Analyse einer Novelle aus dem Kreis der ‚Seldwyler Geschichten' überprüft werden. Besonders geeignet dafür erscheint die Eingangsnovelle ‚P a n k r a z der Schmoller'. Auch das Geschehen dieser Novelle kreist um nichts anderes als um das tiefgefährdete Verhältnis von Innen und Außen, von Fülle und Leere, von Gnade und Verdienst. Hier läßt sich nun konkret dartun, wie das Geschehen aus der gleichen Erfahrung erwächst. Auch der Vater des Pankraz hat, nicht anders als die Generationen vor ihm, seinen Zoll dafür zahlen müssen. Dem Sohn aber wird es ebenfalls nicht erspart, an dieser Stelle beginnen zu müssen, und zwar in seinem innerlich menschlichen Erleben wie auch in den äußeren Lebensbedingungen.

Damit setzt die Deutung bei jener Figur an, die sich vielleicht am gründlichsten von allen Gestalten Gottfried Kellers in das Rätsel der

II. Die deutsche Novelle in der Mitte des 19. Jahrhunderts

saelde und des Schönen eingelassen und zugleich am abgründigsten ihre Zweideutigkeit erfahren hat. Und so vermag keiner über die zentrale Thematik des Kellerschen Werkes besser Auskunft zu geben als die Mittelpunktsgestalt der genannten Novelle; nicht der Grüne Heinrich, nicht der Landvogt von Greifensee; selbst Martin Salander nicht, der zwar in der Begegnung mit Myrrha Glawicz Ähnliches erfahren mußte wie Pankraz mit Lydia, aber doch nicht die Leidenschaft und die Unerbittlichkeit besitzt, um so bis zur Zerrüttung daran zu leiden wie der Held der ersten der Seldwyler Novellen.

Der Titel der Novelle lautet vollständig ‚Pankraz der Schmoller'. Der Zusatz zu dem Eigennamen ist dabei nicht gleichgültig. Denn es ist nicht ohne Bedeutung, daß schon in der Überschrift auf die Gebärde hingewiesen wird, die nicht nur äußerlich die Züge des Helden prägt, sondern auch innerlich für ihn so charakteristisch ist, daß in ihr sein Lebensschicksal vorausgedeutet wird. Pankraz müsse wohl oder übel da beginnen, wo der Vater aufgehört hat, so wurde gesagt. Indessen ist dieses Schmollen und der Unwille des Schweigens, der sich in dieser Haltung darstellt, zumindest Zeichen dafür, daß Pankraz keineswegs willens ist, sich wehrlos in die Zwecklosigkeit und Sinnlosigkeit jenes Kreislaufs hineinziehen zu lassen, der für Generationen vor ihm selbstverständlich war. Im Gegenteil, Pankraz ist voll leidenschaftlichen Unwillens gegen den Vater und die vielen anderen in der Stadt, die dem Trug der Fülle und des Reichtums zum Opfer gefallen sind, oder — vorsichtiger gesagt — sich von diesem Trug vorzeitig aus der Reserve herauslocken und verführen ließen. Ingrimm und Widerwille ergreifen ihn besonders dann, wenn er täglich erleben muß, wie Mutter und Schwester nach dem Tode des Vaters in jener Willenlosigkeit und zermürbenden Anspruchslosigkeit dahinleben, die die genaue Umkehrung dessen ist, was den Vater als Anspruch über das Maß des Möglichen hinausgetrieben hatte.

In dieser Weise führt das Schmollen über die Sinnlosigkeit hinaus, setzt wenigstens die Einsicht in diese voraus. Das ist aber nur eine Negation, die für sich alleine unzureichend wäre und auch kaum begreifbar machen würde, was sich später ereignet. In der Gebärde des Schmollens liegt mehr. In Wirklichkeit ist sie die Kehrseite einer großen Sehnsucht und einer heißen und leidenschaftlichen Liebe. In welchem Maße die Existenz des Pankraz — darin im Einklang mit dem Erbe Seldwylas — auf die Werte der Lebenshöhe bezogen ist, das wird später in der Begegnung mit Lydia offenbar. Wenn aber das

Schmollen die Kehrseite einer großen Sehnsucht und Liebe ist, dann heißt das, daß er darum wirbt, daß sich wieder zusammenfinde, was jetzt heillos getrennt ist: Fülle und Bedürftigkeit, Gunst und Verdienst, die Schönheit und der Ernst der Verantwortung.

Es ist in einer knappen Skizzierung des Novellengeschehens nicht möglich, im einzelnen auseinanderzusetzen, mit welcher psychologischen Genauigkeit und Sorgfalt Gottfried Keller in den folgenden Partien der Novelle die innere Entwicklung des Pankraz verfolgt. Doch das Entscheidende in dieser psychologischen Analyse ist folgendes: daß es dem Dichter einmal darauf ankommt, zu zeigen, wie auch die Existenz des Pankraz, nicht anders als die des Vaters, ins Große und Weite geht; daß aber von vornherein im Gegensatz zu dem Versagen des Vaters auch das andere da ist: die Ahnung nämlich, daß dieser Zug ins Große gefährlich ist und daß es demgegenüber notwendig erscheint, zugleich mit der Bewegung in die Weite jene Zucht und Beherrschtheit zu entwickeln, die bestimmend sein müssen, damit Traum und Sehnsucht nicht dazu verleiten, das Leben zu vergeuden und in die Leere zerrinnen zu lassen. Darum die fast pedantische Ordnungsliebe des Knaben; darum die stetige und aufmerksame Einübung in die Arbeit; zu verstehen als Anpassung an die Begrenztheit, die das Wesen der Dinge ausmacht; als ein Sich-Einrichten auf den Widerstand, der in ihnen liegt; darum wird auch der Umstand begreiflich, daß Pankraz sich am Ende für die Härte und die strenge Zucht des Soldatenberufes entscheidet. Aber noch einmal muß gesagt werden: zu jeder Stunde steht diese innere Entwicklung im Zeichen des Schmollens. Und dieses Schmollen behütet ihn davor, voreilig und allzu früh der strengen Zucht der Selbsterziehung zu entweichen. Manchmal scheint es in der Novelle, als ob die Negation das Letzte wäre; als ob sich das Leben des Pankraz darin erschöpfe, in dem Leid über die heillose Verfassung der Zeit zu verkommen; in dem Leid nämlich, daß hoffnungslos fremd geworden ist, was nur in dem Zueinander der schöpferischen Spannung und dem echten Ausgleich lebensmöglich und vollziehbar ist.

An dieser Stelle aber setzt die Episode mit Lydia ein. Pankraz, der als Soldat der englischen Kolonialarmee in Indien dient, bleibt auch nach der Verabschiedung im Hause seines Obersten. Dort begegnet er nach einigen Jahren des Aufenthaltes Lydia, der Tochter des Obersten, als sie von Europa nach Indien herüberkommt, um den

II. Die deutsche Novelle in der Mitte des 19. Jahrhunderts

Aufenthalt des Vaters zu teilen. Mit dieser Begegnung beginnt die eigentliche Thematik der Novelle, die der Schönheit und der *saelde*.

Daß das Schmollen des Pankraz im Grunde nur verkehrte Liebe sei, Zeichen dafür also, daß er im tiefsten aus dem Eros lebt, wird auch darin deutlich, daß die Schönheit ihn schon beunruhigt hatte, bevor es zu der entscheidenden Begegnung gekommen war: die Schönheit der Frauen indischen Geblütes wie auch die Schönheit jener europäischen Frauen, die mit den Offizieren und Verwaltungsbeamten der Kolonialarmee herübergekommen waren. Doch diese Art von Schönheit war ihm nicht zur Gefahr geworden. Denn das eine Mal hatte sie etwas von der Wehrlosigkeit der Pflanze, von einer Verschwendung ohne Wissen und Verantwortung. Im zweiten Fall aber war sie zu Mittel und Berechnung degradiert. Jedenfalls schien sie ohne Verantwortung für die Gnade der Schönheit und ohne Beteiligung jener elementaren Dankbarkeit, zu der die Unverdientheit der Huld den Menschen verpflichtet. All dieser Erfahrungen erinnert sich Pankraz noch einmal, als er Lydia im Hause ihres Vaters zum erstenmal begegnet.

Gerade da, wo in der Entwicklung des Pankraz die Stunde kommt, die über Heil oder Unheil seines Lebens entscheidet, da tritt ihm in aller Eindringlichkeit all das ins Bewußtsein, was die Schwierigkeit des Seldwyler Erbes ausmacht: daß es durch Generationen hindurch nicht möglich war, zu vereinigen und zu verbinden, was in der wahren Verfassung des Menschen verbunden sein müßte: die *saelde* und die Verantwortung; was nie zu verdienen ist, aber doch verdient werden muß. Oder, wie es Gottfried Keller in der Novelle einmal sagt: das Grundlose und die Notwendigkeit der Begründung zugleich. Und weil Pankraz auch hier in dem fernen Indien in der Begegnung mit Frauen aus dem Osten und aus dem Westen wieder auf die mögliche Unversöhnbarkeit dieses Gegensatzes stößt, darum hält er in der Ferne, nicht anders als in der Heimat, an jener Haltung fest, die ihm zur zweiten Natur geworden ist und die sich vor allem in der Gebärde des Schmollens offenbart. Bis ihn dann Lydia unversehens ein erstes und letztes Mal aus dem Unwillen und dem Vorbehalt dieses Schweigens herauslockt.

Damit aber ist die Interpretation der Novelle bei der verhängnisvollsten aller Gestalten, die Gottfried Keller geschaffen hat, angekommen. Das Rätsel liegt darin, daß in Lydias Existenz der Trug sich selbst fast zu übertrumpfen scheint. Die Gegensätze, sonst so heillos entfremdet, schienen, wenn nicht alles täuschte, in der Person

Lydias in einem schöpferischen Ausgleich von seltener Vortrefflichkeit und Würde verschränkt. Schönheit und Güte, Schönheit und Wahrheit waren hier offenbar verbunden; und sie waren es letztlich doch nicht, weil diese scheinbare Versöhnung im eigentlichen Kern ihres Seins überhaupt nicht mitvollzogen und nicht verantwortet war. Aber noch ist die Deutung der Novelle nicht bis zu der Phase im Geschehen vorgedrungen, da sich dies heillos enthüllt. Zunächst ist noch zu fragen, wie Lydia dem Pankraz bei der ersten Begegnung erscheint. Man liest: „Es war ein wohlgestaltetes Frauenzimmer von großer Schönheit; doch war sie nicht nur eine Schönheit, sondern auch eine Person, die in ihren eigenen feinen Schuhen stand..." (S. 32) Und zwar deshalb — in dieser Weise darf man den Gedanken weiterführen —, weil die Schönheit in der Existenz dieser Frau weder wehrlos erscheint noch Gegenstand der Berechnung ist, sondern sich mit Dankbarkeit und Verantwortung verbindet. Hinweise dieser Art werden im folgenden immer wieder gegeben. „Und zwar scheint" — so heißt es einmal — „diese edle Selbständigkeit gepaart mit der einfachsten Kindlichkeit und Güte des Charakters und mit jener Lauterkeit und Rückhaltlosigkeit in dieser Güte, welche, wenn sie so mit Entschiedenheit und Bestimmtheit verbunden ist, eine wahre Überlegenheit verleiht und dem, was im Grunde nur ein unbefangenes ursprüngliches Gemütswesen ist, den Schein einer weihevollen und genialen Meisterschaft gibt." (S. 32)
Und auch das andere scheint gegenwärtig zu sein, was die Schönheit als Ergänzung fordern muß, um ihre Echtheit auszuweisen: „Indessen war sie sehr gebildet in allen schönen Dingen, da sie nach Art solcher Geschöpfe die Kindheit und bisherige Jugend damit zugebracht, alles zu lernen, was irgendwohl ansteht, und sie kannte sogar fast alle neueren Sprachen, ohne daß man jedoch viel davon bemerkte..."
(S. 32) Daß Pankraz sich von diesen Vorzügen anziehen läßt, ist verständlich. Und doch: So schnell gibt er sich in dieser Begegnung nicht in die Versuchung hinein. Statt dessen beginnt nun ein quälendes Hin und Her. Einmal hatte Pankraz den Entschluß gefaßt, sich nicht in die Gefahr des Traumes und der *saelde* zu geben, um darin unterzugehen, so wie der Vater darin sein Leben verspielt hatte. Sollte sich nun an dem Sohn die Versuchung wiederholen? So fragt sich Pankraz in tiefer Sorge. Wäre es möglich, daß das Erbe ihn im fernen Indien einholte? oder sollte es doch so etwas geben wie Vollendung und Vollkommenheit, obwohl jede Erfahrung einer solchen Annahme

widerspricht? Dieses also, daß ein Mensch fähig wäre, schön und gut, schön und wahrhaftig zu sein? Macht nicht gerade diese Vollkommenheit die Auszeichnung Lydias aus? Solche Fragen steigen immer wieder beunruhigend und zermürbend in Pankraz auf. Daß es nicht nur die Lebensfrage dieser Gestalt, sondern auch die Gottfried Kellers war, bestätigt selbst ein nur flüchtiger Blick in die Briefe.

In dieser Zeit geschieht es, daß Pankraz an die Dichtung Shakespeares gerät. Nun läßt er sich noch stärker als bisher aus seiner Reserve, aus seinem Schweigen und aus seinen Vorbehalten herauslocken. Immer wieder steigen in ihm Fragen auf: Kann es sein, daß die Dichter lügen? Dort finden sich doch Menschen, so geschaffen, daß ihnen ein wirklich schöpferischer Ausgleich gelungen ist; Frauengestalten, denen jene verhängnisvolle Einseitigkeit abgeht, die im Felde des Endlichen alles trostlos und quälend macht; Gestalten wie Helena, Imogen, Desdemona, Porzia; alle schön und doch wehrhaft, und in dieser Wehrhaftigkeit um den Rang ihres Frauentums wissend: „edel, stark und treu wie Helden, unwandelbar und treu wie die Sterne des Himmels" (S. 41) Sehr bedeutsam ist übrigens das Motiv der Sterne in dieser Novelle; zu verstehen als Ausdruck der letzten Sehnsucht nach Vollendung, in der sich die Gegensätze des Seins verbinden. Wie schön also ist diese Welt, die der Dichter ausbreitet, wie unvergeßlich ist der Reigen dieser Gestalten! Immer tiefer verliert sich Pankraz in das Werk des großen Dramatikers. In ihm gibt es nichts von Zweideutigkeit und Gebrochenheit. Alles ist „durchaus einzig und wahr" wie es sich darbietet. Wie lebt etwa diese Porzia im Ganzen und Heilen! So, daß sich in ihr Klugheit und Hingabe, Stärke und Schwäche, Schönheit und Güte in unvergeßlicher Weise verbinden. So ist es also bei Shakespeare. Sollte diese Möglichkeit der Vollendung nur ein Wahngebilde der Dichter sein? Ist Pankraz nicht etwas Vergleichbares begegnet? Hat nicht eine Frau im Umkreis des Hier und Jetzt vor ihm gestanden, deren Existenz von einer ähnlichen Vollendung geprägt ist? Wenn nun diese Lydia ihm liebend die Teilnahme an der Vollendung ihres Daseins schenken würde, müßte sich nicht damit der Zwiespalt seines eigenen Wesens schließen? Hätte Pankraz damit nicht Recht, sich des Schmollens endlich zu begeben? Und nun geschieht das Wunder, auf das Pankraz nie zu hoffen gewagt hat. Es scheint tatsächlich, daß ihre Sehnsucht der seinigen entgegenkommt. Alle Zeichen sprechen dafür, daß sie ihn liebt. Bis es zu der Stunde kommt, in der es sich herausstellt, daß alles Entgegenkommen, alle Zeichen der Liebe nur ein kokettes, gewissenloses und berechnendes Spiel waren; bis es offenbar wird, daß in einer unbegreifbaren Weise all das getrogen hat, was in der Existenz Lydias so anziehend schien: die Schönheit, aber auch der Schein der Arglosigkeit in der Verfassung des Schönen, und die hohe Bildung, die es licht und hell gemacht hatte; und die Güte, die Lauterkeit, der Starkmut — all das war leere Maske, Trug und Schein. In dieser Novelle Gottfried Kellers ist es tatsächlich so, daß alle Werte offen zutage liegen und doch die personale Mitte davon völlig unberührt ist. Aber wie ist ein solcher Trug möglich, so fragt sich Pankraz mit Recht. Die Schönheit des Antlitzes kann trügen, eine Schönheit, die sich in der Vollendung der äußeren Gestalt darbietet, kann scheinhaft sein. Aber kann diese Schönheit, die durch den Geist geformt scheint, auch bloße Verführung und Trug sein? Diese Überlegungen steigen in Pankraz immer von neuem auf, aber am Ende muß er sich mit dem Gedanken vertraut machen, daß es diese Wirrnis gibt; daß alle Gaben und Möglichkeiten sich in einem Menschen versammeln mögen und daß doch der Kern fehlt; oder genauer gesagt, daß das Herz versagt, das großmütig und dankbar diese Gaben entgegennehmen und empfangen müßte; so daß alle Werte des Denkens, des Fühlens und des Handelns von daher mit Wärme und Leben erfüllt würden. Das ist das Grausige in der Existenz der Lydia: die offenbare Genialität des Schönen und zugleich dieses Faktum, daß eine solche Schönheit sich am Ende als Nichtigkeit enthüllt.

Man muß sich darüber klar werden, was hier vom Dichter gesagt wird. Es gibt eine tragische Erfahrung des Schönen. Sie gehört etwa zu der Ottilie der ‚Wahlverwandtschaften‘, zu der Gestalt der Diotima in Hölderlins ‚Hyperion‘, aber auch zu manchen Gestalten von Wilhelm Raabe. Auch da waltet ein Widerspruch, nämlich der zwischen der Wesensforderung, die im Schönen beschlossen ist, und dem endlichen Dasein in seiner Bedürftigkeit und Gebrechlichkeit. Aber alles Scheitern und Versagen ändert in diesem Fall nichts an der Unerbittlichkeit jener Forderung, die den Menschen zwingt, zu seinem Wesen zu stehen. Sie bleibt ungebrochen und ungeschmälert bis in den Tod, ja über den Tod hinaus. Bei Gottfried Keller ist es dagegen so, daß diese Forderung sich offenbar weder in Echtheit entfaltet, noch daß ihr in irgendeiner angemessenen Weise geantwortet wird; nicht im ‚Pankraz‘ und ähnlich nicht im ‚Martin Salander‘, wo es sogar möglich ist, daß sich die Schönheit der Myrrha Glawicz in ihrer klassisch-altgriechischen Ebenmäßigkeit und Vollendung mit abgründiger Dummheit, ja mit Idiotie zu verbinden vermag.[37]

In dieser Weise bietet sich die Problematik des Schönen und der **saelde** im Werke Gottfried Kellers dar. Sie führt dann zu der Frage weiter: Was bedeutet eine solche Erfahrung für den Menschen, der sich in den Anspruch des Schönen einläßt, um in einer so beklemmenden Weise seine Nichtigkeit zu erfahren? Was bleibt noch übrig angesichts dieser tiefen Wirrnis und Zerrüttung des Seins? Im ‚Martin Salander' wird das Problem, wie schon angedeutet, nicht ausgetragen; ebenso wenig im ‚Landvogt'. Auch hier geht die Pankraz-Novelle bis ans Ende. Darum hat sie nicht nur eine besondere Bedeutung für das Gesamtwerk des Dichters G. Keller, sondern darüber hinaus eine solche für die Entwicklung der Novelle im 19. Jahrhundert. Wenn man nun versucht, den zweiten Teil des Werkes auf die eingangs gestellte Frage hin zu deuten, dann ist zunächst auf folgendes hizuweisen: Pankraz findet alsbald die Besonnenheit zurück, eine Besonnenheit, die bis zur Kälte reicht. Aber damit ist es nicht getan. „Es war" — so gesteht er sich selbst ein — „ein seltsam gemischtes, unheimliches Gefühl von Kälte freilich, wenn ich bei alledem die Schönheit ansehen mußte, die da vor mir glänzte. Doch dies ist das unheimliche Geheimnis der Schönheit." (S. 48) Was mit dem letzten Wort gemeint ist, geht aus dem hervor, was schon zum ersten Teil der Novelle gesagt wurde. Das Unheimliche der Schönheit ist darin begründet, daß sie zur Lebenshöhe hinaufzuleiten den Anspruch erhebt, daß sie aber den Menschen, der dieses Versprechen ernst nimmt, statt dessen am Ende vor die Wesenlosigkeit führt.

So war auch Pankraz mit dieser anfänglichen Kälte und Besonnenheit nicht sehr weit gekommen. Schon in der Stunde der Trennung, also da, wo sich ihm die abgründige Nichtigkeit Lydias enthüllt hat, ist es ihm bei aller Kälte nicht möglich, endgültig anzuerkennen, daß ihre Schönheit nichts anderes sei als Lüge und Trug. „Während dieses Zankens aber verschlang ich sie dennoch fortwährend mit den Augen und ihre unbegreifliche, grundlose, so persönlich scheinende Schönheit quälte mein Herz um die Wette mit dem Wortwechsel, den wir führten." (S. 50) So ist es auch im folgenden: Kaum hatte er den Rücken gewandt, da bricht die Sehnsucht und Leidenschaftlichkeit des Eros wieder durch alles Schmollwesen hindurch. Wo Pankraz sich auch befindet, immer gleiten die Gedanken an den Ort zurück, an dem ihm Lydia begegnet ist: „Sie war nicht zu vergessen, und ich war und blieb aufs neue elend verliebt in sie. Ich hatte das allerunheimlichste, sonderbarste Gefühl, wenn ich an sie dachte. Es war mir zumute, als ob notwendigerweise ein weibliches Wesen in der Welt sein müßte, welches genau das Äußere und die Manieren dieser Lydia, kurz deren bessere Hälfte besäße, und daß ich nur dann würde zur Ruhe kommen, wenn sich diese ganze Lydia fände; oder es war mir, als ob ich verpflichtet wäre, die rechte Seele zu diesem schönen halben Gespenste zu suchen; mit einem Worte, ich wurde abermals krank vor Sehnsucht nach ihr..." (S. 55) Noch genügt also nicht, was er mit Lydia erlebt hat, um ihm die Herrschaft über sich selbst zurückzugeben. Und noch einmal scheint es, daß das Erbe des Vaters mächtiger und unentrinnbarer sei, als Pankraz es sich je gedacht hatte! Die Verlogenheit und die Leere des Traums ist, wie es scheint, die Gefahr, der auch er nicht zu entrinnen vermag.

Und doch findet er am Ende einen Ausweg aus dieser heillosen Lage. Noch einmal nimmt ihn das Schicksal in eine harte Schule, in der er von der Maßlosigkeit der sehnsüchtigen Wünsche geheilt wird. Damit aber kommt die Deutung der Novelle zu dem Ereignis, das die Wende in diesem Leben bedeutet. Es ist die Episode, in der Pankraz, zunächst wieder in Gedanken an Lydia verloren, auf der Jagd irgendwo seine Waffen liegen läßt und plötzlich dem gefährlichen Tier wehrlos gegenübersteht. Nun muß er in dieser Lage Stunde um Stunde aushalten, ohne sich regen zu dürfen, der erbarmungslosen Glut der afrikanischen Sonne ausgesetzt. Dabei geschieht die Heilung, so weit eine solche in dieser Situation überhaupt möglich ist. „Indem ich aber so eine lange Minute um die andere abwickeln und erleben mußte, verschwand der Zorn und die Bitterkeit in mir, selbst gegen den Löwen, und je schwächer ich wurde, desto geschickter ward ich in einer mich angenehm dünkenden, lieblichen Geduld, daß ich alle Pein aushielt und tapfer ertrug." (S. 59) In dieser Stunde findet er also zur Bereitschaft, das anzuerkennen, was man im Begriff der Endlichkeit zusammenzufassen pflegt. Diese erfährt P. zunächst darin, daß er gehalten ist, sich in die Todesverfallenheit der menschlichen Existenz einzuüben. Indessen wird diese Notwendigkeit für ihn zum Gleichnis einer noch tieferen Verstrickung des Menschen. Was als Bedrohtheit des leiblichen Daseins erlebt wird, weitet sich zur Einsicht in die Bedrohtheit des geistigen Seins aus, so wie Pankraz sie in der tiefen Zweideutigkeit des Schönen erfahren hat. Indem Pankraz jetzt gezwungen ist, die letzte Ohnmacht des Menschen im Tode anzuerkennen, gewinnt er auch Zugang zu der Erkenntnis, daß der Mensch in dieser Zeitlichkeit über die Entfremdung von Wesen und Wirklichkeit nicht hinauskommt und diese Trennung zunächst anzunehmen gezwungen ist.

Damit ist aber Pankraz reif zur Heimkehr. Einmal war er weggelaufen, ungeduldig angesichts der Armseligkeit und Wehrlosigkeit von Mutter und Schwester. Nun ist er zurückgekehrt, und als er des Abends den beiden wieder gegenübersitzt, fällt der Schein der Kerze auf ihre Gesichter; und nun will ihn Trauer und Schwermut überkommen, als er wahrnehmen muß, wie das Alter und die Todesnähe unerbittlich ihre Spuren in die Gesichter eingegraben haben. Aber dieses Mal läuft er nicht weg. Denn nun hat er einsehen gelernt, was er sich vor vielen Jahren nicht eingestehen wollte: daß das Dasein des Menschen im letzten Einübung in den Tod ist und daß die Wehrlosigkeit der Mutter der Verfassung dieses Daseins gerechter wurde als seine Ungeduld. Vor allem in diesem Zusammenhang kann die zuvor berührte Bedeutung des Todes für das Lebensgefühl und das Schaffen Gottfried Kellers einsichtig werden. Immer wieder wird der Tod in Korrelation mit der Thematik des Schönen und ihrer Zweideutigkeit gesehen. So hat im ‚Landvogt' Figura Leu, selbst in ihrer Weise in Zweideutigkeit verstrickt, immer die Figur des „Tödlein" neben sich stehen. So hält Frymann in dem ‚Fähnlein der sieben Aufrechten' auf dem Höhepunkt des Festes seine Rede von dem möglichen Untergang des Volkes.

Damit hat die Analyse der Pankraz-Novelle bestätigt, daß das Schmollen, das die Existenz des Pankraz bestimmt, im Grunde nur verkehrte Liebe sei. Aber es muß auch hinzugefügt werden: zwar sind die Liebe und die Sehnsucht da, aber das Schöne ist in dieser späten Zeit seiner selbst in einem Maße unsicher geworden, daß es das Leben nicht mehr zu gestalten vermag. Darum steht am Ende der Novelle nicht mehr die Erfüllung, sondern das resignierte Ja zur Endlichkeit des Daseins. Zwar ist auch da, wo Pankraz den Seinigen gegenüber sitzt, seine Sehnsucht nicht erloschen und der Traum von der schönen Lydia noch nicht ausgeträumt. Aber dieser Traum wird Traum bleiben und niemals das Leben gestalten können. Die Zweideutigkeit des Schönen bringt die Gefahr mit sich, daß sie für das Leben nicht genügend fruchtbar wird.

Daß der Zyklus der Seldwyler Geschichten die Thematik der romantischen Novelle wieder aufnimmt — nur gleichsam als Thema in der

Gottfried Keller

Umkehrung —, davon war schon bei der Deutung der Rahmenhandlung die Rede. Das gilt für den Zyklus im Ganzen, es gilt aber am stärksten für die Pankraz-Novelle. So gesehen, mutet sie auf weite Strecken wie ein Widerruf des ‚Taugenichts' von Eichendorff an. Alle entscheidenden Motive sind bei Eichendorff vorweggenommen: der Auszug aus Unwillen über die Umwelt, die dem Gelingen des Lebens nicht günstig ist, die Sehnsucht nach der *saelde;* die Liebe zu der schönen gnädigen Frau; dann aber auch bei Eichendorff bereits die Zweideutigkeit des Schönen als Problem; im ‚Taugenichts' in der Schönheit des Südens sich verwirrend darbietend und auch hier verbunden mit der Notwendigkeit der Entscheidung zwischen Trug und Echtheit.[38]

Das ist das Gemeinsame. An dieser Stelle hört allerdings auch die Gemeinsamkeit auf. Zwar hat in beiden Novellen das Motiv der Heimkehr eine entscheidende Bedeutung; jedoch in einer tiefgehenden Andersartigkeit: der gelungenen Heimkehr im ‚Taugenichts' — gelungen in dem Sinn, daß Ferne und Nähe, *saelde* und Wirklichkeit sich in märchenhaft-unbeschwerter Weise zu versöhnen vermögen — steht die mißlungene Heimkehr im ‚Pankraz' gegenüber. Wobei dieses Mißlingen nicht nur durch das Scheitern des „Auszugs" bedingt ist, sondern sich noch einmal dann zuspitzt, als Mutter und Schwester gerade zu dem Zeitpunkt eingeschlafen sind, als Pankraz in seiner Lebensgeschichte zu der Begegnung mit Lydia gekommen ist. Was dieses alte Motiv in der Novelle Gottfried Kellers bedeutet, ist unschwer zu erkennen: Eine Verständigung über das, was Pankraz im Auszug erlebt hat, ist nicht möglich. Während sich im ‚Taugenichts' die Weite der Fremde und die Enge der Heimat noch zu erreichen vermögen, sind in der Novelle des 19. Jahrhunderts Ziel und Ursprung hoffnungslos entfremdet und unversöhnbar.

Eine Analyse der Struktur der Kellerschen Novelle wird vor allem die Aufmerksamkeit auf die Gestaltung des Handlungsgeschehens richten. Auch im Werk Gottfried Kellers ist nicht mehr ein isoliertes novellistisches Ereignis gestaltet. Entgegen der ursprünglicheren Tradition der Gattung mutet das Ganze wie die Abbreviatur eines Entwicklungsromans an. Jedenfalls ist, wie oft in der Novellistik des 19. Jahrhunderts, ein ganzer Lebenslauf in die Novelle hineingenommen: die Verflochtenheit in die Generationenreihe, die Kindheit, die Phase der Krise und der Reifezeit, der Auszug, die Entwicklung zur Reife bis zur Heimkehr. Nichts fehlt von dem, was die Thematik

II. Die deutsche Novelle in der Mitte des 19. Jahrhunderts

des Bildungs- und Entwicklungsromans ausmacht. Demgemäß ist auch die silhouettenhaft begrenzte Handlung der klassischen Novellenform nicht mehr nachvollziehbar. An ihre Stelle tritt die von der Novellistik des späten Goethe, der Spätromantik und der frühen Realisten her vertraute Technik der Episodenbildung. Sie gliedert die Handlung in relativ selbständige Erzählphasen auf, die in bezug auf Raum und Personen mehr in sich geschlossen sind, als es in der klassischen Novelle üblich war.

Und doch bleibt im Werke Kellers die spezifische Struktur der Novelle gewahrt, und zwar deshalb, weil der Dichter — dem Erzählwerk der Droste vergleichbar — die Gestaltung des Lebenslaufes auf Krisensituationen des Lebens einschränkt; Situationen, die sich dann vor allem auf die Lydia-Begegnung und auf die Konfrontation mit dem Löwen ereignishaft zuspitzen. Was sonst noch in das Geschehen hineinspielt, ist mit Hilfe der verschiedenen Formen der Zeitaussparung und Zeitraffung auf ein Minimum reduziert. Und noch ein anderes formales Mittel ermöglicht die novellistische Konzentration: die Technik des Leitmotivs. Wie im Werk der Droste, aber auch in Stifters ‚Brigitta' wirken bestimmte leitmotivisch eingeführte Worte und Metaphern der Aufgliederung in Episoden zentrierend entgegen. Vor allem das oft erwähnte Leitmotiv des Schmollens und dann auch das der Sterne; das eine ist als Vorbehalt gegen die *saelde*, das andere als Symbol der *saelde* und der Erfüllung zu verstehen.

Charakteristisch für die formale Gestaltung ist als zweites entscheidendes Element des Aufbaus hervorzuheben, daß G. Keller als erzählerischen Einsatz die vision par derrière[39] wählt. Pankraz erzählt von seinem Leben, als die schicksalsträchtigen Ereignisse dieses Lebens bereits in der Vergangenheit liegen und den Charakter der Endgültigkeit haben. Es heißt zwar abschließend: „Er verließ mit ihnen (der Mutter und der Schwester) das Städtchen Seldwyla und zog in den Hauptort des Kantons, wo er Gelegenheit fand, mit seinen Erfahrungen und Kenntnissen dem Lande ein nützlicher Mann zu sein und zu bleiben, und er ward sowohl dieser Tüchtigkeit als auch einer unverwüstlichen ruhigen Freundschaftlichkeit wegen geachtet und geliebt; denn nie mehr zeigte sich ein Rückfall in das frühere Wesen." (S. 60) Dieser Satz scheint noch einmal der Zukunft eine Chance zu geben. Aber auch was in dieser Zukunft geschieht, wird mehr Verzicht denn Erfüllung sein. Denn Zukunft ist in dieser Novelle wie bei G. Keller überhaupt kaum mehr der „schöpferische Modus" der

Gottfried Keller

Zeit. Auch dieser Aspekt der Zeit bestätigt im übrigen noch einmal die bisherige Deutung des Werkes. Wenn es in den ‚Zwei Schwestern' Stifters schon nicht mehr gelungen ist, den Anspruch des Schönen wegen seiner Zweideutigkeit für das Leben produktiv zu machen, im ‚Pankraz' ist die Inkarnation des Schönen im Wirklichen noch viel weniger möglich. Denn die Fragwürdigkeit der *saelde* ist bei G. Keller im Vergleich zu Stifters Novelle noch um vieles heilloser geworden. So hat auch jene Abschlußpartie der Novelle kaum noch „synthetischen" Charakter im schöpferischen Sinn. Sie ist fast ebenso beklemmend und hoffnungslos wie der Ausgang des ‚Grünen Heinrich', vor allem nach jener Erzählpartie, da Judith und Heinrich sich entschieden haben, auf eine Verbindung zu verzichten. In der gleichen Gesinnung verläßt Pankraz Seldwyla. Denn nach dem mißlungenen Auszug weiß er endgültig, daß der Name dieser Stadt eine Verführung ist.

So muß daran festgehalten werden, daß die Erzählstruktur der Kellerschen Novelle im wesentlichen im Sinne der „vision par derrière" zu verstehen ist. Die Wahl einer solchen Perspektive schließt zwei Konsequenzen für das eigentümliche Klima des Erzählens in sich: Einmal die hohe Reflektiertheit der erzählerischen Darbietung und dann jene resignierte Entspanntheit des Erzählens, die sich bei einer solchen Wahl leicht einstellt und die sich vor allem auf die besondere Form der Vorausdeutungstechnik auswirkt. — Die Reflektiertheit verdichtet sich immer wieder in großen weitgespannten Erörterungen; etwa über das Drama Shakespeares, als Pankraz von Lydia aus der Zurückhaltung herausgelockt wird. Aber sie beschränkt sich nicht auf solche relativ isolierte Partien, sondern durchwirkt die erzählerische Darbietung der Novelle im Ganzen. Immer geht die Bewegung vom Besonderen ins Allgemeine, vom Faktischen zur Überlegung, welches der Grund dieses oder jenes Ereignisses sei. „Als ich damals auf so schnöde Weise entwich, war ich von einem unvertilgbaren Groll und Weh erfüllt, doch nicht gegen euch, sondern gegen mich selbst, gegen diese Gegend hier, die so unnütze Stadt, gegen meine ganze Jugend. Dies ist mir seither erst deutlich geworden." (S. 25) Oder da, wo er über den negativen Eindruck berichtet, den die Begegnung mit europäischen Frauen bei ihm hinterlassen hat. „Denn es sind üble Zeiten, wo die Geschlechter ihre Krankheiten austauschen und eines dem andern seine angeborenen Schwachheiten mitteilt." (S. 34) Vor allem aber in den Partien, in denen er sich in die Existenz der Lydia einzulassen sucht,

II. Die deutsche Novelle in der Mitte des 19. Jahrhunderts

um dem Rätsel ihres Daseins auf den Grund zu kommen: „Was will sie von dir, dachte ich, und was soll das heißen? Indem ich aber hierüber hin und her sann..." (S. 37) So geschieht es, daß Pankraz das ihm Widerfahrene nicht nur als undurchdringlichen Tatbestand hinnimmt, sondern es auf seinen Sinn hin befragt. Auch die große dialogisch gestaltete Auseinandersetzung zwischen ihm und Lydia spiegelt immer wieder die gleiche Bewegung vom Besonderen ins Allgemeine.

Charakteristisch für die Struktur des Erzählens ist auch die besondere Art der Vorausdeutung. Sie ist anders als die der klassischen Novelle oder auch die Kleists. Dort bedient sich der Erzähler ausschließlich „zukunftsungewisser" Vorausdeutungen oder bevorzugt — das gilt besonders für Kleist — solche von partieller Reichweite.[40] Beide Beschränkungen verlieren in der Novelle Gottfried Kellers ihre Geltung. Die Vorausdeutungen in der Pankraz-Novelle — gemäß der gewählten Perspektive — sind immer „zukunftsgewiß", und sie nehmen darüber hinaus zugleich das Ende des Geschehens in seiner ganzen Trostlosigkeit vorweg. Wenn Pankraz nach der Heimkehr auf das Löwenfell hinweist, verbindet sich dieser Bezug mit einer solchen Vorausdeutung. „Dies ist... vor drei Monaten noch ein lebendiger Löwe gewesen, den ich getötet habe. Dieser Bursche war mein Lehrer und Bekehrer und hat mir stundenlang so eindringlich gepredigt, daß ich armer Kerl endlich von allem Schmollen und Bössein für immer geheilt wurde." (S. 22) Auch wenn Pankraz in seinem Lebensbericht die Begegnung mit Lydia vorausnimmt, enthüllt eine solche Vorwegnahme die Sinnlosigkeit, die von der Novelle nie ganz aufgehoben werden kann. Schon nachdem Pankraz zum erstenmal von Lydia gesprochen hat, heißt es: „...es war eben kurz und abermals gesagt: eine Person. Das heißt, ich sage: es schien so, oder eigentlich, weiß Gott, ob es am Ende doch so war und es nur an mir lag, daß es ein solcher trügerischer Schein schien, kurz — " (S. 33)

Wenn die Gattungsform der Novelle auf den Konflikt zwischen dem Vertrauten und dem Rätselhaft-Unbekannten ausgeht, dann wird dieses Gesetz in der Novelle Gottfried Kellers in einer Weise modifiziert, daß es manchmal scheint, als ob es außer Geltung gesetzt würde: Das Befremden angesichts des ungewöhnlichen Faktums scheint in dem extrem reflektierten Klima dieser Novelle um seine Fremdheit gebracht zu werden. Und trotzdem: so sehr auch Pankraz darauf bedacht ist, das Unerklärliche zu erklären, so sehr er auch bemüht ist, sich mit dem vertraut zu machen, was in abgründiger Weise unvertraut erscheinen muß, am Ende haftet das Stigma des Unheimlichen doch unverändert dem Geschehen an. Gerade das aber ist das spezifisch Novellistische dieses Erzählwerkes.

Eine Formanalyse der Pankraz-Novelle kann nicht abgeschlossen werden, ohne daß am Ende noch einmal die gerade für diese Novelle so wichtige Frage nach dem Erzähler gestellt wird. Sie ist zwar schon angeschnitten worden; aber dort wurde sie erwogen ausschließlich im Zusammenhang mit der Innenhandlung. Es gibt in dem Werk aber zwei Erzähler, und zwar Erzähler, deren geistige Perspektiven sehr verschieden sind: die des Pankraz als des Rollenerzählers der Innenhandlung und dazu die Perspektive des Erzählers der Rahmenhandlung. Dieser wird zwar nicht ausdrücklich vorgestellt, ist aber in jedem Satz genauso gegenwärtig wie Pankraz in dem Bericht seiner Lebensgeschichte. Wenn man fragt, wie sich beide Erzählperspektiven unterscheiden, dann wird deutlich, daß der Erzähler der Rahmenhandlung jenen Humor besitzt, der Pankraz fehlt. Von daher muß man die verschiedene erzählerische Atmosphäre von Rahmen- und Innenhandlung verstehen. Die der Rahmenhandlung ist bei allem auch hier waltenden Ernst zugleich ironisch, und zwar ironisch im Sinne eines gütigen, gelassenen Humors. Für diesen Erzähler ist die Lebensgeschichte des Pankraz nur eine von den vielen Seldwyler Geschichten und Lebensläufen; und so betont er nicht nur die Bitterkeit der Heimkehr, sondern bemüht sich zugleich, die Bitterkeit durch jenen Humor zu mildern, der ihr die Schärfe und Illusionslosigkeit nimmt. Aufschlußreich dafür ist vor allem die Partie, die dem Einzug des Pankraz in seine Heimatstadt vorausgeht: die Schilderung der Nachmittagsstunde auf dem kleinen Platz, an dem das Haus der Mutter liegt. Wenn der Ankunft des Pankraz die des Leiermanns, des Herumtreibers mit seinen Affen und endlich die der Menagerie mit den vielen fremden Tieren vorausgeht, dann sind diese Vorausdeutungen geeignet, die Heimkehr des Pankraz am Ende doch in das mildere Licht des Humors und der Gelassenheit zu tauchen. Will man die Novelle Gottfried Kellers im Ganzen würdigen, dann darf man diese Partie der Rahmenhandlung nicht außer acht lassen. Erst wenn man den Ernst, der über dem Lebenslauf des Pankraz liegt, mit dieser humorvollen Erzählhaltung der Rahmenhandlung zusammennimmt, gewinnt man Zugang zur Ganzheit des Werkes.

II. Die deutsche Novelle in der Mitte des 19. Jahrhunderts

Es ist im Zusammenhang einer knappen Übersicht nicht möglich, von allen Erzählungen des Seldwyler Zyklus eine ebenso eingehende Analyse zu geben wie von der Pankraz-Novelle. Im Grunde wird fast immer die gleiche Thematik abgewandelt; allerdings nicht durchgängig in der Tiefe und Gründlichkeit der ersten Novelle. Ob es sich um Fritz Amrain handelt oder um den Helden der ersten Novelle des zweiten Teiles, ‚Kleider machen Leute‘; ob das Schicksal von John Kabys, der ironisch ‚Der Schmied seines Glückes‘ genannt wird, in Frage steht, das des Viktor Störteler aus den ‚Mißbrauchten Liebesbriefen‘ oder das Geschick der leichtfertigen Heldin der ‚Dietegen‘-Novelle; irgendwie verletzen sie alle das Maß und die Besonnenheit, indem sie sich nach Seldwyler Weise über die Grenzen hinauslocken lassen und die Selbstkontrolle vernachlässigen. Eine Novelle dieses Zyklus, so scheint es, will sich allerdings dieser Deutung nicht ganz fügen. Das ist die zweite des ersten Teiles: ‚Romeo und Julia auf dem Dorfe‘. Gottfried Keller deutet an, warum er auch diese, in der das Moment der Tragik bis ins Letzte vorgetrieben ist, einem Novellenzyklus eingefügt hat, während er der tragischen Unbedingtheit im allgemeinen auszuweichen sucht. Eine Ordnung allseitiger Bedingtheit, wie sie in den Seldwyler Novellen als dem Menschen vordringlich und angemessen dargestellt wird, ist nur so lange lebensmöglich, als sich von Mal zu Mal Menschen finden, die mit dem Opfer ihres Lebens dafür einstehen, daß sich der letzte Sinn des Menschen nicht in der Bedingtheit erfüllt, sondern in der ungeschützten Begegnung mit dem Schicksal.

Den ‚Leuten von Seldwyla‘ folgte 1878 der zweite Zyklus: ‚**Züricher Novellen**‘. Auch diese wurden wenigstens zum Teil einem Rahmen eingefügt; zumindest die drei ersten sind darauf bezogen. Das Rahmengeschehen handelt von dem Zusammentreffen zweier Züricher; eines jungen Mannes, der sich in den Nöten und Schwierigkeiten der Reifezeit befindet, und seines Oheims, der ein erfahrener alter Bürger ist und die Schwierigkeiten des Neffen wohl versteht. Um den Reifeprozeß seines Neffen in die angemessene Richtung zu lenken, ist er alsbald gewillt, ratend und unterweisend einzugreifen. Dieses Mal geht es also nicht um das Schicksal einer Gruppe oder eines Standes. Aber auch wenn man diese Verschiedenheit in das Verständnis einbezieht, glaubt man doch, etwas Verwandtes in beiden Zyklen zu erkennen. In beiden Fällen ist die spezifische Problematik eines Übergangs zur Diskussion gestellt. Auch in den

Gottfried Keller

‚Züricher Novellen' handelt es sich um eine geschichtliche Phase, die den Charakter der Gebundenheit hatte und die durch die Möglichkeit einer freieren Lebensgestaltung unversehens überholt wird. Beide Male ist dieselbe Aufgabe gestellt: von dieser Freiheit den rechten Gebrauch zu machen und sie nicht in Willkür ausarten zu lassen. Um die vorübergehende Orientierungslosigkeit in der Geschichte eines Volkes bzw. in der Entwicklung eines Einzelnen kreist die Rahmenhandlung der ‚Seldwyler' wie auch der ‚Züricher Novellen'.

Die geschichtliche Problematik ist in der ersten und der letzten Novelle des Züricher Zyklus in besonderer Deutlichkeit erkennbar. In ‚Hadlaub' geht es um den Übergang von der feudalen zur bürgerlichen Epoche; im ‚Fähnlein der sieben Aufrechten' um entsprechende Schwierigkeiten der unmittelbaren Gegenwart. In beiden Novellen vermögen die Helden, Hadlaub und Karl Hediger, über die Grenzen des ihnen durch Erziehung, Herkunft und Stand Zugemessenen hinauszutreten, indem ihnen durch Fleiß und Anstrengung der Väter eine freiere und leichtere Daseinsmöglichkeit auf den Lebensweg mitgegeben wird. Daß sie diesen Vorzug in der rechten Weise benutzen und nicht leichtfertig das von den Vätern mühsam Errungene verspielen, das ist wiederum die Sorge des Dichters. Darüber hinaus spürt man aber auch in beiden Novellen — in der ersten noch mehr als in der zweiten —, wie diese Sorge im Grunde schon überholt ist durch das Vertrauen auf die Lebenstüchtigkeit des Ganzen. Nicht der unversöhnte Widerspruch ist das Letzte in diesen Novellen, sondern der Ausgleich. Insofern ist die Stimmung der ‚Züricher Novellen' im Grunde gelöster und optimistischer als die der ‚Seldwyler'. Das gilt vor allem für das ‚Fähnlein', das mit der schönen Episode des Festes schließt. Es wird zu einer einzigen Feier der Versöhnung, einmal der beiden Generationen, zwischen denen im Geschehen der Novelle die Spannungen ausgetragen werden mußten, aber auch zu einer Versöhnung, in der die allseitige Verbundenheit des ganzen Volkes offenbar wird.

Jede Willkür und jede falsche Prätention, jede Sucht nach Originalität habe zurückzutreten gegenüber dem Anspruch des Ganzen und der Notwendigkeit der Einfügung. Das ist die Mahnung, die der Oheim seinem Neffen vermitteln möchte, indem er ihm von Hadlaub und dem Narren auf Manegg erzählt. Daß es jedem Menschen anstehe, sich in die harte Schule des Verzichtes und der Bescheidung zu begeben, das soll ihn vor allem das Beispiel des ‚Landvogts von Greifensee' lehren. Manchmal erinnert diese Novelle an die ‚Pankraz'-Geschichte, indem

II. Die deutsche Novelle in der Mitte des 19. Jahrhunderts

sie jene Erfahrung umkreist, die dort gestaltet worden ist: nämlich daß jede Art von Schönheit und Vollendung sich in dieser Zeitlichkeit als unverläßlich, gefährdet und zweideutig darstellt. ‚Der Landvogt' stellt einen Novellenzyklus im Kleinen dar, der im Grunde nichts anderes umspielt als eben dieses Thema von der Zweideutigkeit des Schönen, sich in besonderer Weise offenbarend in der gewichtigsten Frauengestalt des Zyklus, der im Zusammenhang mit der Lydia-Episode der Pankraz-Novelle schon einmal genannten Figura Leu. Gerade hier kann man noch einmal erkennen, wie sehr Gottfried Keller der Romantik verpflichtet ist und wie in seinem Werk im Grunde nichts anderes geschieht, als daß die romantische Thematik umgekehrt wird. Hatte sich die Romantik allzu tief in den Zauber des Schönen eingelassen, so löst sich die Novelle Gottfried Kellers nur mühsam von dieser Verzauberung.

Wenn in dem Keller-Kapitel Nachdruck auf die Feststellung gelegt wird, daß für seine Novellendichtung die Problematik einer bestimmten geschichtlichen Übergangssituation mit dem Verlust aller festen Maßstäbe bedeutsam geworden ist, so muß diese Entwicklung und dieser Übergang so umfassend gedacht werden wie nur möglich. Dazu gehört auch, daß die Frau sich aus der bisherigen patriarchalischen Ordnung löst, um den Anspruch anzumelden, in ihrer personalen Würde und als menschlicher Partner ernst genommen zu werden. Darum geht es vor allem im dritten Zyklus des Dichters, im ‚S i n n - g e d i c h t'. So werden noch einmal — nur in einem neuen Zusammenhang und in einer neuen Abwandlung — jene Konflikte gestaltet, die schon die beiden anderen Zyklen zum Gegenstand hatten. Auch hier sucht Gottfried Keller nicht eine eindeutige Entscheidung, sondern läßt sich wieder von der Sorge um den rechten Ausgleich bestimmen, von der Sorge also, daß die Freiheit nicht in Willkür verfällt, und daß über der Freude an den neuen Möglichkeiten nicht Bindungen außer acht gelassen werden, die von keinem Wandel angetastet werden dürfen. Wenn im Mittelpunkt der Rahmenhandlung die Liebesbegegnung zwischen Reinhart und Luzia steht, so zielt die Handlung darauf, daß beide in gleicher Weise das Maß lernen, wie es den verschiedenen Gestalten der beiden ersten Zyklen aufgegeben war, gleichgültig ob es ihnen gelungen ist oder nicht. Dieses Maß aber wird in der Beziehung der Geschlechter ebenso verletzt, wenn die Frau als bloßes Objekt genommen, wie auch umgekehrt, wenn ihre Freiheit so weit gespannt wird, daß die Bedingtheit des Geschlechtes darüber vernachlässigt erscheint. Im Gegensatz zu dieser Verletzung des Maßes kommt es darauf an, daß die Unbefangenheit und Freude an der Entscheidungsfreiheit wieder mit der Ehrfurcht und dem Gehorsam diesen Bindungen und Grenzen gegenüber zum Ausgleich gebracht wird. Nichts anderes als diesen Ausgleich hat auch das Logausche Epigramm — zumindest in der etwas eigenmächtigen Umdeutung G. Kellers[41] — im Auge, das Reinhart auf seiner Entdeckungs- und Prüfungsfahrt als Leitbild begleitet: Nur wenn sich das Lachen und das Erröten, die Gelöstheit des Geschlechtes und der Vorbehalt der Scham, die Freude an der Erfüllung und das Wissen um die Grenze verbinden, stellt sich das rechte Verhalten ein. Darum kreist nicht nur die Rahmenhandlung; davon sprechen auch die Novellen, in denen sich die Thematik des dritten Zyklus in reicher Folge abwandelt. Reinhart und Luzia erzählen sie sich wechselseitig, nur einmal unterbrochen durch des Oheims Erzählung von den Geistersehern. Was für die Handlung der Novelle vor allem charakteristisch ist, sind Situationen, in denen in leichtfertiger oder frevelhafter Weise von der Notwendigkeit des Ausgleichs abgewichen wird. Sehr bezeichnend ist dabei, welche Erzählungen Reinhart und welche Luzia in den Mund gelegt sind. Reinhart sucht die Überlegenheit des Mannes zu begründen, indem er ausschließlich von Geschehnissen berichtet, in denen sich die Initiative des Mannes zum Heil der Frau ausgewirkt hat. Daß die Erzählung von ‚Regina' sich unversehens gegen ihn selbst kehrt, gehört in einen anderen Zusammenhang und soll später noch einmal erörtert werden. Für seine These — und damit für die Gültigkeit der bisherigen Ordnung der Geschlechter — scheinen tatsächlich zu sprechen: ‚Die arme Baronin', die Erzählung von Zambo und, gleichsam a contrario, die von Dona Fenice. Luzia aber weiß geschickt den Gegenpart zu halten, indem sie Reinhart die Geschichte von ‚Der törichten Jungfrau' und die von den ‚Berlocken' entgegenhält. So entwickelt sich, wiederum aus den zeitgeschichtlichen Prämissen, die Grundlage für die Entfaltung echt novellistischer Konflikte, die im wesentlichen aus dem Widerspiel und der Spannung von Ungebundenheit und Gesetzlichkeit, von Freiheit und Tradition erwachsen.

Man hat oft auf die vorbildliche Verknüpfung von Rahmen- und Innenhandlung innerhalb dieses Novellenzyklus hingewiesen. Tatsächlich ist es eine lohnende Aufgabe, dieser nachzugehen und im einzelnen aufzuzeigen, wie in jeder Novelle eine neue Etappe in der inneren Entwicklung der Liebenden erreicht ist; wie diese Liebe immer reifer und

II. Die deutsche Novelle in der Mitte des 19. Jahrhunderts

weiter wird, bis zu dem Punkt, da Reinhart den Hochmut des Mannes verlernt und dafür in der Frau den ebenbürtigen Partner zu sehen bereit ist, Luzia aber begriffen hat, daß in der Partnerschaft der Geschlechter das Eigenrecht und die Selbständigkeit der Frau nur so lange zu Recht besteht, als es sich mit der vertrauensvollen und gelösten Hingabe an das Geschlecht zu binden weiß. Die Wandlung Luzias wird auf jenem Spaziergang am Rande des Flusses offenbar, während dessen sie auf das Geheiß Reinharts die Schlange von dem Krebs befreit, der sich an ihr festklammert; symbolischer Hinweis darauf, nach welcher Richtung sich die Wandlung vollziehen soll: nämlich auf die Bereitschaft der Frau hin, mit dem Recht auf Selbstbestimmung auch die Gebundenheit an die Sphäre des Geschlechtes anzuerkennen.

So gesehen ist der Zyklus — vor allem im Gegensatz zu der dunklen Grundstimmung der Seldwyler Geschichten — von einer Atmosphäre der Heiterkeit und Leichtigkeit geprägt. Etwas von dieser Heiterkeit leuchtet schon manchmal in die ‚Züricher Novellen' hinein. Noch einmal sei an ‚Das Fähnlein der sieben Aufrechten' erinnert. Aber diese Heiterkeit erscheint im ‚Sinngedicht' unbeschwerter und überzeugender.

Es muß allerdings kritisch hinzugefügt werden, daß in dem Zyklus ‚Sinngedicht' nicht alles so tragfähig ist, wie es bei der ersten Lektüre scheinen mag. Wenn man an dem ersten Eindruck festhalten wollte, müßte man bereit sein, über mancherlei Unstimmigkeiten hinwegzulesen. Dafür ein Beispiel unter manchen anderen: Hermann Pongs hat schon vor Jahrzehnten darauf aufmerksam gemacht, daß sich ‚Regina', die bekannteste Novelle aus dem Zyklus, nicht recht in die innere Bewegung der Dichtung füge.[42] Die Novelle wird von Reinhart erzählt, um seiner Partnerin die Überzeugung zu suggerieren, daß die Frau nur zu ihrer Bestimmung kommen könne, wenn sie sich willig und ohne eigene Initiative dem Manne und seinem Erziehungswerk unterwerfe.

Daß diese Erziehung in bezug auf Regina auch über alles Erwarten gelingt, läßt sich kaum verkennen; allerdings von der ersten Stunde an nicht etwa darum, weil Erwin Altenauer ein genialer Erzieher wäre, sondern vielmehr deshalb weil in Regina eine verborgene Substanz lebendig geblieben ist, die sich in der Begegnung mit dem geliebten Mann aus der Verborgenheit löst und sich immer stärker zu entfalten vermag.

Damit tritt die Bedeutung der Heldin in dieser Novelle hervor. Schon ihr Name deutet auf ihren Rang und ihre Wesensart hin. Was sich mit ihrer Gestalt von Anfang an verbindet, ist das Motiv des Königtums in der Erniedrigung. Ein derartiges Motiv aber hat wesenhaft tragischen Gehalt; es schließt in sich, daß sich die Kluft zwischen dem Wesensanspruch und der Wirklichkeit in dieser Zeit nicht zu schließen vermag. Mit einem solchen Menschen ist aber dann nur ein Umgang möglich, der nicht ausschließlich erzieherische Funktionen hat. Nur eine starke, schöpferische und vor allem opferbereite Liebe könnte einer Situation gerecht werden, wie sie Regina zu bewältigen hat. Die Bereitschaft zum Opfer geht aber einem so bürgerlich-selbstsicheren und ichbezogenen Menschen wie Erwin Altenauer ab. So scheitert er am Ende mit seinem Erziehungswerk, und Regina geht in furchtbarer Einsamkeit zu Grunde.

In der auf diese Novelle folgenden Partie der Rahmenhandlung zeigt es sich, daß Luzia durchaus den Rang Reginens begriffen hat. Überraschend ist es aber, daß sie darauf verzichtet, das Versagen Erwins gegen Reinhart auszuspielen, wie es ihr gutes Recht gewesen wäre. Hätte sie indessen auf diesem Einwand bestanden, dann hätte ihr Streit mit Reinhart insofern eine Wandlung erfahren müssen, als in ihm eine tiefere Dimension aufgebrochen wäre; die des Schicksals. Das aber hätte der Stimmung der Heiterkeit und Unbeschwertheit, wie sie für diesen Zyklus so charakteristisch ist, ein Ende bereitet. In der gleichen Richtung ließen sich noch manche andere Unstimmigkeiten in diesem Zyklus aufzeigen.

Formal geht G. Keller im ‚Sinngedicht' auf die klassische Novelle zurück; damit fehlt aber in fast allen Novellen die Reflektiertheit, wie sie für die nachromantische Novelle und für Kellers sonstiges Novellenschaffen charakteristisch ist. Eine solche Wahl der klassischen Novellenform in Erzählwerken wie ‚Die arme Baronin', ‚Der Geisterseher' u. a. sichert dem Zyklus auf der einen Seite seine formale Geschlossenheit; auf der anderen Seite aber bleibt damit manches unreflektiert, was den Durchgang durch die Reflexion hätte nehmen müssen; nicht nur in ‚Regine' sondern auch in anderen Novellen. Dafür nur zwei Hinweise: An mehr als einer Stelle drängt sich neben anderen Unklarheiten auch die Frage auf: Ist es erlaubt, den Menschen von seinem Ursprung und dem Generationszusammenhang so zu isolieren, wie es in den Novellen des Zyklus mehr als einmal geschieht; z. B. schon da, wo Erwin Altenauer Regina aus dem Kreis ihrer Eltern und Brüder herausnimmt und sie gleichsam loskauft, um sein Erziehungswerk nun ungestört entfalten zu können. Noch nachdrücklicher geschieht das gleiche in der letzten Novelle ‚Die arme Baronin', wo diese zwar ohne ihr Wissen, aber doch faktisch Zeugin davon sein muß, wie ihr früherer Gatte und einer ihrer Brüder zur Strafe in einer solchen Weise erniedrigt werden, daß die Grenze des Geschmackes verletzt wird. Hätte hier nicht bereits die Kritik des Erzählers, und noch mehr die Luzias in der Rahmenhandlung, einsetzen müssen? Man erwartet einen solchen Einwand. Theodor Storm hat ihn bekanntlich mit gutem Recht gegen diesen Schluß der Novelle erhoben.[43] In dem Zyklus aber findet sich nicht einmal die Andeutung eines solchen Einspruches. An Stellen dieser Art wird begreiflich, daß in manchen Teilen des ‚Sinngedichtes' eine Naivität vorgetäuscht wird, die auf dieser Bewußtseinsstufe im Grunde nicht mehr möglich ist. — Und noch ein zweites Beispiel: Die Novelle ‚Der Geisterseher' greift die romantische Thematik der Verbindung der Lebenden mit der Welt der Toten auf. Auch hier erhebt sich die Frage: Ist es möglich, nach der Romantik diese Thematik noch einmal so aufklärerisch und unproblematisch zu entfalten, wie es in der genannten Novelle geschieht? Wiederum ist die Gelöstheit und die ironisch-spielerische Heiterkeit des Erzählklimas damit erkauft, daß in einer allzu naiven Weise erzählt wird; jedenfalls naiver und weniger reflektiert, als es in einer so vorgerückten Phase der Geschichte erlaubt ist. An dieser und anderen Stellen treten Schwächen formaler und gehaltlicher Art hervor, Schwächen, über die man nicht ganz hinweggehen kann, wenn man G. Kellers letztem Zyklus gerecht werden will.

Conrad Ferdinand Meyer

Gemeinsame stammesgeschichtliche und landschaftliche Herkunft legen es nahe, der Darstellung Gottfried Kellers die C. F. Meyers folgen zu lassen. Darüber hinaus Gründe innerer Art für diese Reihenfolge anzuführen, wäre schwierig. Denn zwischen der Erzählkunst Kellers auf der einen Seite und der Meyers auf der anderen ist ein spürbarer Einschnitt. Wenn man sich um einen wirklich sinnvollen Begriff des Realismus bemüht, wird es unmöglich sein, die Novellenkunst C. F. Meyers mit diesem Begriff in Verbindung zu bringen. Was sich dem Leser dieser Novellen darbietet, ist — wenn man eine vorläufige Charakterisierung versucht — ein ausgesprochen klassizistischer Stil; jedenfalls von dem Stil einer Novelle Gottfried Kellers tief verschieden, ja ihm entgegengesetzt. Vielleicht gibt es im ‚Sinngedicht' hier und da Partien, die eine gewisse Verwandtschaft mit den Stiltendenzen Meyers zeigen; auf das Ganze gesehen, bleibt aber der Eindruck der Andersartigkeit und Gegensätzlichkeit gewichtiger als die Möglichkeit, beide Dichter in einen stilistischen Zusammenhang zu bringen. So ist auch das Faktum, daß Keller und Meyer trotz räumlicher und zeitlicher Nähe nie eine persönliche Berührung und einen persönlichen Austausch gesucht haben, mehr als eine Gegebenheit von äußerlich biographischer Art; vielmehr kommt darin die innere Beziehungslosigkeit beider Männer treffend zum Ausdruck. Schon die Art, wie beide zum unmittelbaren geschichtlichen Leben der Gegenwart gestanden haben, zeigt, wie verschieden sie sind: Gottfried Keller hat als Züricher Staatsschreiber in das Leben der Gegenwart eingegriffen; C. F. Meyer hat zeitlebens in Distanz dazu verharrt; auch diese Verhaltensweisen sind wiederum über das Faktische hinaus von offenbarender Bedeutung; nicht nur für die persönliche Lebensgestaltung, sondern auch für den Charakter und die typologische Zuordnung des dichterischen Werkes.

Die Entwicklung des Novellenschaffens von C. F. Meyer verläuft wie folgt: Am Anfang steht die Arbeit am ‚Amulett' 1870—73. Die anderen Novellen sind in dieser Reihenfolge erschienen: ‚Der Schuß von der Kanzel' 1878; ‚Plautus im Nonnenkloster' 1882; ‚Gustav Adolfs' Page' 1883. Im gleichen Jahr arbeitet der Dichter sowohl an der Novelle ‚Die Leiden eines Knaben' wie an der ‚Hochzeit des Mönchs'. Mehrere Jahre zog sich die Arbeit an der Novelle ‚Die Richterin' hin; sie wurde 1885 veröffentlicht. 1887 ist das Editionsjahr der ‚Versuchung des Pescara', am Ende steht ‚Angela Borgia', 1891 erschienen. Werke wie ‚Jürg Jenatsch' und den ‚Heiligen' wird man in die Geschichte der Novelle nicht einbeziehen, da beide Werke die Grenze zwischen Novelle und Roman eindeutig zu Gunsten des Romans überschreiten.

Stärker als um Keller hat sich die Forschung um das Verständnis der Novellen C. F. Meyers bemüht. Noch in den letzten Jahren hat Benno von Wiese die bekanntesten Novellen des Schweizers, ‚D i e V e r - s u c h u n g d e s P e s c a r a' und ‚Die Hochzeit des Mönchs', interpretiert.[44] Die beiden Deutungen verfolgen wohl in erster Linie die Absicht, den Gehalt der beiden Erzählwerke zu klären. Die eigentümliche Form der Novelle Meyers wird dabei nur am Rande berührt. Bemerkungen, die sich darauf beziehen, fallen zwar gelegentlich, bleiben aber ohne systematischen Zusammenhang. Eine Würdigung der Novellen Meyers, auch die Einsicht in ihre künstlerische Pro-

II. Die deutsche Novelle in der Mitte des 19. Jahrhunderts

blematik, ist indessen ohne eine genaue Analyse der Form nicht recht denkbar. Da sich hierfür am besten die Pescara-Novelle eignet, soll ihre Interpretation im Eingang des Kapitels über C. F. Meyer stehen. In ihr ist das Problem der Meyerschen Novellistik besser faßbar als in der, auf das Ganze gesehen, weniger gelungenen und motivisch weitaus komplizierteren Novelle ‚Die Hochzeit des Mönchs‘.

In seiner Interpretation hat Benno von Wiese eine sorgfältige Analyse des Aufbaus gegeben. Wenn man die von dem Verfasser angedeutete Linie zu Ende führt, erkennt man, daß Meyer in der Gestaltung des Aufbaus auf einen Novellentypus zurückgreift, der von der Romantik ausgebildet worden ist, der aber auch in der Geschichte der nachromantischen Novelle des öfteren begegnet. Er ist in allen Zügen durch seinen „analytischen" Charakter bestimmt: das heißt durch die Verrätselung der tragenden Figur im ersten Teil der Novelle und durch die „auflösende Rückwendung"[45] im zweiten Teil; sei es daß die Auflösung in einzelnen Phasen oder in einer einzigen Rückwendung gegeben wird. Zum erstenmal begegnet dieser Novellentypus in der Geschichte der deutschen Novelle bei Brentano und E. T. A. Hoffmann.[46] Grillparzer hatte dann — in seiner Weise —, allerdings weniger radikal als die romantischen Dichter, davon Gebrauch gemacht. Auch in den beiden zuvor interpretierten Novellen Stifters war dieser Typus greifbar; bei Stifter indessen so, daß sich der analytische Teil am Ende durch einen synthetischen ergänzte. Auf diesen Typus greift also C. F. Meyer in seiner Pescara-Novelle zurück. Bei Gelegenheit der Analyse des ‚Armen Spielmann‘ war die Rede davon, für welche besondere Welterfahrung dieser Novellentypus prädestiniert erscheint: Wie man ihn im einzelnen auch deutet, jedenfalls ist es ein solcher, in dem das Gewicht der Vorherbestimmung ungleich mächtiger erscheint als das der Freiheit; vorausgesetzt natürlich, daß die analytische Struktur wirklich konsequent und ohne Einschränkung bis ans Ende gewahrt bleibt. So war es kein Zufall, daß die Schicksalsnovelle der Romantik — Brentanos ‚Drei Nüsse‘ etwa oder E. T. A. Hoffmanns ‚Das Majorat‘ — von dieser analytischen Möglichkeit der Darstellung angezogen war und sie ausgebaut hat. Ebensowenig ist es ein Zufall, daß nun auch die Pescara-Novelle auf diesen Typus zurückgreift. Denn in ihr — nicht anders als in den romantischen Novellen — greift ein im Grunde allmächtiges Schicksal in das Leben des Menschen ein; wie überhaupt das fatalistische Element in der Novellistik Meyers eine entscheidende Rolle spielt. Man denke an das ‚Amulett‘, das nicht umsonst auf den allerdings simplifiziert gedeuteten Prädestinationsglauben des Calvinismus zurückgreift; ferner an den fatalistischen Grundzug in der ‚Hochzeit des Mönchs' und an andere Werke. Auch Pescara ist in bezug auf sein eigenes Dasein und das seines Volkes schicksalsgläubig in extremem Sinn; d. h. im Sinne eines Fatalismus, in dem es für Entscheidung, Wandlung, Überraschung keinen Raum gibt. Was der Erzähler zu tun hat, ist demnach nichts anderes als die analytische Enthüllung dessen, was längst festliegt und vorausbestimmt ist.

Wie diese Enthüllung vor sich geht, hat Benno von Wiese in seiner Interpretation im einzelnen herausgearbeitet. Man könnte in Analogie zum Drama versucht sein, bezüglich des Aufbaus der Handlung von einer steigenden und einer fallenden Handlung zu sprechen; wobei man sich allerdings darüber klar sein müßte, daß von einer steigenden Handlung, gemäß der Grundkonzeption dieser Novelle, nur im ironischen Sinn gesprochen werden darf; wie schon im Titel der Novelle ‚Die Versuchung des Pescara' der Einschlag des Ironischen kaum zu überhören ist. Demnach spricht Guiccardin schon in der zweiten Szene, kaum daß Morone seinen Plan dargelegt hat, Pescara als Feldherrn der Liga zu nennen, von „einem unbekannten Hindernis"[47], das alle Pläne vereiteln könne. Wobei er damit, ihm selbst noch unbewußt, schon an dieser Stelle auf die Todesverfallenheit des Pescara hinweist. Und in den Gedanken und Überlegungen Victorias klingt wiederum etwas von einer schicksalhaften Macht an; da vor allem, wo sie sich gestehen muß, daß in dem Verhalten des Gatten etwas selbst für sie Undurchdringliches gegenwärtig ist, etwas von einem Geheimnis, zu dem sie keinen Zugang hat.

Noch unmittelbarer wird auf dieses Hindernis an der Stelle verwiesen, wo der Diener Pescaras des Nachts Zeuge von den Leiden seines Herrn wird. Aber selbst da wird das Rätsel noch nicht preisgegeben; indessen wird schon angedeutet, in welcher Richtung es aufzulösen ist. Man wird auch das große Gespräch zwischen Morone und Pescara kaum als steigende Handlung im echten Sinn verstehen dürfen. Denn nicht nur die Tatsache, daß Pescara sich in jedem Augenblick über seine Situation im klaren bleibt, auch das Fiktive, das für die Situation dieses Gespräches aufschlußreich ist, macht es unmöglich, an dieser Stelle von einer echten Versuchung zu sprechen. Im übrigen wird auch hier mitten in diesem Gespräch wieder die Macht gegenwärtig, die ihre Hand auf das Leben Pescaras gelegt hat. Die Verfinsterung in den Zügen des Feldherrn in dem Augenblick, als Morone von dem Jahrzehnt spricht, das notwendig sei, die Einheit Italiens zu verwirklichen, zeigt an, wie wenig Spielraum im Geschehen für freies Handeln und für eine schöpferische Zukunft gewährt ist. Mit dem vierten Kapitel gerät man dann immer näher an die Lösung jenes Rätsels, das Pescara umgibt: Morone steht vor dem Schlafenden; und der Zug des Leidens und der Ergebenheit in seinen Zügen zwingen selbst ihn, sich mit dem Gedanken vertraut zu machen, daß angesichts der hier wirkenden Macht des Schicksals alle menschlichen Pläne nichtig sein könnten. Weitergetrieben wird diese Einsicht durch die sparsame, noch verhüllende Andeutung aus dem Munde von Pescaras Arzt. „Ist nicht aller sterblicher Wandel in Zeit und Raum? Beide aber versagen diesem." (S. 219) Hat sich bis dahin das Rätsel immer mehr verdichtet, so beginnt mit dem Ende des Kapitels seine Auflösung. In Gegenwart von Viktoria wird Pescara von seinen Leiden befallen, und, erschüttert durch das Ausmaß der Schmerzen, bittet die Gattin ihn, ihr den Namen jener Gottheit zu nennen, die sie verursacht hat. Nachdem sich Pescara von dem Anfall erholt hat, weiht er Viktoria in das Geheimnis seines Lebens ein.

Damit aber beginnt das, was man die „auflösende Rückwendung" nennt. Was dann nach der Rede des Pescara berichtet wird, ist nichts anderes als die zwanghafte Folge dessen, was von Anfang an vorbestimmt ist. In dieser Weise könnte man einen analytisch-kausalen Aufbau der Novelle skizzieren.

Vom Motiv her gesehen, entfaltet sich diese Novelle C. F. Meyers aus der Grenzsituation des Todes. Wobei auch hier betont werden muß, daß der Tod nicht nur als jäh hereinbrechendes Faktum dargestellt wird, sondern zunächst einmal dem Menschen zur Bewährung aufgegeben ist. So liegt, entsprechend den zahlreichen Hinweisen der Novellentheoretiker des 19. Jh.s, auch in der Novelle Meyers der Akzent mehr auf dem Charakter als auf dem Ereignis.[48] Dementsprechend ist es bei Meyer — wiederum nicht anders als in der nachklassischen Novelle überhaupt — so, daß die Perspektive weniger von außen als von dem Inneren der Gestalten her gewählt ist; also bezogen auf die dem Pescara aufgegebene Auseinandersetzung mit dem Tod. Aber wird eine solche Auseinandersetzung überhaupt ausgetragen? An dieser Stelle beginnt die eigentliche Problematik des Werkes. Der Pescara der Novelle erscheint von Anfang an als ein Mensch, der bereits im Jenseits des Lebens angesiedelt ist und sich nur spielerisch-ironisch — fast möchte man sagen: doketistisch — in das einläßt, was in Zeit und Raum vorgeht. Man hat Grund, sich zu fragen, ob eine solche Situation lebensmäßig überhaupt vollziehbar ist; die Situation eines Menschen also, der nur noch in dem Als-ob des Scheins im Hier und Jetzt des geschichtlichen Daseins gegenwärtig ist. Man bemüht nicht willkürliche Maßstäbe und Normen, wenn man davon ausgeht, daß zur Wesensspannung des Lebendigen eine Verschränkung der gegensätzlichen Daseinspole gehört.[49] In diesem Sinn ist es zwar eine wesenhafte Möglichkeit im Umkreis des Lebendigen, daß dieses immer wieder die Bindung an Zeit und Raum lockert, sie auch für eine gewisse Zeit aufgibt und transzendiert; aber doch niemals in jener Endgültigkeit, wie es in dieser Novelle vorausgesetzt und dargestellt wird. Was das Leben im spezifischen Sinn lebendig macht, ist im Gegensatz dazu gerade die Gespanntheit von Transzendenz und Immanenz, die des Über-Sich-Hinaus und der unmittelbaren Teilnahme, also das Nein und Ja im Verhältnis des raum-zeitlichen Daseins. Gespräche wie die zwischen Pescara und Viktoria am Ende des vierten Kapitels, und noch mehr das Gespräch zwischen Pescara und jenem Schweizer Landsknecht, der ihm zuvor die tödliche Wunde beigebracht hat, Gespräche dieser Art in ihrem doketistisch-ironischen Verhältnis zum Leben sind nur als Konstruktionen gedanklicher Art möglich, aber im Umkreis des wirklich gelebten Lebens kaum nachvollziehbar. Darum ist das erste Gespräch mit Viktoria — infolge des spielerisch-unverbindlichen Verhaltens Pescaras seiner Partnerin gegenüber — im Grunde von elementarer Lieblosigkeit; und das andere mit dem Landsknecht ist im Verzicht auf jede Regung und Behauptung des Selbst vielleicht noch unwirklicher und konstruierter. Darum muß auch der von jedem Realitätsbezug abgelöste Pescara von Anfang an in einer Verklärung und in der Aura einer „Feierlichkeit"[50] erscheinen, die einen lebendigen Menschen in die problematische Nähe eines Monumentes versetzt. Jedenfalls gerät die Figur des Pescara so in eine bildhafte Vollkommenheit; aber in eine Vollkommenheit, der gerade deshalb die eigentümliche Gespanntheit des Lebendigen abgeht. So ist — das muß an dieser Stelle schon hinzugefügt werden — als Folge davon jede Figur der Novelle in einer künstlerisch bedenklichen Überstilisierung auf eine bestimmte „Rolle" festgelegt; Viktoria als Gegensatzfigur zu Pescara auf das „Bild" einer innerweltlich renaissancehaften Vollkommenheit und die anderen auf Bilder von analoger Art hin. Damit aber ist der Punkt berührt, wo sich die Motiventfaltung und die eigentümliche Gestaltungsform Meyers berühren.

Wenn zuvor von einem ausgesprochen klassizistischen Stil Meyers die Rede war, dann war das in dem Sinne gemeint, daß der Schweizer Dichter die Neigung hat, das Leben in seiner Vieldeutigkeit und spannungsreichen Komplexität auf die Eindeutigkeit des „Bildhaften" zu reduzieren. Von dieser Neigung ist der Erzählstil in allen Einzelheiten bestimmt. Nur wenige Charakteristika dieses Stils seien erwähnt, um das Gesagte zu begründen.

Nach dem, was zum Lebensgefühl in dieser Novelle gesagt worden ist, kann es nicht überraschen, wenn in dem Werk durchgängig die Tendenz zu beobachten ist, Kunst und Wirklichkeit bis zur Identifikation in Verbindung zu bringen, um diese Reduktion auf das „Bildhafte" zu realisieren. So wird es verständlich, daß — um aus der Fülle der Beispiele einige wenige herauszugreifen — Pescara und Viktoria dem Leser zum erstenmal nicht in ihrer menschlichen Wirklichkeit begegnen, sondern in jenem Bild im Palast des Sforza, an das der Herzog und der Kanzler unversehens geraten. Wie dieses Bild etwa in den Palast gekommen ist, das motiviert Meyer kaum. Entscheidend ist für ihn der Umstand, daß auf diese Weise das Leben im Bild vorweggenommen werden kann und dieses Leben damit von Anfang an auf eine bestimmte Deutung hin fixiert und vereinfacht erscheint. Noch einmal wird der Hinweis auf dieses Bild am Ende des Kapitels aufgegriffen und zwar hier noch eindringlicher auf die Thematik des dem Tode geweihten Pescara bezogen als zuvor. „Der Mond, der als blendende Silberscheibe über den Horizont getreten war und seine schrägen Strahlen in das kleine Gemach zu werfen begann, spielte wunderlich auf der Schachpartie. Viktorias hervorquellendes Auge blickte erzürnt, als spräche es: Hast du gehört, Pescara? Welche Verruchtheit! und jetzt fragte es angstvoll: Was wirst du tun, Pescara? Dieser war bleich wie der Tod, mit einem Lächeln in den Mundwinkeln." (S. 173)

Noch ein weiterer Stilzug ist zu erwähnen, der wiederum Kunst und Wirklichkeit in einer eigenartigen Weise zusammenbringt. Am Anfang des 2. Kapitels, da Viktoria mit dem Papst ins Gespräch gekommen ist, wird als Raumhintergrund ein Gemach des Vatikans gewählt, dessen Wände mit den Fresken Raffaels verziert sind. Man wird sich auch in diesem Zusammenhang die Frage vorlegen müssen, ob die durchgängige Vorliebe Meyers für Räume und Kunstwerke so anspruchsvoller Art — später ist es das Pantheon, das Viktoria als Hintergrund

für ihr Gebet dient — das Geschehen der Novelle nicht wiederum
allzu sehr stilisiert und überhöht; genauer: ob nicht auf diese Weise
die für die künstlerische Gestaltung verbindliche Proportion von
Bedeutung und Konkretheit, von Sinnoffenheit und Undurchdringlichkeit für den Sinn gefährdet und verletzt wird. Indessen seien diese
Bedenken zunächst zurückgestellt. Wichtiger ist hier der Umstand, daß
die Fresken Raffaels nicht nur als Hintergrund dienen, sondern daß
die Gestalt Viktorias immer wieder mit den Gestalten Raffaels identifiziert wird. So schon im Eingang des zweiten Kapitels, wo von dem
Gespräch zwischen Viktoria und dem Papst berichtet wird. „Er (der
Papst) sprach bedächtig zu dem emporgewendeten und mit dunkelblonden Flechten umwundenen Haupt eines Weibes, das zu seinen
Füßen saß und mit einem warmen menschlichen Blut in den Adern
ebenso schön war als die Begriffe des Rechtes und der Theologie wie
sie der Urbinate in herrlichen weiten Gestalten verkörpert." (S. 174)
Ähnliches geschieht in der großen Auseinandersetzung zwischen
Viktoria und Pescara am Ende des 4. Kapitels. Dieses Gespräch, in
dem das Thema der Versuchung in einem der wichtigsten Momente
der Handlung aufgegriffen wird, entfaltet sich kaum je aus der
konkreten Situation der Gesprächspartner, sondern knüpft durchgängig an Episoden aus Dantes ‚Divina Commedia' an, Episoden, in
denen es in analoger Weise um Versuchung und Verrat geht.
„‚Verrat...' Pescara dehnte die zwei Silben des Wortes. ‚Es ist begreiflich, daß ein edles Weib diese Sünde verabscheut... Schon dein
finsterer und großer Dichter, aus welchem du deine Seele erneuerst,
wertet den Verrat als die schwerste Schuld...'" (S. 236) Aber dabei
bleibt es nicht. Nachdem diese Entsprechungen zwischen Dichtung
und Wirklichkeit ausgeschöpft sind, dienen im folgenden Figuren
aus Michelangelos Sixtina als Mittel, um dem Gespräch die erwünschte
Aura der Erhabenheit und der pathetischen Ergriffenheit zu sichern.
Wiederum wird die Wirklichkeit von der Idealität des „Bildes" aufgesogen. „‚Was aber deinen Michelangelo angeht, so mache mich nur
nicht eifersüchtig auf den Zyklopen..., da du ihn so sehr bewunderst.'
Viktoria lächelte. ‚Ich habe sein Angesicht nie gesehen, ich kenne nur
seine Sixtine...' ‚Zum Beispiel der Mensch mit gesträubtem Haar,
der vor einem Spiegel zurückbebt —' ‚Worin er die Drohungen der
Gegenwart erblickt', ergänzte sie erregt." (S. 237/38)

In denselben Zusammenhang gehört auch die Entsprechung, die in der
Novelle durchgängig zwischen der Seitenwunde Pescaras und der

Christi gegeben wird. Diese erste Entsprechung ist im übrigen nur Ansatzpunkt, um von da aus eine noch umfassendere Gleichsetzung zu konstruieren: die der Versuchung, der Verwundung und des Todes, wobei dieser offenbar im Falle Pescaras ebenso als Opfertod verstanden werden soll wie Pescara in Analogie zu Christus. Nur ein Beispiel aus dem Umkreis dieser Motiventsprechungen: Viktoria hat am Ende des zweiten Kapitels der Bibliothek ein Evangelienbuch entnommen, und nun gerät sie an die Lektüre der Versuchungsgeschichte. „Sie sah den Dämon vor den Heiland treten, welcher das einfache Wort der Treue und des Gehorsams den Sophismen des Versuchers entgegenhielt. Als der Versucher heftiger drängte, deutete des Menschen Sohn auf die Stelle seiner künftigen Speerwunde..." (S. 190) Die Worte sind schon auf Pescara bezogen, und bei der Lektüre verwandelt sich dann endgültig das Bild der christlichen Heilsgestalt in das Pescaras. „Da wandelte sich das weiße Kleid in einen hellen Harnisch, und die friedfertige Rechte bepanzerte sich. Nun war es Pescara, der die Hand auf seine durchschimmernde Wunde legte, während der Dämon jetzt einen langen schwarzen Juristenrock trug und sich wie ein Gaukler gebärdete." (S. 190) Aber nicht genug mit dem Spiel der Gedanken: kaum daß Viktoria aufblickt, da steht der Versucher in der Gestalt Morones leibhaftig vor ihr. Wie in dieser Partie der Novelle ist der gesamte Text durchsetzt mit Anspielungen anspruchsvollster Art, eine Tatsache, die wiederum charakteristisch ist für die Neigung des Dichters, durch Herstellung von Bezügen mit solcher Absicht das Geschehen ins Monumentale zu erhöhen. Wenn schon zuvor wiederholt die Frage gestellt werden mußte, ob es der künstlerische Takt erlaube, das Konkrete so bedingungslos ins Bedeutungshaft-Bildhafte zu erhöhen, wie es hier geschieht, dann kann im Zusammenhang mit diesen Anspielungen auf das Heilsgeschehen des Neuen Testamentes wiederum die Frage nicht unterdrückt werden, ob nicht mit diesem Spiel der Analogien die Grenze des künstlerisch Überzeugenden bereits überschritten ist. Daß hier schwer zu Vereinbarendes gewaltsam und ohne innere Schlüssigkeit in Zusammenhang gebracht wird, macht die Frage noch unabweisbarer. Offenbar gerät man an solchen Stellen an die Problematik speziell der Novellistik Meyers. Die erwähnten Vorbehalte betreffen im übrigen vor allem seine Prosa, nicht aber das im Rang ungleich höhere lyrische Schaffen dieses Dichters.[51]

Wenn bisher zu zeigen war, daß für den Erzählstil Meyers die Tendenz charakteristisch ist, Wirklichkeit und Bild zu identifizieren, dann muß in diesem Umkreis auch daran erinnert werden, daß die Technik der Personencharakterisierung in die gleiche Richtung verweist. Ein Beispiel aus dem großen Eingangsgespräch im Palaste des Sforza. Da ist die Rede von Luther und den deutschen Fürsten. Dazu Sforza: „Herrschaften, sagte er, mich würde dieser germanische Mönch nicht verführen. Man hat mir sein Bild gezeigt: ein plumper Bauernkopf, ohne Hals, tief in den Schultern. Und seine Gönner, die saxonischen Fürsten — Bierfässer!" (S. 164) Simplifikationen dieser Art gehören zu dem Stil, in dem C. F. Meyer historische Gestalten charakterisiert und zugleich wertet. Von den vier Renaissancepäpsten heißt es im gleichen Gespräch: „Da ist der Verschwörer, der unseren gütigen Julian gemeuchelt hat! Dann kommt der schamlose Verkäufer der göttlichen Vergebung. Nach ihm der Mörder, jener unheimliche zärtliche Familienvater. Keine Fabelgestalten, sondern Ungeheuer von Fleisch und Blut, in kolossalen Verhältnissen vor dem Auge der Gegenwart stehend! Und der vierte, den ich von jenen trenne: Unser großer Julius, ein Heros, der Gott Mars ..." (S. 163) Im übrigen werden nicht nur vergangene Gestalten, sondern auch die handelnden Personen der Novelle selbst in dieser Weise reduziert und dargestellt. Von den Gesprächsteilnehmern heißt es zu Anfang der Novelle: „Keine Gesichter konnten unähnlicher sein als diese dreie. Den häßlichen Kopf und die grotesken Züge seines Kanzlers wußte er auswendig, aber es fiel ihm auf, wie ruhelos dieser heute die feurigen Augen rollte und wie über der dreisten Stirn das pechschwarze Kraushaar sich zu sträuben schien. Daneben hob sich das Haupt Guiccardins durch männlichen Bau und einen republikanisch stolzen Ausdruck sehr edel ab. Der Venezianer endlich war eines schönen Mannes Bild mit einem vollen weichen Haar, leise spottenden Augen und einem liebenswürdigen, verräterischen Lächeln." (S. 160) Daß solche Vereinfachungen zum Stil einer spezifisch historischen Novelle gehören, wird man kaum akzeptieren dürfen.

Mit dem letzten Zitat kann man zugleich eine Analyse des Meyerschen Sprachstils verbinden. Das wichtigste Stilmittel, mit dem die Sprache arbeitet, ist das Attribut. Wenn man die zuletzt zitierten Sätze daraufhin prüft, dann ist es auffallend, daß ohne Ausnahme Attribute gewählt werden, die die Gestalt jeweils auf eine Eigenschaft hin typisieren und vereinfachen und dabei zugleich werten. Also auch durch die Sprachgebung wird jener Prozeß der Entkonkretisierung vorgetrieben, der für das Stilgefüge im Ganzen charakteristisch ist. Eine detaillierte Stilanalyse — auch in bezug auf andere Sprachelemente — würde das bestätigen. Hingewiesen sei nur auf die durchgängige Neigung zum gnomischen Sprechen; ein Sprechen, das ebenfalls entscheidend dazu beiträgt, das Konkrete im Allgemeinen aufgehen zu lassen. „Denn, Herrschaften, ein weltbewegender Mensch hat zwei Ämter; er vollzieht, was die Zeit fordert, dann aber ... steht er wie ein Gigant gegen den aufspritzenden Gischt des Jahrhunderts ..." (S. 161) Es könnte noch manches andere hinzugefügt werden: die Bedeutung der Kapitelschlüsse, die Freude an szenisch-dramatischen Schaustellungen. Indessen genügen wohl die Beispiele, um die Eigenart des Stils der Novelle C. F. Meyers zu umreißen.

Es muß aber am Ende noch einmal betont werden, daß diese Eigenart der epischen Gestaltung und der Sprachgebung nicht für sich gesehen werden darf, sondern als Konsequenz mit jener Tendenz, die existentielle Verschränkung zu lösen und damit die Pole des Lebendigen zu isolieren. Das gilt nicht nur für die Pescara-Novelle. So bleibt im ‚Amulett' — um noch ein zweites Beispiel aus dem Meyerschen Novellenschaffen anzuführen — Schadau, zwar nicht mit eigenem Willen, sondern ebenfalls durch das Schicksal genötigt, immer am Rande jener Ereignisse und Kämpfe, an denen teilzunehmen er aus seiner Heimat aufgebrochen war. Auch hier spielt — unter anderen Voraussetzungen — die merkwürdige Enthobenheit eine entscheidende Rolle und bestimmt das Ganze. Dabei waltet in dem Geschehen so etwas wie ein Mechanismus, der vom Erzähler, wie schon erwähnt, selbst im Sinne der calvinistischen Prädestinationslehre gedeutet wird und der den Helden von jedem echten Wagnis fernhält. Auf diese Weise steht Schadau am Ende als derselbe da wie am Anfang: als Zeuge vieler Schicksale, der diese aber immer nur als Zuschauer von außen erlebt hat, niemals so, daß er selbst sein Leben hätte einsetzen müssen.

Gegen diese Schicksallosigkeit und innere Unbeteiligtheit erhebt sich dann — ebenso extrem, isoliert und einseitig — die gegensätzliche Möglichkeit, die des völligen Übermächtigtseins durch das Geschick und die Leidenschaft, wie etwa dem Geschehen um Astorre in der ‚Hochzeit des Mönchs' oder um Lukrezia Borgia. Wie Pescara und Schadau am Rande des Geschehens stehen bleiben, so wird Astorre aus dem Kloster in die Welt hineingestoßen, aber nicht um durch die Ereignisse unberührt hindurchzugehen wie Schadau, sondern so, daß er sich der Weltlichkeit ebenso rückhaltlos ausliefert, wie er in seiner früheren Existenz auf Distanz und Reinheit gedrungen hatte.

Auch hier ist C. F. Meyer entfernt davon, die Gegensätze des Lebendigen in dem Sinn zu verschränken, daß Reinheit und Leidenschaft miteinander in Berührung kommen, damit eine produktive Art von Spannung entsteht. Das eine löst das andere ab: Astorre, der eben noch in vorbildlicher Weise die Lebensform des Mönches gelebt hat, gerät in einen Wirbel der Leidenschaft, der am Ende ihn und Antiope verschlingt.

So wie in den Gestalten selbst die Lebensspannung zerschlagen wird, so geschieht es oft auch im Gesamtgefüge dieser Erzählung. Man hat auf die ‚Hochzeit des Mönchs' hingewiesen als auf jene Novelle, in der das Verhältnis von Rahmen und Innengeschehen, von Erzähler und Erzähltem in vorbildlicher Weise verwirklicht sei. Diese formale Meisterschaft darf aber auch hier nicht den Blick dafür trüben, daß der Mangel an unmittelbarer Lebendigkeit damit nicht behoben wird. Wie die oben genannten Gestalten der Novellen, so steht hier die Gestalt Dantes in unberührter und unberührbarer Erhabenheit jenseits des Geschehens. Gerade diese Monumentalisierung der Erzählergestalt verlegt die Möglichkeit zu einer wirklichen, der Gespanntheit des Lebendigen angemessenen Verschränkung von Rahmen und Innenhandlung. Man denke — um noch einmal an einem Vergleich das Besondere der Meyerschen Novelle deutlich zu machen — an das beziehungsreiche Wechselverhältnis, das in Stifters ‚Brigitta' zwischen Rahmen- und Innenhandlung, zwischen dem Erzähler und den handelnden Gestalten besteht. Dieses Wechselverhältnis existiert in der Novellistik Meyers nicht.

In den gleichen Zusammenhang gehört es, wenn Meyer als Erzähler und Träger der Rahmenhandlung oft Menschen auswählt, die nicht den geistigen und menschlichen Rang besitzen, um in eine echte lebendige Beziehung zu dem Geschehen treten zu können. Die Gestalt des Armbrusters in der Novelle ‚Der Heilige' ist ein bekanntes Beispiel dafür. In dieser Weise lassen sich die spezifischen Schwächen der Novellenkunst C. F. Meyers von vielen Seiten her deutlich machen. Es dürfte kaum erlaubt sein, diese Schwächen zu übersehen, auch wenn man die formale Kunst dieser Novelle sehr hoch einschätzt und bewundert.

Paul Heyse und Otto Ludwig

In der Reihe der Erzähler und Novellisten dieses Zeitraumes muß Paul Heyse genannt werden. So angesehen sein Name bei den Zeitgenossen war, so verblaßt ist er in der Gegenwart. Mit G. Keller wie auch mit Storm war er freundschaftlich verbunden, und manche Briefe, die mit den beiden gewechselt wurden, sind Zeugnis dieser Freundschaft. Heyse hat sich in der Geschichte der deutschen Novelle nicht nur als Schaffender, sondern auch als einer der meistgenannten Theoretiker einen Namen gemacht; wobei aus heutiger Sicht diese Seite des Schaffens in seiner Gesamtpersönlichkeit offenbar den Vorrang hat, da in seinem künstlerischen Schaffensprozeß das Moment der geschichtlichen Gegenwärtigkeit und Aktualität nicht in dem Maße bedeutsam ist wie etwa bei Keller. Es ist deshalb gerechtfertigt, bei der Darstellung Heyses zunächst mit einem Hinweis auf seine Novellentheorien zu beginnen.

Die wichtigsten Theorien, insbesondere die sogenannte ‚Falkentheorie', finden sich in den Jugenderinnerungen des Dichters; hinzuzunehmen sind in diesem Zusammenhang auch Vorworte zu den einzelnen Bänden des ‚Novellenschatzes', einer ausgedehnten Sammlung romantischer und realistischer Novellen, die Heyse zusammen mit Hermann Kurz veranstaltet hat.[52] Heyse legt bei seinen gattungstheoretischen Überlegungen Nachdruck auf das Moment der „Isoliertheit" als des wichtigsten Kennzeichens des novellistischen Geschehens. Im Roman sei der Charakter der Allgemeingültigkeit zu fordern, in der Novelle aber vermöge auch „der tiefste ideelle Gehalt des einzelnen Falles... wegen seiner Einseitigkeit und Abgetrenntheit" nicht in dem gleichen Maße Allgemeingültigkeit zu erzielen.[53] Von diesem Versuch, die inneren Gattungsgrenzen der Novelle zu bestimmen, sind auch Heyses Aussagen über das Formproblem der Novelle zu verstehen. Der Isoliertheit und Abgetrenntheit entspricht die Forderung, die Handlung so zu straffen und zu konzentrieren, daß sie sich gleichsam wie in einer „starken Silhouette" verdichtet und darstellt. Vorbild für eine solche Straffung ist für Heyse die Novelle Boccaccios; wobei die neunte des fünften Tages, die sogenannte Falkennovelle, für ihn den Idealfall repräsentiert. Diese Forderung nach äußerster Konzentrierung des Berichtes wird noch dadurch unterstrichen, daß Heyse das Wesen der Novelle durch den allseitigen Bezug zu einem Dingsymbol, dem Falken der Boccaccio-Novelle, festlegt, in dem sich die Thematik des Ganzen noch einmal in besonders eindringlicher Weise darbieten soll.[54] Dem Gehalt nach weist Heyse — dies vor allem ist für das Verständnis seiner Erzählungen wichtig — der Novelle das Gebiet des psychologischen Konfliktes zu.

Sieht man von Einzelheiten ab, etwa von der von Heyse selbst kaum realisierten Forderung des Dingsymbols als der Mitte des Geschehensberichtes, so versucht das ausgedehnte Schaffen des Dichters seinen Forderungen und Theorien so weit als möglich nahe zu kommen. Vor allem dieses ist wichtig: Als bestimmendes Motiv wählt er fast immer Ausnahmefälle psychologischer Art. Die Leopardi-Novelle aus dem 1. Band der ‚Italienischen Novellen'; ‚L'Arrabiata', ‚Beatrice' aus derselben Sammlung, alle sind von da aus zu verstehen. Heyse ist in seinem Schaffen sehr vielseitig gewesen. Er beherrscht die unterschiedlichsten Möglichkeiten des Erzählens. Über das Psychologische ist er indessen in seiner Novelle nicht hinausgekommen. Um welche Art der Psychologie es sich dabei handelt, hat Hermann Pongs durch die Analyse einer gerade dafür aufschlußreichen Novelle gezeigt. Es handelt sich um die ‚Zwei Gefangenen', eine Novelle, die zur Zeit des Dichters besonderes Aufsehen erregte.[55] Wenn darin das Lebensproblem des Priesters behandelt wird, so interessiert sich der Dichter nicht für den in diesem Umkreis naheliegenden Konflikt der priesterlichen und weltlichen Existenzmöglichkeit, es geht ihm vielmehr um bestimmte, durch die Lebensform des Priesters bedingte Bewegungen des Seelenlebens, Bewegungen ausschließlich triebhaft-mechanischer Art. Daß in einem solchen Zusammenhang die an sich richtige Forderung einer novellistischen Straffheit fragwürdig wird, ist von diesen Voraussetzungen her leicht einzusehen. Wenn Heyse also eine solche Konzentriertheit und Ökonomie im eigenen Schaffen zu verwirklichen vermochte, so nur deshalb, weil das Zwanghaft-Mechanische des Geschehens die Grundlage dafür bot.

In einer Untersuchung über die unterschiedliche Behandlung des Tragischen in Novelle und Tragödie hat Bernhard Bruch auf die Schranke hingewiesen, die den Gestaltungsmöglichkeiten der Novelle gesetzt sei, indem er vor allem betont, daß sich im Umkreis dieser Gattung eine echte Tragik infolge des Übergewichtes des Psychologischen nicht zu entfalten vermöge.[56] Soweit es diese einseitige, aber in dieser Einseitigkeit doch konsequent durchgeführte Untersuchung unternimmt, die Novelle als solche in ihren künstlerischen Möglichkeiten prinzipiell abzuwerten, ist sie kaum diskutabel. Es genügt, allein den im Aufsatz nicht zitierten Namen Kleists zu nennen, um die Fragwürdigkeit einer solchen These erkennen zu lassen. Sehr brauchbar ist die Untersuchung dagegen, wenn es gilt, bestimmte Gefahren in der Novellistik des 19. Jahrhunderts aufzuweisen. Was von Bernhard

II. Die deutsche Novelle in der Mitte des 19. Jahrhunderts

Bruch entwickelt wird, gilt auch für Paul Heyse; es gilt aber auch für den Novellisten, der in ähnlicher Weise der Gefahr einer im Relativen sich verfangenden Psychologie unterlegen ist, für Otto Ludwig.

Dieser hat — von unerheblichen novellistischen Jugendarbeiten abgesehen — 1856 die vielgenannte Novelle ‚Zwischen Himmel und Erde' veröffentlicht. Welches die Intention dieses Werkes sei, hat er selbst in seinen ‚Shakespeare-Studien' umrissen; und zwar so, daß sich in der Formulierung dieser Studien das einseitig Psychologische in der Konzeption der Novelle in besonderer Deutlichkeit enthüllt. Da finden sich etwa Sätze wie diese: „In Apollonius ist die Scheu vor der Belastung eines allzu zarten Gewissens... zur Leidenschaft geworden. Meine Absicht war, das typische Schicksal eines Menschen darzustellen, der zu viel Gewissen hat..."[57] Wiederum ist es so, daß, vergleichbar der Novelle Heyses, nicht die Psychologie als solche die Schwäche der Gestaltung bedingt, sondern vor allem das Zwanghafte, das mit einer bestimmten Art von Psychologie verbunden ist. Auch die vielgerühmte künstlerische Sorgfalt im Aufbau dieser Novelle kann über die grundlegenden Schwächen nicht hinwegtäuschen. So liegt über allem die lastende Atmosphäre der Unfreiheit und des Zwanges, die nirgends den Blick ins Freie und Offene gestattet. Vom Thema her gesehen, geht es, wie Ludwigs Bekenntnis in den Shakespeare-Studien deutlich gemacht hat, um das Problem einer schwierigen seelischen Verfassung. Aber nicht diese Thematik als solche ist es, die das künstlerische Gelingen gefährdet, sondern vielmehr dieses, daß es wiederum nicht gelungen ist, die Ausnahmesituation einer psychologischen Gefährdung zu übergreifenden Normen in Bezug zu bringen. In diesem Sinn sind alle Gestalten der Novelle, nicht nur Apollonius, sondern auch sein Bruder Fritz, der Vater und die anderen Figuren auf ihre seelische Verfassung gnadenlos festgelegt, und die pedantisch durchgeführten Leitmotive, die den einzelnen Personen in stereotyper Weise beigegeben sind, machen den seelischen Zwang noch lastender und trostloser.

Theodor Storm

Wie bei Gottfried Keller, so sind auch in der Novellendichtung Theodor Storms die geschichtlichen Voraussetzungen seines Schaffens besonders deutlich greifbar und ohne Mühe nachzuweisen. Was Storm offenbar bewegt, ist die Krise jener Ordnungen, die bisher Jahrhunderte lang das Leben getragen hatten. Es ist vor allem dieser Bezug zur geschichtlichen und gesellschaftlichen Situation seiner Zeit, der sein Werk hinaushebt über die sich in die Zufälligkeit des Partikulären verlierende Novellistik Paul Heyses und Otto Ludwigs und eine echte novellistische Spannung ermöglicht. Solche Voraussetzungen machen es nötig, dem Werk Storms erhöhte Aufmerksamkeit zu widmen.

Die Forschung hat mit Recht auf starke Wandlungen in der Entwicklung des Dichters hingewiesen. Aber wenn man diese auch im Auge behält, verbindet die Einheitlichkeit dieser gesellschaftlichen und geschichtlichen Thematik selbst Novellen, die in Erzählhaltung und künstlerischem Niveau kaum auf einer Ebene liegen; so etwa die Frühnovelle ‚Im Sonnenschein' mit der in der mittleren Zeit entstandenen Dichtung ‚Aquis Submersus' und dem Spätwerk ‚Der Schimmelreiter'. Nicht immer kann man in den Novellen Storms den Bezug zur Geschichte ausdrücklich und als eigentliche Intention des Dichters nachweisen. Im Vordergrund des Geschehens scheinen oft Schwierigkeiten persönlich-zufälliger Art zu stehen, bei denen man die Beziehung zum Allgemeinen vermißt. Aber welches auch die Absicht des Dichters in diesem oder jenem Fall gewesen sein mag, ihrer Substanz nach sind auch diese Novellen ohne die soziologischen Voraussetzungen der Zeit des geschichtlichen Übergangs nicht angemessen zu verstehen. Von daher ließe sich eine Beziehung zwischen Storm und Keller herstellen, so sehr sich beide Novellisten sonst auch unterscheiden mögen.

Um diesen Charakter der Geschichtlichkeit verstehen und würdigen zu können, vergegenwärtige man sich zunächst die Kernmotive der einzelnen Novellen. Fast immer sind es solche, die dann bedeutsam werden, wenn bisher gültige Ordnungen ihre selbstverständliche Macht einzubüßen beginnen. So geht es in den frühen Novellen vor allem um Spannungen und Krisen im Verhältnis der Geschlechter. Typisch dafür sind — um einige Beispiele herauszugreifen — ‚Immensee', dann die fünf Jahre später entstandene Novelle ‚Im Sonnenschein' oder die Novelle ‚Im Schloß', veröffentlicht im Jahre 1861. Sie alle kreisen — durchaus im Sinne dieser spezifischen Problematik der geschichtlichen Übergangssituation — um eine doppelte Möglichkeit, dieses Verhältnis zu verstehen und zu gestalten: entweder im Sinne der Konvention; als Mittel, die Kontinuität der Geschlechterfolge oder der Besitzverhältnisse zu sichern, oder im Sinn einer freien Liebeswahl, als Sehnsucht nach individueller Lebenserfüllung und als persönliches

II. Die deutsche Novelle in der Mitte des 19. Jahrhunderts

Glücksverlangen. So ergibt sich wenigstens am Rande für die Heldin der ersten Novelle die Möglichkeit, zwischen dem menschlich reicheren Reinhardt und dem verläßlicheren, das Gebot der Ordnung selbstverständlich erfüllenden Freund wählen zu können. In ähnlicher Weise entfaltet sich auch die zweite der erwähnten Novellen aus dem Konflikt zwischen Liebe und Gehorsam. In der Novelle ‚Im Schloß' verbindet sich das Liebesmotiv mit dem des Standesunterschiedes. Daß auch das Motiv des Standesunterschiedes vor allem in Zeiten des Umbruchs bedeutsam wird, braucht nicht begründet zu werden. Aufschlußreich für die innere Unsicherheit, in der sowohl der Dichter als auch seine Gestalten einer solchen geschichtlichen Problematik gegenüberstehen, sind die widersprechenden Lösungen. Einmal erscheint die Ordnung als etwas fraglos Gültiges oder doch Mächtiges — man vergleiche dazu ‚Immensee' und die Novelle ‚Im Sonnenschein' —, oder aber der Dichter geht, indem er im Gegensatz dazu die Gültigkeit dieser Ordnung relativiert, über die inneren Schwierigkeiten hinweg, ohne sie ausdrücklich zu machen.

Mit dem Liebesproblem ist die Generationsfrage für die Thematik der Stormschen Novelle wichtig geworden; auch das ist aufschlußreich für die Situation des geschichtlichen und gesellschaftlichen Übergangs. Das Motiv spielt sowohl in die ‚Söhne des Senators' wie in ‚Zur Chronik von Grieshuus' hinein. Thematisch im engeren Sinn wurde es in der 1881/82 erschienenen Novelle ‚Hans und Heinz Kirch' von Bedeutung. Zwar ist es gerade hier kaum möglich, den geschichtlichen Bezug als solchen in der Entfaltung des Motivs selbst aufzuzeigen — das Geschehen scheint mehr in der Vordergründigkeit individueller Charakterprobleme zu verlaufen —, und doch muß zum Verständnis auch dieser Novelle Storms die Tatsache mit einbezogen werden, daß solche Spannungen erst von dem Moment an bedeutsam werden, in dem Bindungen objektiver Art sich lockern und ihre formende Macht und ihren Anspruch einzubüßen beginnen.

Typisch für die gleiche Situation des Überganges ist auch die 1873/74 entstandene Novelle ‚Pole Poppenspäler'. Sie läßt vor allem jene Schwierigkeiten spürbar werden, die sich dann ergeben, wenn es notwendig wird, Menschen einer anderen landschaftlichen, konfessionellen und beruflichen Herkunft in eine ihnen fremde Gemeinschaftsordnung hineinzunehmen. Wie wichtig auch diese Notwendigkeit der sozialen Einfügung in einer Zeit ist, da die soziale und räumliche Gebundenheit durch Freizügigkeit und die Möglichkeit der eigenen Berufswahl abgelöst wird, braucht nicht besonders erwähnt zu werden. Auch Novellen mit anderer Motivwahl müssen von den genannten soziologischen Voraussetzungen her verstanden werden. Der Gegensatz der handwerklichen und der kapitalistischen Wirtschaftsgestaltung scheint trotz des unglaubwürdig-sentimentalen Schlusses wenigstens am Rande des ‚Bötjer Basch' zum Problem zu werden. Größere Bedeutung bekommt dieser Konflikt in der Novelle ‚Im Trauerhaus'. Hier spielt die Brutalität und Gewissenlosigkeit des neuzeitlichen Konkurrenzkampfes im Ansatz deutlich in das Werk hinein, wenn auch die Entfaltung der Handlung und die Motivierung im einzelnen mehr von der eigentlichen Thematik hinwegführen, als daß sie diese herausarbeiten würden. Wenn man die Stormschen Novellen in dieser Weise von ihren geschichtlichen und gesellschaftlichen Voraussetzungen her versteht, wird man begreifen, daß auch die Motivwahl des ‚Schimmelreiters' in den gleichen Umkreis gehört. Im Mittelpunkt dieser Novelle steht ein für bestimmte Randgebiete zu dieser Zeit noch aktuelles Problem: das der Loslösung und Befreiung von dem magischen Zwang der Naturmächte. Als Kernmotiv dieser Novelle muß darum der Gegensatz der magischen und technischen Naturbewältigung betrachtet werden. Wie dieses in allen Konsequenzen entfaltet wird, vor allem in dem Kampf zwischen der noch in magischen Bindungen befangenen Dorfgemeinschaft und dem Helden, der bereit ist, sein Leben in diese Auseinandersetzung hineinzuwerfen, kann im Rahmen unserer Darstellung nicht weiter verfolgt werden. Sehr sorgfältig wird herausgearbeitet, wie Hauke Haien sein Werk auf den mathematisch-experimentellen Voraussetzungen der neuzeitlichen Naturbeherrschung aufbaut, während sich für die Dorfgemeinschaft das rechte Verhältnis zur Natur auf die Darbringung des Opfers gründet.

Dem Rang der Stormschen Erzählkunst gerecht zu werden, ist nicht leicht. Wenn es auch nötig ist, gegen die Ergebnisse der Storm-Studie Wolfgang Kaysers Bedenken anzumelden — weder der undifferenzierte Begriff der Bürgerlichkeit noch der des Stammestums sind als letzter Erklärungsgrund ausreichend —, so hat dieser Forscher doch durch Einzelanalysen das Verständnis und die Wertung der Stormschen Novellen mehr gefördert als die meisten seiner Vorgänger.[58] Kayser geht, anders als der hier entwickelte Deutungsansatz, weniger von der Motivwahl als von der Erzählungshaltung aus. Dadurch war es ihm möglich, den auch von Storm in den Briefen selbst eingestandenen Niveauunterschied zwischen den Novellen der verschiedenen Schaffensperioden herauszuarbeiten und stilistisch zu begründen. So hat Kayser durchaus recht, wenn er den sentimental verlogenen Erzählungsstil der Frühstufe gegenüber den Novellen der Reifestufe abwertet. Aber eine solche Unterscheidung für sich genügt noch nicht, um das Werk Storms beurteilen und einordnen zu können. So bedeutungsvoll die Erzählhaltung für ein episches Werk ist, für sich allein vermag sie nicht die Voraussetzung zu schaffen, die ein adäquates Verständnis ermöglicht. Ebenso bedeutsam für das Verständnis und die Wertung sind Motivwahl und Motiventfaltung; diese vor allem als eine angemessene Verknüpfung von Kern- und Seitenmotiven zu verstehen. Manche Schwächen Storms sind in einer solchen unzureichenden Verknüpfung begründet. Und diese Schwäche beschränkt sich nicht auf die Frühstufe, sondern ist in den anderen Schaffensperioden manchmal noch offenkundiger als in der ersten. Der Widerspruch in der Fügung der Motive wird in zweifacher Beziehung offenbar. Einmal darin, daß die Novellen den geschichtlichen Ansatzpunkt oft verlassen und sich mit Seitenmotiven verbinden, die ins Zufällig-Partikuläre wegführen. An solchen Stellen wird bei Storm oft die Gefahr einer psychologischen Relativierung spürbar. Typisch dafür ist die Art, wie im ‚Schimmelreiter' für das in der technischen Hybris begründete Versagen Hauke Haiens am Ende doch wieder Ursachen gesucht werden, die in zufälligen psychologischen Konstellationen begründet sind. Dann aber — dieser innere Widerspruch ist für das Verständnis Storms noch wichtiger — ist an dieser Stelle auf ein ungeklärtes Verhältnis des geschichtlichen zum mythischen Bereich zu verweisen.

Keine Würdigung Storms kann an der Bedeutung des magisch-mythischen Bereiches im Schaffen des Dichters vorbeigehen. Wie das Interesse Storms von Vorgängen dieser Art angezogen wurde, zeigen die merkwürdigen anekdotenhaften Skizzen, die Storm bereits 1857 unter dem Titel ‚Am Kamin' veröffentlicht hat. In mannigfaltiger Weise taucht das Problem der magischen Verflochtenheit dann in der Novelle des Dichters auf. Walter Brecht hat in seinem bedeutenden Aufsatz über ‚Storm und die Geschichte' eindringlich auf diese Seite des Schaffens hingewiesen.[59] So wird — wie noch zu zeigen sein wird — in ‚Aquis Submersus' und in der Novelle ‚Eekenhof' das Motiv des Ahnenfluchs bedeutsam. Wie der Einzelne in den Zusammenhang des Geschlechtes in schicksalhaftem Zwang hineingebunden ist, zeigt — um noch ein anderes Beispiel zu nennen — die Handlung der ‚Chronik von Grieshuus'. Die drückende Atmosphäre der Unfreiheit wird dadurch verstärkt, daß seelische Phänomene wie das zweite Gesicht, Ahnungen und Träume als Vorwegnahme des kommenden Unglücksgeschehens eine Rolle spielen. Oft sind schon Namen, Bilder, Inschriften oder Versgebilde, fast möchte man sagen, magisch geladen und zwingen das Geschehen in das Gefälle eines dunklen Schicksals hinein. So im ‚Bötjer Basch' und in der schon wiederholt genannten Novelle ‚Zur Chronik von Grieshuus'.

Storm hat einen sicheren Blick für die Konflikte und Nöte seiner eigenen Zeit gehabt. Aber die Vergangenheit, das mythische Erbe der Landschaft und die durch die spezifische Atmosphäre Norddeutschlands geprägte seelische Verfassung hatte offenbar zuviel Macht über ihn, als daß er frei genug gewesen wäre, die geschichtliche Problematik auszutragen und sinnvoll zu gestalten. Von da aus ist auch der schwermütige Erzählstil zu verstehen, von da aus die Stimmung der Resignation, die Übermacht des Vergangenen und die Neigung, aus der Erinnerung zu erzählen; also all das, was die meisten dieser Novellen prägt.

Die Darstellung der Stormschen Novellistik möge durch die exemplarische Interpretation einer Novelle abgeschlossen werden. Ein Werk, das für diesen Zweck besonders geeignet erscheint, ist die wiederholt genannte Novelle ‚Aquis submersus'. Sie steht zwischen der Frühstufe und jener Spätphase des Schaffens, die vor allem durch den ‚Schimmelreiter' repräsentiert wird. Darum vermag sie die Bedeutung Storms, seinen Rang, aber auch die Grenzen seines Schaffens besonders einprägsam aufzuweisen, und zwar sowohl im Gehalt wie in der Eigenart der novellistischen Struktur.

In der zusammenfassenden Darstellung des Dichters wurde bereits angedeutet, in welcher Richtung Motivwahl und Motivfügung des Werkes zu verstehen sind. Auch in der Novelle ‚A q u i s S u b m e r s u s' ist es — ähnlich wie in den Frühnovellen — vor allem das Motiv des Standesunterschiedes, worauf das Werk zentriert ist. Darum wäre es nicht möglich, die Novelle etwa in die Tradition der romantischen Künstlernovellen einzuordnen. Der Künstlerberuf des Johannes ist der Thematik des Standeskonfliktes untergeordnet, insofern als er dem Helden die ständige Voraussetzung schafft, um sich als Angehöriger des Bürgertums gegenüber dem Anspruch des Adels behaupten zu können. Immer wieder wird in der Novelle auf die zentrale Bedeutung dieser Thematik hingewiesen. Schon jener Konflikt in der Vergangenheit, in dem das Verhängnis der Gegenwart vorgezeichnet ist, war dadurch bedingt, daß Katharinas Ahnfrau einen Mann unter ihrem Stand geliebt hat. Aber auch in der Gegenwartshandlung wird der Unterschied der Stände zu dem eigentlichen Movens der Handlung. Zwar schien er in der ersten Generation, der von Katharinas Vater, überwunden. In der Rückschau auf die vergangene Zeit spricht Johannes von dem humanen Verhältnis des Herrn Gerardus zu seinem Vater. „Obschon ein adeliger Mann, war er meinem lieben Vater doch stets in Treuen zugeblieben..."[60] Anders, wie gesagt, in der unmittelbaren Gegenwart; in ihr hat sich das Verhältnis entschieden zum Schlimmen gewandt. „Wisset Ihr, Johannes — so bedeutet der alte Dietrich seinem Schützling — 's ist grausam schad, daß ihr nicht auch ein Wappen habet gleich dem von der Risch da drüben." (S. 279) Und dann hörte man aus dem Munde des alten Dietrich den Bericht von dem bösen Treiben der Junker und von der Wehrlosigkeit der Bürger diesen gegenüber.

Es wird im folgenden zu zeigen sein, wie sich auch diese Novelle Storms aus einem Lebensgefühl entfaltet, dessen Grund eine Schicksalserfahrung von extremer Passivität ist. Daß die Novelle ‚Aquis Submersus' auf diese Erfahrung festgelegt erscheint, ist schon durch die Art und Weise entschieden, wie Storm den Standeskonflikt räumlich und zeitlich fixiert. Er wählt nämlich für die Handlung eine Epoche, in der die beiden Stände nicht in fruchtbarem Austausch stehen, ihr Verhältnis vielmehr ein solches extrem heteronomer Art war: jene Jahrzehnte nach dem Dreißigjährigen Krieg, in denen sich auf der einen Seite der Adel im Rahmen des Absolutismus eine neue Machtstellung zu erobern vermochte, auf der anderen dagegen das Bürgertum zur schlechthinigen Ohnmacht verdammt war. Und er wählt in gleicher Weise einen Raum, in dem diese feudal-absolutistische Heteronomie eine besonders radikale Verwirklichung fand, den des deutschen Nordens. Damit aber bekommt, schon bedingt durch die geschichtlichen Umstände, das Geschehen jenen Verhängnischarakter, der für Storms Weltverhältnis charakteristisch ist. Nicht das Holland des aufsteigenden Bürgertums ist der Schauplatz des Geschehens, sondern Holstein mit seiner feudal-reaktionären gesellschaftlichen Struktur. Oft wird auf Holland als dem Land der Freiheit und der Humanität verwiesen. „Aber drüben in Holland, dort gilt ein tüchtiger Maler wohl einen deutschen Edelmann; die Schwelle von Mynheer van Dycks Palaste zu Amsterdamm ist wohl dem Höchsten ehrenvoll zu überschreiten." (S. 268) So Johannes in dem Gespräch mit Katharina. Aber der Weg in den Westen und damit in eine glücklichere Zukunft ist denen versperrt, die von Anfang an zum Untergang vorbestimmt scheinen. So gerät schon von der Wahl der Zeit und des Raumes her alles zwangsläufig in die Zone des Untergangs. Es kommt hinzu, daß in Konsequenz der gesellschaftlichen Verhältnisse auch die Zeichnung der Charaktere festgelegt erscheint: das Raubtierhaft-Inhumane derer, die in der Gegenwartshandlung der Novelle den Adel vertreten — des Sohnes des Herrn Gerardus und des Junkers von der Risch —, und das Ausgeliefertsein und die Ohnmacht der anderen, die gegen diesen Anspruch aufstehen und ihr Leben nicht auf das Vorurteil des Standes, sondern auf persönliche Begabung und menschliche Zuverlässigkeit zu gründen willens sind.

Noch ein Letztes ist zu erwähnen, um erkennen zu lassen, wie lastend ein allmächtiges Schicksal das Geschehen überschattet. Mit der gesellschaftlichen Heteronomie verbinden sich in der Novelle Ängste vorrationaler Art, Ängste angesichts anonymer Mächte von mythisch-magischer Herkunft, denen gegenüber sich jeder Einspruch der Vernunft als ohnmächtig zu erweisen scheint. Dies ist für die Novellistik Storms im Ganzen bestimmend und spielt, wie schon erwähnt, besonders intensiv in ‚Aquis Submersus' hinein. Auf Grund dieser Prämissen erneuert sich bei Storm die Schicksalsnovelle der Romantik noch einmal auf einer späteren Stufe der Geschichte; ein Zusammenhang, der sich nicht nur im Gehalt, sondern — wie noch zu zeigen sein wird — bis in die Sprache hinein nachweisen läßt. Vergleichbar den Gestalten Tiecks und Brentanos, erweisen sich auch die Liebenden in der Novelle Storms als verzagt und wehrlos. Vor allem Katharina steht am Ende nicht zu ihrer Liebe, sondern beugt sich dem Verhängnis, von ihr weniger im Geiste einer gesellschaftlichen als vielmehr einer religiös-orthodoxen Heteronomie als Wille Gottes gedeutet. Beim einzigen Mal, da Johannes tatsächlich gegen dieses Schicksal aufbegehrt — es ist die Stelle, wo er mit dem Degen in der Hand seinem Widersacher gegenübertritt -, endet dieser Versuch des Widerstandes in seltsamer Unentschiedenheit: „Es ist doch alles umsonst gewesen." (S. 310) Mit diesem Bekenntnis endet nicht nur diese Episode, sondern auch jener Teil der Novelle, mit dem das erste Heft der Handschrift schließt.

II. Die deutsche Novelle in der Mitte des 19. Jahrhunderts

Unter dem Zwang dieser Umstände scheitert der Versuch, in der Liebe ein sinnvolles Leben aufzubauen. Aber in der gleichen Weise endet auch das Künstlertum des Johannes. Selbst das, was an schöpferischen Möglichkeiten darin beschlossen war, bleibt im Grunde ungenutzt: „Sein Name gehört nicht zu denen, die genannt werden; kaum dürfte er in einem Künstlerlexikon zu finden sein; ja selbst in seiner engeren Heimat weiß niemand von einem Maler seines Namens." (S. 336) Wo immer man ansetzt, der Bann einer sinnfremden und sinnfeindlichen Schicksalsmacht bleibt ungebrochen.

Die künstlerische Qualität der Stormschen Novelle ist vor allem darin begründet, daß in ihr Lebensgefühl und Form in einer seltenen Folgerichtigkeit zur Einheit zusammengewachsen sind. Dafür einige Hinweise: Aufschlußreich in diesem Sinn ist schon die Wahl des erzählerischen Einsatzes, auch hier die „vision par derrière". In der bisherigen Darstellung wurde wiederholt darauf hingewiesen, wie in der Entwicklung der Novelle bis ins späte 19. Jahrhundert hinein immer stärker der Einsatz beim Geschehensende bevorzugt wird. Bei Gelegenheit der Pescara-Novelle Meyers war zuletzt davon die Rede. Der gleiche Einsatz bekommt nun auch bei Storm Bedeutung, und zwar in einer noch extremeren Weise als bei C. F. Meyer und Gottfried Keller. Darauf ist zunächst hinzuweisen, wenn es gilt, die Struktur der Stormschen Novelle zu charakterisieren.

Eine besonders wichtige Bedeutung kommt — im Einklang mit dem zuletzt Gesagten — im Ganzen der Novelle der Technik der Vorausdeutung zu. Diese sind mannigfaltiger Art. Fast alle Vorausdeutungen sind nicht von partieller Reichweite, sondern nehmen die Endsituation vorweg; auch dieser Stilzug ein Mittel, das, die vision par derrière ergänzend, das Hoffnungslose des Ganzen noch spürbarer und offenkundiger macht. So heißt es da, wo Johannes sich daran erinnert, wie er sich einst, bei der Rückkehr von Holland, noch voller Hoffnung dem Schloß seines Wohltäters genähert hat: „Es ist doch anders gekommen." (S. 271) Mit ähnlichen Worten hatte er zuvor das Zwecklose seines Widerstandes gegen den Junker eingestehen müssen. Vorausdeutungen solcher Art wiederholen sich im Text der Novelle und tragen in entscheidender Weise dazu bei, die Atmosphäre der Sinnlosigkeit zu verdichten.

Häufiger als diese Vorausdeutungen zukunftsgewisser Art sind solche mit gleichnishaftem Charakter. Sie sind oft so nahe aneinandergereiht, daß sie sich zu Leitmotiven verdichten und in dieser Form den ganzen Text durchsetzen. Von besonderer Gewichtigkeit ist das Bild der Ahnfrau, in deren Zügen die Härte und Bösartigkeit des Junkers Wulf vorweggenommen ist. Diese Vorausdeutung ist um so wichtiger, als es sich zugleich um das Bild jener Frau handelt, deren Unbarmherzigkeit in der Vergangenheit das gleiche Verhängnis beschworen hatte, wie es in der Gegenwart über Katharina kommt. Im Zusammenhang mit der Motivanalyse war schon auf diese Stelle verwiesen worden: Viele Jahre zuvor hatte sie ihr Kind verflucht und in den Tod getrieben, weil es einen Mann unter ihrem Stand liebte. Es kommt hinzu, daß die Toten immer wieder im Kreis der Lebenden erscheinen, um anzuzeigen, daß ihnen Unheil droht. In dieser Weise gehen Vergangenheit und Gegenwart, die Welt der Toten und der Lebenden ununterscheidbar ineinander über; aber so, daß sich Vergangenheit und das Reich der Toten als ungleich mächtiger erweisen als die Gegenwart des Lebenden. Man kann in einer kurzen Interpretation nur einen knappen Überblick geben über die Vielfalt der Vorausdeutungen, die Storm in der Novelle anbietet. Da ist die Geschichte von dem räuberischen Waldkauz, dessen Züge auf den Junker von der Risch vorausdeuten; da sind Ahnungen und Ängste, in denen der Mensch, ohne das Geringste daran ändern zu können, die Witterung des kommenden Unheils hat. Auf all das kann hier nur summarisch verwiesen werden. Auf eine Vorausdeutung muß allerdings noch ausdrücklich hingewiesen werden, weil sie für die künstlerische Verdichtung der Novelle besonders wichtig ist. Sie ist bereits im Titel der Novelle eingeschlossen: das Motiv des Meeres und des Wassers, in der Novelle bezeichnenderweise niemals als Element des Lebens, sondern nur als Element des Todes verstanden. Da ist einmal die Wassergrube in der Priesterkoppel, in der Vergangenheit das Grab des kleinen Johannes und noch in der Gegenwart des Erzählers der Rahmenhandlung als gefährlich und unheimlich erachtet. Da ist vor allem die immer spürbare Nähe des Meeres, mit dem sich die Vorstellung einer Übermacht verbindet, die gnadenlos alle Versuche des Menschen, in Freiheit und humaner Würde sein Dasein zu gestalten, zunichte macht. „Dort ... hat einst meiner Eltern Haus gestanden; aber anno 34 bei der großen Fluth trieb es gleich hundert andern in den grimmen Wassern; auf der einen Hälfte des Daches ward ich an diesen Strand geworfen, auf der anderen fuhren Vater und Bruder in die Ewigkeit hinaus." (S. 317) So weiß der Küster Johannes zu berichten, indem er auf eine Insel hinweist, die in der Nachbarschaft des Strandes liegt. In gleicher Weise erlebt Johannes selbst die Nähe des Meeres: „Ich aber wandte mich und blickte nach Westen, wo wiederum das Meer wie lichtes Silber am Himmelssaume dahinfloß und war doch ein tobend Unheil dort gewesen, worin in einer Nacht des Höchsten Hand viele tausend Menschenleben hingeworfen hatte. Was krümmete denn ich mich so gleich einem Wurme?" (S. 325) Immer wieder wird das Meer in diesem Sinn zum Symbol einer Schicksalsmacht, der gegenüber der Widerstand des Menschen eitel und zwecklos ist. Auch in der Stunde, da Johannes Abschied von seinem toten Kinde nimmt, spürte er die unheimliche Nähe des Meeres: „Noch einmal wandte ich mich um und schaute nach dem Dorf zurück ... dort lag mein todtes Kind — Katharina — alles, alles! — Meine alte Wunde brannte mir in meiner Brust; und seltsam, was ich niemals hier vernommen, ich wurde plötzlich mir bewußt, daß ich vom fernen Strand die Brandung tosen hörte. Kein Mensch begegnete mir, keines Vogels Ruf vernahm ich; aber aus dem dumpfen Brausen des Meeres tönte es mir immer fort, gleich einem finstern Wiegenlied: ,Aquis submersus'..." (S. 335) So wird auch in dieser Stunde das Wasser zum Symbol des Todes und des Verhängnisses. Im übrigen muß man beachten, daß das Element des Wassers nicht nur gegenständlich von Bedeutung wird, sondern oft genug auch die metaphorische Gestaltung bestimmt. Dafür nur ein Beispiel: „Am Ende verstummeten wir beide ... und wie auf einem dunklen Strome trieben meine Gedanken zu ihr..." (S. 320) Alles das kann in bezug auf den Gehalt wie auf die Formgestaltung als beispielhaft für die Stormsche Novelle gelten. Die Basis der Dichtung ist immer die der Neuzeit und der bürgerlichen Gesellschaft; mit anderen Worten der Anspruch auf Selbstbestimmung und die Auflehnung den Naturmächten gegenüber. Aber dieser Ansatz wird durchkreuzt von Ängsten, die sich am Ende als mächtiger erweisen, Ängste, die sich in der ungewöhnlichen Dichte der Vorausdeutung und der Leitmotive formal Ausdruck verschaffen.

Eine solche Deutung der Novelle wird noch einmal bestätigt, wenn man den Blick auf den Erzähler und die Erzählhaltung wirft. Es gibt zwei Erzähler in der Novelle: den der Rahmenhandlung und Johannes als den Erzähler der Innenhandlung. Der Lebenssituation und der Zeit nach sind sie genau getrennt, und trotzdem ist es kaum möglich, sie voneinander zu unterscheiden. Denn bis zur Identität reichend sind ihr Weltverhältnis und ihre Sprache gleichartig. Davon soll an späterer Stelle die Rede sein. Zunächst empfiehlt es sich, die Aufmerksamkeit auf Johannes als den Erzähler zu richten, der von seinem eigenen Leben berichtet. Daß dieser Lebensbericht in der Haltung der äußersten Resignation und Passivität niedergeschrieben ist, wurde schon an den zuvor gegebenen Zitaten erkennbar. Sie seien im folgenden noch ergänzt: „Ich weiß nicht, was für ein bang Gefühl mich plötzlich überkam, ohne alle Ursache, wie ich der Zeit dachte: Denn es war eitel Sonnenschein umher, und vom Himmel herab klang ein gar herzlich und ermunternd Lerchensingen." So heißt es da, wenn der Erzähler von seiner Heimkehr aus Holland berichtet. (S. 267) Ein zweites Beispiel: Am Ende seines Berichtes ist die Rede von dem Pastor, der wünscht, daß Johannes ein Bild für die Kirche male. Zunächst ist er kaum bereit, auf diesen Wunsch einzugehen; „aber" — so heißt es wieder — „es muthet mich plötzlich an, auf eine Zeit allmorgendlich in der goldenen Herbstsonne über die Heide nach dem Dorf hinauszuwandern, das nur eine Wegstunde von unserer Stadt gelegen ist." (S. 315) Immer — das ist für den Gehalt, aber auch für die grammatische Form aufschlußreich — ist der Mensch ebenso Objekt wie dunkle Es-Mächte Subjekte des Geschehens sind. Dem entspricht auch der Beweggrund, der Johannes dazu führt, das Kind Katharinas jäh als sein eigenes Kind zu erkennen: „Da, gleich einem Stern aus unsichtbaren Höhen, fiel es mir jählings in die Brust: Die Augen des schönen blassen Knaben, es waren ja ihre Augen." (S. 320) So finden sich fast auf jeder Seite Wendungen äußerster Passivität. Sie erscheinen da, wo es zu der unseligen Wiederbegegnung mit Katharina kommt, besonders häufig. „Ich weiß nicht, wohin mich damals meine Füße noch getragen haben; ich weiß nur, daß ich in einem Kreis gegangen bin; denn da die Sonne fast zur Mittagshöhe war, langte ich wieder bei der Küsterei an." (S. 325) Ähnlich ist es da, wo er die Stimme Katharinas hört: „Unwillens schritt ich solchem Schalle nach; so mochte einst der griechische Heidengott mit seinem Stabe die Toten nach sich gezogen haben." (S. 326)

Wie erscheint demgegenüber der Erzähler der Rahmenhandlung? Zuvor wurde schon gesagt: Prüft man das Verhältnis von Rahmen- und Innenhandlung, dann fällt nach kurzer Lektüre auf, daß zwischen beiden Handlungsteilen so gut wie keine Spannung ist. Die Sprachgebärde des Erzählers der Rahmenhandlung und dessen, der in der Innenhandlung von seinem Leben berichtet, ist nicht unterscheidbar. Auch der Erzähler der Rahmenhandlung ist durch jene Passivität geprägt, die für den Rollenerzähler der Innenhandlung charakteristisch

II. Die deutsche Novelle in der Mitte des 19. Jahrhunderts

ist. So gerät er willenlos, fast wie ein Traumwandler in das ihm fremde Geschehen hinein: Hellsichtig findet er Eingang in dieses, bevor er noch etwas Verbindliches über die Fakten des Geschehens erfahren hat. Von früher Kindheit an ist er von dem Dorf verzaubert, wo einst Johannes Katharina wiedergefunden hat. „Die meisten mögen wohl nach Westen blicken, um sich an dem lichten Grün der Marschen und darüberhin an der Silberflut des Meeres zu ergötzen, auf welche das Schattenbild der langgestreckten Insel schwimmt; meine Augen wenden unwillkürlich sich nach Norden, wo, kaum eine Meile fern, der graue, spitze Kirchturm aus dem höher gelegenen, aber öden Küstenlande aufsteigt." (S. 257) Ähnlich ist er von der Kirche und dem Inneren der Kirche angezogen. Und wenn er darin vor dem Bilde des Knaben steht, heißt es: „Ein unwiderstehliches Mitleid befiel mich, wenn ich vor diesem Bilde stand." (S. 260) Und in dem gleichen Zusammenhang: „Immer wieder zog es mich zu diesen beiden Bildern; ein phantastisches Verlangen ergriff mich, von dem Leben und Sterben des Kindes — ... Kunde zu erhalten." (S. 260) Dann gelingt es ihm, die Inschrift des Bildes zu enträtseln; auch hier nicht aufgrund von rationalen Schlüssen und Überlegungen, sondern in einer eigentümlichen Identifikation, die so radikal ist, daß man den Eindruck hat, die Grenzen und die Wand zwischen der subjektiven und der objektiven Sphäre sei in dieser Novelle nicht mehr existent. So wie Johannes in seine Lebensbahn mehr hineingezwungen wird, als daß er sie wählte, so gerät auch der Erzähler der Innenhandlung in das fremde Geschick hinein; auch er mehr gezogen als aufgrund von Freiheit und Wahl. Jedenfalls ist es in dieser Novelle immer so, daß die Spannungen eingeebnet werden, die zum Wesen des Lebendigen gehören. So wie in der Innenhandlung die Freiheit vom Schicksal verschlungen wird, so im Verhältnis des Erzählers zu seinen Gestalten das Eigene vom Fremden.

In dieser Weise gerät der Erzähler der Rahmenhandlung auch an den Lebensbericht von Johannes. Schon die Inschrift des Hauses, in dem dieser Bericht aufbewahrt wird — sie ist wie ein Motto, das über dem Geschehen insgesamt stehen könnte: „Gleich so wie Rauch und Staub verschwindt, / Allso sind die Menschenkind." (S. 263) —, zieht ihn fast willenlos an. Und dann bekennt er in einer für die Novelle Storms wiederum charakteristischen Modalität: „Fast unwillkürlich trat ich in das Haus;" (S. 263) in jenes nämlich, in dem er die Enträtselung des Geheimnisses findet, das ihn seit früher Jugend angezogen hat.

Es war die Rede davon, daß die Schicksalsnovelle Storms im Grunde eine Wiederaufnahme der romantischen Schicksalsnovelle sei. Es war auch angedeutet worden, daß diese Übereinstimmung nicht nur den Gehalt betreffe, sondern bis in die Sprache nachweisbar sei. Ein Vergleich der Stormschen Novelle etwa mit dem ‚Blonden Eckbert' Tiecks könnte zeigen, wie sich in beiden Novellen die gleichen Sprachfiguren finden, Figuren, die die Haltung der Passivität und des Übermächtigtseins ausdrücken. Bei Tieck hieß es: „Die Seele fühlt ... einen unwiderstehlichen Trieb, sich ganz mitzuteilen."[61] Bei Storm heißt es entsprechend: „ein unwiderstehliches Mitleid befiel mich, wie ich vor dem Bilde stand." Parallelstellen ähnlicher Art finden sich in beiden Novellen sehr häufig. Ob eine direkte Beeinflussung Storms durch die Romantik vorliegt, oder ob sich aus der gleichen Seelenlage die gleiche Sprachform entwickelt hat, ist schwer zu entscheiden.

Literaturangaben und Anmerkungen

Adalbert Stifter

Inge ACKERMANN, Adalbert Stifters „Studien". Untersuchungen zur Struktur, Diss. Göttingen 1961. Ernst BERTRAM, Studien zu Adalbert Stifters Novellentechnik. Dortmund 1907, 2. Aufl. Dortmund 1966. Paul BÖCKMANN, Die epische Objektivität in Stifters Erzählung ‚Die Mappe meines Urgroßvaters', in: Stoffe, Formen, Strukturen. Studien zur dt. Literatur. Hans Heinrich Borcherdt zum 65. Geburtstag 1962. Hilde COHN, Die Symbole in Adalbert Stifters ‚Studien' und ‚Bunten Steinen', MDU 33, 1941. Moriz ENZINGER, Zu Adalbert Stifters Erzählung ‚Der Kuß von Sentze'. Österr. Akademie der Wissenschaften, Philos.-histor. Klasse, Anzeiger 88, 1952. Moriz ENZINGER, Gesammelte Aufsätze zu Adalbert Stifter, Wien 1967. Darin: „Zum alten Siegel"; „Der Pfarrer in K."; Die Überschriften in den „Feldblumen"; Adalbert Stifters „Zuversicht"; Tirol und Italien in „Die zwei Schwestern". Alexander GELLEY, Stifters ‚Der Hagestolz', MDU 53, 1961. Hans GEULEN, Stiftersche Sonderlinge. „Kalkstein" und „Turmalin". In: Jahrbuch d. dt. Schillergesellschaft 17, 1973, S. 415—431. Franz GLÜCK, Die beiden Fassungen der ‚Zwei Schwestern', Adalbert Stifter-Almanach für 1947. Walter HAHN, Zu Stifters Konzept der Schönheit. „Brigitta". In: Adalbert Stifter-Institut. Vierteljahrsschrift 19, 1970, S. 149—159. Paul HANKAMER, Die Menschenwelt in Stifters Werk, DVjs 16, 1938. Paul HANKAMER, Adalbert Stifter: ‚Bergkristall', in: Aus Theologie und Philosophie. Festschrift für Fritz Tillmann zu seinem 75. Geburtstag 1950. Walter HAUSSMANN, Adalbert Stifter: ‚Brigitta'. DU, H. 2, Stuttgart 1951. Hellmuth HIMMEL Adalbert Stifters Novelle „Bergmilch". Eine Analyse, Köln, Wien 1973. Werner HOFFMANN, Adalbert Stifters Erzählung ‚Zwei Schwestern'. Ein Vergleich beider Fassungen. Marburger Beiträge zur Germanistik Bd.

II. Die deutsche Novelle in der Mitte des 19. Jahrhunderts

17, Marburg 1966. Curt Hohoff, Adalbert Stifter. Seine dichterischen Mittel und die Prosa des 19. Jahrhunderts, Düsseldorf 1949. Franz Hüller, Ein Beitrag zu Adalbert Stifters Stil, Euphorion 16, 1909. Uwe Ketelsen, Geschichtliches Bewußtsein als literarische Struktur. Zu Stifters Erzählung aus der Revolutionszeit „Granit". In: Euphorion 64, 1970, S. 303—325. Werner Kohlschmidt, Leben und Tod in Stifters ‚Studien'. In: Form und Innerlichkeit. München 1955. Hermann Kunisch, Adalbert Stifter. Mensch und Wirklichkeit. Berlin 1950. Marianne Ludwig, Stifter als Realist. Untersuchung über die Gegenständlichkeit im ‚Beschriebenen Tännling'. Basel 1948. Ingeborg Maschek, Stifters Alterserzählung. Eine Stiluntersuchung. Wiener Diss. 1961. Robert Mühlher, Natur und Mensch in Stifters ‚Bunten Steinen'. Dichtung und Volkstum 40. 1939. Joachim Müller, Stifter ‚Zwei Schwestern'. Versuch einer Stilanalyse. Adalb. Stifter-Inst. 8, 1959. Joachim Müller, „Der Pechbrenner' und ‚Kalkstein' Strukturanalyse einer Urfassung und einer Endfassung der ‚Bunten Steine'. Adalb. Stifter-Inst. 15, 1966. Joachim Müller, Stifters „Turmalin". Erzählhaltung und Motivstruktur im Vergleich der beiden Fassungen. In: Adalb. Stifter-Inst. 17, 1968, S. 33—44. Joachim Müller, Von Schiller bis Heine, 1972. Darin zahlreiche Aufsätze zu Stifters Novellen. Walter Rehm, Stifters Erzählung ‚Der Waldgänger' als Dichtung der Reue. In: Begegnungen und Probleme. Studien zur deutschen Literaturgeschichte 1957. Paul Requadt, Stifters „Bunte Steine" als Zeugnis der Revolution und als zyklisches Kunstwerk. In: Adalbert Stifter. Studien und Interpretationen. Gedenkschrift zum 100. Todestag, Hrsg. Lothar Stiehm, Heidelberg 1968. W. H. Rey, Das kosmische Erschrecken in Stifters Frühwerk, Die Sammlung 8, 1953. Walter Silz, Stifter ‚Abdias'. In: Realism and reality. Chapel Hill 1954. Herbert Seidler, Die Kunst des Aufbaus in Stifters ‚Waldgänger'. Adalb. Stifter-Inst. 12, 1963. Berta Vorbach, Adalbert Stifter und die Frau. Münchener Diss. 1934. Hildegard Warzecha, Tragik und ihre Überwindung im Werke Stifters. Frankfurter Diss. 1952. Benno von Wiese, Adalbert Stifter, Brigitta. In: Die deutsche Novelle von Goethe bis Kafka. Interpretationen I, Düsseldorf 1956. Benno von Wiese, Adalbert Stifter, Abdias, a. a. O. Interpretation II, 1962. Forschungsberichte: Erik Lunding, Probleme und Ergebnisse der Stifter-Forschung 1945—54, Euphorion 49, 1955. Paul Requadt, Über den gegenwärtigen Stand der Stifter-Forschung. Wirk. Wort 2, 1951/52. Herbert Seidler, Adalbert Stifter-Forschung 1945—1970. ZfdPh 91, 1972, S. 113—157, 252—285.

[1] Zitiert nach Adalbert Stifter, Studien I, Hrsg. von Max Stefl, Augsburg 1955, S. 30.

[2] J. Kunz, Die deutsche Novelle zwischen Klassik und Romantik. Berlin 1966, S. 30.

[3] J. Kunz, a. a. O., S. 85.

[4] Benno von Wiese, Die deutsche Novelle von Goethe bis Kafka. Interpretationen I, Düsseldorf 1956, S. 196 ff.

Literaturangaben und Anmerkungen

⁵ Johannes Pfeiffer, Wege zur Erzählkunst. Hamburg 1953, S. 21 ff.

⁶ Johannes Pfeiffer, a. a. O., S. 22.

⁶ᵃ Zitiert nach Adalbert Stifter ‚Studien II', Hrsg. von Max Stefl, Augsburg. 1956, S. 166.

⁷ Dieser Begriff findet sich in der Arbeit von Eberhard Lämmert, a. a. O., S. 184.

⁸ Johannes Pfeiffer, a. a. O., S. 21.

⁹ Vgl. dazu meine Interpretation, a. a. O., S. 143 ff.

¹⁰ Zitiert nach Adalbert Stifter ‚Studien II', S. 477.

¹¹ Johannes Pfeiffer, a. a. O., S. 21.

¹² Mit besonderer Dankbarkeit sei an dieser Stelle auf die Arbeit meines Schülers Werner Hoffmann verwiesen: Adalbert Stifters Erzählung ‚Zwei Schwestern'. Marburger Beiträge 1966.

¹³ Zitiert nach Adalbert Stifters Erzählungen in der Urfassung III, Hrsg. von Max Stefl, 1953, S. 132.

¹⁴ Urfassungen III, a. a. O., S. 97.

¹⁵ Hoffmann, a. a. O., S. 88.

¹⁶ Urfassungen III, a. a. O., S. 99.

¹⁷ Urfassungen III, a. a. O., S. 129.

¹⁸ Dazu Werner Hoffmann, a. a. O., S. 105; dort finden sich auch noch weitere Belegstellen.

¹⁹ Paul Hankamer, Adalbert Stifter ‚Bergkristall'. In: Aus Theologie und Philosophie. 1950.

²⁰ Paul Hankamer, a. a. O., S. 84 ff.

²¹ Vgl. dazu Adalbert Stifters Sämtliche Werke, 18. Bd., Hrsg. von Gustav Wilhelm, Prag 1918, S. 84.

²² Vgl. dazu Franz Hüllers Einleitung zur krit. Stifter-Ausgabe. Hrsg. von August Sauer, 1939.

²³ Dazu J. Kunz, Die deutsche Novelle zwischen Klassik und Romantik, S. 71 und S. 96 f.

Jeremias Gotthelf

Karl FEHR, Jeremias Gotthelfs ‚Schwarze Spinne' als christlicher Mythos. Zürich 1942. Karl FEHR, Jeremias Gotthelf. Sammlung Metzler, Stuttgart 1967. Berta HUBER-BINDSCHEDLER, Die Symbolik in Gotthelfs Erzählung ‚Die schwarze Spinne'. Veröffentlichungen der Handelshochschule St. Gallen. Reihe B, H. 12, Zürich 1956. G. T. HUGHES, ‚Die schwarze Spinne' as Fiction. German life and letters IX, 1955/56, S. 250—260. Sven-Aage JORGENSEN, Dichtung und Verkündigung in Jeremias Gotthelfs Novelle ‚Die schwarze Spinne'. In:

II. Die deutsche Novelle in der Mitte des 19. Jahrhunderts

Fides Quaerens Intellectum. Festskrift tilegnet Heinrich Roos, Kobenhavn 1964, S. 91—102. Oskar MÜLLER, Das Problem der Sentimentalität in Gotthelfs historischen Novellen, Bern 1969. Walter MUSCHG, Gotthelf. Die Geheimnisse des Erzählers, München 1931. Walter MUSCHG, Jeremias Gotthelf, „Die schwarze Spinne". In: W. M., Pamphlete und Bekenntnis, 1968, S. 219—228. Hermann PONGS, Das Bild in der Dichtung, II. Band, Marburg 1939, S. 275 ff. Benno von WIESE, Jeremias Gotthelf, Die schwarze Spinne. In: Die dt. Novelle von Goethe bis Kafka. Interpretationen I, Düsseldorf 1956. Forschungsberichte: Friedrich SEEBASS, Gotthelfs Bild in der Neueren Forschung. Deutsche Rundschau 80, 1954, S. 1015—17. Friedrich SENGLE, Zum Wandel des Gotthelf-Bildes. In: Arbeiten zur deutschen Literatur 1750—1850. Stuttgart 1965, S. 197 ff.

[24] Benno von Wiese, Interpretationen I, S. 176 ff.

[25] Johannes Pfeiffer, Wege zur Erzählkunst, a. a. O., S. 30 ff.

[26] Johannes Pfeiffer, a. a. O., S. 30.

[27] Hermann Pongs, Das Bild in der Dichtung II, S. 75 ff.

[28] Benno von Wiese, a. a. O., S. 177.

[29] Benno von Wiese, a. a. O., S. 194 f.

[30] Hermann Pongs, a. a. O., S. 275 f.

[31] Hermann Pongs, a. a. O., S. 277.

[32] Benno von Wiese, a. a. O., S. 180.

[33] Zitiert nach Jeremias Gotthelf, Sämtliche Werke, Hrsg. von Rudolf Hunziker und Hans Bloesch, München 1912, Bd. 17, S. 39.

[34] So vor allem in Walter Muschgs Gotthelf-Buch: Gotthelf. Die Geheimnisse des Erzählers. München 1931.

Gottfried Keller

Herbert ANTON, Mythologische Erotik in Kellers „Sieben Legenden" und im „Sinngedicht", Stuttgart 1970. Oscar BETTSCHART, Gottfried Kellers ‚Sieben Legenden'. Eine Untersuchung. Diss. Freiburg/Schweiz 1947. Hermann BOESCHENSTEIN, Gottfried Keller, Stuttgart 1969. Hans BRACHER, Rahmenerzählung bei G. Keller, C. F. Meyer und Th. Storm. Ein Beitrag zur Technik der Novelle, Leipzig 1924. J. ELEMA, Gottfried Kellers Novelle ‚Regine'. Neophilologus 33, 1949, S. 94 ff. Hilde EISENHUT, Kellers Prosastil, Münchener Diss. 1948. John M. ELLIS, „Die drei gerechten Kammacher". In: J. M. E., Narration in the German Novelle, London 1974, S. 136—154. Karl S. GUTHKE, Das Motiv des Wanderers bei Gottfried Keller und in der Romantik. In: Wege zur Literatur. Studien zur deutschen Dichtungs- und Geistesgeschichte. Bern 1967, S. 169 ff. Arthur HENKEL, Gottfried Kellers ‚Tanzlegendchen'. GRM XXXVII, 1956,

Literaturangaben und Anmerkungen

S. 1 ff. Walter HÖLLERER, Gottfried Kellers ‚Leute von Seldwyla' als Spiegel einer geistesgeschichtlichen Wende. Erlanger Diss. 1949. Gerhard KAISER, Sündenfall, Paradies und himmlisches Jerusalem in Kellers „Romeo und Julia auf dem Dorfe". In: Euphorion 65, 1971, S. 21—48. Kaspar T. LOCHER, Gottfried Keller. Der Weg zur Reife, Bern u. München 1969. L. LÖWENTHAL, Gottfried Keller. Die bürgerliche Regression. In: L. L., Erzählkunst und Gesellschaft, Neuwied, Berlin 1971. Georg LUKACS, Gottfried Keller. In: G. L., Deutsche Realisten des 19. Jahrhunderts, Bern 1951, S. 147—230. Rudolf Nik. MAIER, ‚Romeo und Julia auf dem Dorfe'. In: DU, Heft 2, 1951, S. 49 ff. Ernst MAY, Gottfried Kellers „Sinngedicht". Eine Interpretation, Bern 1969. John L. MCHALE, Die Form der Novellen ‚Die Leute von Seldwyla' von Gottfried Keller und der ‚Schwarzwälder Dorfgeschichten' von B. Auerbach. Sprache und Dichtung, N. F. Bd. 2, Bern 1957. Edgar NEIS, Romantik und Realismus in Gottfried Kellers Prosawerken. German. Studien 85, Berlin 1930. Hubert OHL, Das zyklische Prinzip von Gottfried Kellers Novellensammlung „Die Leute von Seldwyla". In: Euphorion 63, 1969, S. 216—226. Wolfgang PREISENDANZ, Gottfried Keller. In: Dt. Dichter des 19. Jahrhunderts, Berlin 1969, S. 440—462. Henry REMAK, Theorie und Praxis der Novelle: Gottfried Keller. Stoffe — Formen — Strukturen. Studien zur dt. Lit. HH. Borcherdt zum 75. Geburtstag. Hrsg. v. A. Fuchs und H. Motekat. München 1962, S. 424—439. Paula RITZLER, Das Außergewöhnliche und das Bestehende in Gottfried Kellers Novellen. DVjs 28, 1954, S. 373 ff. Emmi ROSENFELD, Landschaft und Zeit in Gottfried Kellers ‚Leute von Seldwyla'. Würzburger Diss. 1931. Walter SILZ, Keller, ‚Romeo und Julia'. In: W. S., Realism and reality. Studies in the German Novelle of Poetic Realism, Chapel Hill 1954, S. 79—93. Hilde VOELKEL, Die Novellendichtung Gottfried Kellers als Ausdruck bürgerlicher Lebenshaltung. Marburger Diss. 1941. Agnes WALDHAUSEN, Die Technik der Rahmenerzählung bei Gottfried Keller. Bonner Forschungen 1911, 2. Heft. Benno von WIESE, Gottfried Keller: Kleider machen Leute. In: Interpretationen I, S. 238 ff. Benno von WIESE, Gottfried Keller: Der Landvogt von Greifensee. Interpretationen II, S. 149 ff. Wolfgang PREISENDANZ, Die Keller-Forschung der Jahre 1939—57, GRM 39, 1958, S. 444 ff.

35 Zitiert nach Gottfried Keller, Sämtliche Werke und ausgewählte Briefe. Hrsg. von Clemens Heselhaus. München o. J. Bd. 2, S. 9.

36 Vgl. dazu Bruno Russ, Das Problem des Todes in der Lyrik Gottfried Kellers. Frankfurter Diss. 1959.

37 Romano Guardini, Der Mensch und der Glaube. Versuche über die religiöse Existenz in Dostojewskis großen Romanen. Leipzig 1932, S. 332 f.

38 J. Kunz, Eichendorff. Darmstadt 1967. S. 64 ff.

39 Vgl. dazu Anm. 6 der Einleitung zu diesem Band.

40 Eberhard Lämmert, a. a. O., S. 163 ff.

II. Die deutsche Novelle in der Mitte des 19. Jahrhunderts

[41] Darauf verweist vor allem Helmut Petriconi: ‚Le sopha' von Crébillon dem Jüngeren und Kellers ‚Sinngedicht'. Romanische Forschungen LXII, 1950.

[42] Hermann Pongs, a. a. O., S. 231 f.

[43] „Wie, zum Teufel, Meister Gottfried, kann ein so zart und schön empfindender Poet uns eine solche Rohheit ... als etwas Ergötzliches ausmalen, daß ein Mann seiner Geliebten ihren früheren Ehemann nebst Brüdern zur Erhöhung ihrer Festfreude in so scheußlicher, possenhafter Herabgekommenheit vorführt ...!" So Theodor Storm. (Zitiert nach E. Ermatinger, Gottfried Kellers Leben. Stuttgart 1918.)
Vgl. dazu auch die an gleicher Stelle zitierte kaum überzeugende Antwort Gottfried Kellers selbst.

C. F. Meyer

Franz Ferd. BAUMGARTEN, Das Werk C. F. Meyers. Renaissanceempfinden und Stilkunst. Neu hrsg. von Hans Schuhmacher, Zürich 1948. Gustav BECKERS, C. F. Meyer: „Die Versuchung des Pescara". Text, Quellen und Dokumentation, Frankfurt/M., Berlin 1965. Gerhart BINDER, C. F. Meyers Novelle ‚Die Leiden eines Knaben', DU 1951, Nr. 2, S. 64 ff. Otto BLASER, C. F. Meyers Renaissancenovellen, Bern 1905. Georges BRUNET, C. F. Meyer et la nouvelle, Paris 1967. Carl ENDERS, Der Tod als Erlebnis und Motiv in C. F. Meyers Dichtung. Neophilologus 40, 1956, S. 26 ff. Erich EVERTH, Meyers epischer Sprachstil. Zeitschr. f. Ästhetik und allgem. Kunstwiss. 20. Bd., 1926, S. 129 ff. Karl FEHR, C. F. Meyer, Stuttgart 1971. Gunter H. HERTLING, C. F. Meyers Epik. Traumbeseelung, Traumbesinnung und Traumbesitz, Bern, München 1973. Olivia HOFFMANN, Die Menschengestaltung in C. F. Meyers Renaissancenovellen. German. Studien, Heft 219, Berlin 1940. Christine MERIAN-GENAST, Die Gestalt des Künstlers im Werk C. F. Meyers, Bern, Frankfurt/M. 1973. Carlo Moos, Dasein als Erinnerung. C. F. Meyer und die Geschichte, Bern, Frankfurt/M. 1973. Sjaak ONDERDELINDEN, Die Rahmenerzählungen C. F. Meyers, Leiden 1974. Emil STRODTHOFF, Die Versuchung des Pescara. Marburger Diss. 1924. Benno von WIESE, Die Versuchung des Pescara. Interpretationen I, S. 52 ff. Benno von WIESE, C. F. Meyer, Die Hochzeit des Mönchs, Interpretationen II, S. 176 ff. Louis WIESMANN, C. F. Meyer. Der Dichter des Todes und der Maske. Bern 1958. Forschungsberichte: Gustav KONRAD, C. F. Meyer — ein Forschungsbericht. DU 1951, H. 2, S. 72 ff. Werner OBERLE, C. F. Meyer. Ein Forschungsbericht. GRM 37, 1956, S. 231 ff.

[44] Benno von Wiese, Interpretationen I, S. 250 ff.; dazu die Interpretation der ‚Hochzeit des Mönchs', Interpretationen II, S. 176 ff.

[45] Zu diesem Begriff vgl. Lämmert, a. a. O., S. 108.

[46] J. Kunz, Die deutsche Novelle zwischen Klassik und Romantik. a. a. O., vor allem S. 92 f.

Literaturangaben und Anmerkungen

⁴⁷ Zitiert nach C. F. Meyer, Historisch-kritische Ausgabe, besorgt von Hans Zeller und Alfred Zäch, Bd. 13, Bern 1962, S. 173.

⁴⁸ Vgl. dazu Anm. 4 der Einleitung.

⁴⁹ Zu den Voraussetzungen einer solchen Wertung vgl. vor allem die Arbeit meines Lehrers Kurt Riezler, Traktat vom Schönen. Frankfurt 1935.

⁵⁰ Dazu Benno von Wiese, a. a. O., S. 56.

⁵¹ Vgl. dazu vor allem den aufschlußreichen und erhellenden Aufsatz Emil Staigers, Das Spätboot. Zu C. F. Meyers Lyrik. In: Die Kunst der Interpretation. Zürich 1955, S. 239 ff.

Paul Heyse und Otto Ludwig

Kathi BROEKMANN, Sprache und Stil in Heyses Italienischen Novellen. Kölner Diss. 1923. Max QUADT, Die Entwicklung von Paul Heyses Novellentechnik. Tübinger Diss. 1924. Manfred SCHUNICHT, Die Novellentheorie und Novellendichtung Paul Heyses. Münsterer Diss. 1957. Manfred SCHUNICHT, Der „Falke" am „Wendepunkt". Zu den Novellentheorien Tiecks und Heyses. GRM 41, 1960, S. 44 ff. Paul ZINKE, Paul Heyses Novellentechnik, dargestellt auf Grund einer Untersuchung der Novelle ‚Zwei Gefangene'. Karlsruhe 1927. Lutz BESCH, Otto Ludwig: Zwischen Himmel und Erde. GRM 31, 1943, S. 19 ff. Helmut BOESCHENSTEIN, Zum Aufbau von Otto Ludwigs Zwischen Himmel und Erde. Monatshefte für den deutschen Unterricht 34, 1942, S. 343 ff. Richard BRINKMANN, Otto Ludwig: Zwischen Himmel und Erde. Die Verwirrung von „Objektivität" und Subjektivität. In: Wirklichkeit und Illusion. Studien über Gehalt und Grenzen des Begriffs Realismus für die erzählende Dichtung des 19. Jahrhunderts. Tübingen 1957, S. 145 ff. Ursula KERRINIS, Morphologische Untersuchungen an Otto Ludwigs Erzählung ‚Zwischen Himmel und Erde'. Bonner Diss. 1949. W. LILLYMANN, The function of the leitmotifs in Otto Ludwig's ‚Zwischen Himmel und Erde'. Monatshefte. A journal devoted to the study of German language and literature. LVII, 1965, S. 60—68. Hermann J. WEIGAND, Zu Otto Ludwigs ‚Zwischen Himmel und Erde'. Monatshefte Wisconsin XXXVIII, 1946, S. 385 ff. Elisabeth WITTE, Otto Ludwigs Erzählkunst. Göttinger Diss. 1959.

⁵² Novelle, a. a. O., S. 66 ff. und S. 74 ff.

⁵³ Novelle, a. a. O., S. 67.

⁵⁴ Novelle, a. a. O., S. 68.

⁵⁵ Dazu Hermann Pongs, a. a. O., S. 234.

⁵⁶ Abgedruckt in Novelle, a. a. O., S. 118ff. (Teilabdruck).

⁵⁷ Otto Ludwig, Shakespeare-Studien. Aus dem Nachlasse des Dichters hrsg. von Moritz Heydrich, Leipzig 1872, S. 184.

II. Die deutsche Novelle in der Mitte des 19. Jahrhunderts

Theodor Storm

Walter BRECHT, Storm und die Geschichte, DVjs 1925, S. 444 ff. Clifford A. BERND, Die Erinnerungssituation in der Novellistik Theodor Storms. Diss. Heidelberg 1958. Clifford A. BERND, Theodor Storm's Craft of Fiction. The Torment of a Narrator. University of North Carolina Studies in the Germanic Lang. a. Lit. 55. Chapel Hill ²1966. Robert M. BROWNING, Association and disassociation in Storm's Novellen. A study on the meaning of the frame. PMLA 66, 1951, S. 381—404. John M. ELLIS, Storm: „Der Schimmelreiter". In: J. M. E., Narration in the German Novelle, London 1974, S. 155—168. Erich FEISE, Theodor Storms ‚Aquis submersus'. Eine Formanalyse. In: Xenion 1950, S. 256 ff. Jost HERMAND, Hauke Haien. Kritik oder Ideal des gründerzeitlichen Übermenschen? In: J. H., Von Mainz nach Weimar. Studien zur deutschen Literatur, Stuttgart 1969, S. 250—268. Wolfgang KAYSER, Bürgerlichkeit und Stammestum in Storms Novellendichtung. Berlin 1938. Volker KNÜFERMANN, Realismus. Untersuchungen zur sprachlichen Wirklichkeit der Novellen „Im Nachbarhause links"; „Hans und Heinz Kirch" und „Der Schimmelreiter" von Theodor Storm. Diss. Münster 1967. Josef KUNZ, Storms Novelle „Draußen im Heidedorf". Versuch einer Interpretation. In: Schriften der Th. Storm-Gesellschaft 22, 1973, S. 18—31. Karl Ernst LAAGE, Das Erinnerungsmotiv in Theodor Storms Novellistik. Schriften der Th. Storm-Gesellschaft 7, 1958, S. 17 ff. Erika Freiin LOEFFELHOLZ v. COLBERG. Epische Darstellung in den Novellen Theodor Storms. Diss. München 1967. Ernest A. MCCORMICK, Theodor Storm's Novellen. Essays on literary technique. Chapel Hill 1964. Thomas MANN, Theodor Storms ‚Hans und Heinz Kirch'. In: Adel des Geistes, Frankfurt am Main 1948, S. 506 ff. Alan MENHENNET, The time-element in Storm's later ‚Novellen'. German life and letters XX, 1966—1967, H. I, S. 43—52. Hermann PONGS, Eigenbewegung tragischer Stoffe: Kellers „Regine" und Storms „Hans und Heinz Kirsch". In: H. P., Das Bild in der Dichtung Bd 2, Marburg ²1963, S. 230—238, insbes. S. 234—238. Wolfgang PREISENDANZ, Gedichtete Perspektiven in Storms Erzählkunst. In: Wege zum neuen Verständnis Th. Storms, Schriften der Th. Storm-Gesellschaft 1968, S. 25—37. Fritz Rüdiger SAMMERN-FRANKENEGG, Die dichterische Gestaltung der Liebesauffassung im Werk Theodor Storms. Diss. Wien 1965. Willy SCHUMANN, The Technique of characterisation in the late ‚Novels' of Theodor Storm. Diss. New York 1959. Walter SILZ, Theodor Storm ‚Der Schimmelreiter'. In: W. S., Realism and reality. Studies in the German Novelle of Poetic Realism. Chapel Hill 1954, S. 117—137. Victor STEEGE, Theodor Storms ‚Aquis submersus'. In: Deutsche Novellen des 19. Jahrhunderts. Interpretationen zu Storm und Keller. Hrsg. v. Lothar Wittmann, Frankfurt 1961, S. 17—49. Franz STUCKERT, Theodor Storms novellistische Form. GRM 27, 1939, S. 24 ff. Franz STUCKERT, Theodor Storm. Sein Leben und seine Welt. Bremen 1955. Benno von WIESE, Theodor Storm. Hans und Heinz Kirch. Interpretationen II, S. 216 ff. Lothar WITTMANN, Theodor Storm: ‚Der Schimmelreiter'. In:

Literaturangaben und Anmerkungen

Deutsche Novellen des 19. Jahrhunderts. a. a. O., S. 50 ff. Clifford A. BERND, Die gegenwärtige Storm-Forschung. Eine Bibliographie. Schriften der Theodor Storm-Gesellschaft III, 1954, S. 60 ff. Horst GEBAUER, Beitrag zur Theodor Storm-Bibliographie. Schriften der Theodor Storm-Gesellschaft V, 1956, S. 60 ff.

[58] Wolfgang Kayser, Bürgerlichkeit und Stammestum in Storms Novellendichtung. Berlin 1938.

[59] Walter Brecht, Storm und die Geschichte. DVjs. 1925.

[60] Zitiert nach Theodor Storm, Sämtliche Werke. Hamburg 1928. S. 231.

[61] J. Kunz, a. a. O., S. 70 f.

III. Die deutsche Novelle im Übergang zum 20. Jahrhundert

Wilhelm Raabe

Es liegt nahe, dem Abschnitt über die Novellenkunst Theodor Storms einen über das novellistische Schaffen von Wilhelm Raabe folgen zu lassen. Beide kommen aus dem Norden Deutschlands. Trotzdem sollte man über der gemeinsamen landschaftlichen Herkunft beider Dichter ihre an einem entscheidenden Punkt tiefe Verschiedenheit nicht vergessen. Denn wie Storm ins 19. Jahrhundert zurückweist, weist Raabe auf das 20. Jahrhundert voraus. Wir besitzen von ihm 4 Novellensammlungen. Die erste erschien 1865 unter dem Titel ‚Ferne Stimmen'. Darin findet sich im Eingang die vielgelesene Novelle ‚Die schwarze Galeere' und als letzte die ‚Holunderblüte', eine der schönsten und gelungensten Dichtungen Raabes. Die zweite Sammlung gehört in das Jahr 1869; sie trägt den Titel ‚Der Regenbogen'. Bekannt sind vor allem die beiden ersten Novellen: ‚Die Hämelschen Kinder' und ‚Else von der Tanne', ferner ‚Im Siegeskranz', 1873 folgt dann die Sammlung ‚Deutscher Mondschein'. Darin findet sich wiederum eine Novelle von bedeutendem Rang: ‚Des Reiches Krone'. 1879 hat Raabe sein Novellenschaffen mit den ‚Krähenfeldergeschichten' abgeschlossen.

In welchem Maße die Novelle des späten 19. Jahrhunderts von Stifter bis Storm, vor allem was die Motivwahl angeht, der Romantik verpflichtet ist, darauf hatte unsere Darstellung immer wieder zu verweisen. Auch Raabe macht hier keine Ausnahme. Von der Gefährdung des schöpferischen Menschen weiß ‚Frau Salome' zu berichten, von seiner Verflochtenheit in den Bereich der Elemente ‚Die Innerste', von der gefährlichen Zweideutigkeit der Musik ‚Die Hämelschen Kinder'; wie Schönheit und Vergänglichkeit benachbart sind, zeigt die ‚Holunderblüte'. Aber Raabe teilt auch mit Stifter, Keller und Storm das, was die realistische von der romantischen Novellenkunst unterscheidet: die Skepsis gegenüber der romantischen Maßlosigkeit und das sehr ausgeprägte und tiefe Wissen um die Grenze des Kreatürlichen. Formal gesprochen: die Betonung des spezifisch epischen Momentes in der Darbietung erweist sich etwa in der Neigung, das eigentümlich Novellistische immer wieder zu entspannen und in mannigfaltiger Weise Gegengewichte gegen ein Übergewicht der Handlung zu schaffen; einmal indem den Dingen Raum gegeben wird; vor allem aber darin, daß der Erzähler mit seinen Überlegungen und seinem Urteil unmittelbar in seiner Darstellung sichtbar wird.

In all dem folgt Raabe also seinen Vorgängern. Typisch dafür ist eine Novelle wie die schon genannte ‚Frau Salome'. Kernmotiv ist das verzehrend gefährliche Geschenk der künstlerischen Begabung. Die Gewichtigkeit des Motivs wird nicht unterschlagen; aber sein Anspruch wird, wie es für die realistische Novelle bezeichnend ist, eingeschränkt, indem alles aufgeboten wird, was geeignet scheint, das Zerstörerische zu überwinden oder wenigstens in Grenzen hineinzubannen; in der Weise etwa, daß dem Gefährdeten Menschen zur Seite stehen, die Sorge um ihn tragen; oder so, daß das ebenso gefährdete Kind aus dem Bannkreis der Verwirrung herausgeholt wird. Vor allem aber dadurch, daß Raabe in den Mittelpunkt des Geschehens die Gestalt einer Frau rückt, die durch das religiöse Erbe ihres Volkes und durch eigene Lebenserfahrung befähigt ist, sich gegenüber der Verwirrung zu behaupten und durch Überschau und nüchterne Überlegenheit auch da zu warnen, wo menschlicher Rat hoffnungslos erscheint.

Sucht man die Stellung der Novellistik Raabes in der Konstellation des Realismus genauer zu bestimmen, so ist vielleicht zunächst an Gottfried Keller zu denken. Mit Storm ist Raabe zwar auch in gewisser Weise verbunden; vor allem durch die gemeinsame landschaftseigene Neigung zum Dunklen und Tragischen. Aber von dem fast heidnischen Pessimismus Storms unterscheidet sich Raabe dadurch, daß er auch im Dunkel noch die Kraft zum Hoffen besitzt. Das ist eine Feststellung, die übrigens nicht nur den Gehalt betrifft, etwa die Menschengestaltung, die Auffassung des Schicksals — man vergleiche dazu die Novelle ‚Die Innerste' mit einer beliebigen Storm-Novelle —, vielmehr sind diese menschlichen Voraussetzungen auch in der Sprachfügung und in der Erzählhaltung nachweisbar. Was Storm vor allem von Raabe unterscheidet, ist sein Mangel an Humor, und hier trifft sich Raabe mit Gottfried Keller. Es gibt Stellen in der ‚Pankraz'-Novelle Kellers, die auf Raabe vorweisen. Allerdings ist der Humor Raabes dunkler; die Verflochtenheit des Menschen in den Tod, seine Ohnmacht und Erfolglosigkeit ist noch ausgeprägter als bei Gottfried Keller. So sind die Gestalten Raabes meist auch verworrener, verkauzter, ungeformter als die des Schweizers. Aber verbunden sind beide Dichter doch durch jenen Glauben, der selbst in der Verzweiflung nicht ganz die Fühlung mit den heilenden Kräften verliert. Von da aus ist die Eigenart und das Wesen der Raabeschen Novelle bestimmt. Nicht immer gelingt es ihm, die Widerstände zu durchstoßen. Wo das aber geschieht, entwickelt diese Erzählkunst eine nur ihr eigentümliche Leuchtkraft und Schönheit. Es gibt einige Novellen von Raabe, die zum Vollendetsten gehören, was die deutsche Novellenkunst überhaupt geschaffen hat.

Wiederum sei an der exemplarischen Interpretation eines Werkes die Eigenart der Novellenkunst Raabes herausgearbeitet. Als besonders geeignet dafür erscheint die Novelle ‚I m S i e g e s k r a n z'.[1] Daß die Novelle als Gattung auf eine bestimmte Thematik eingegrenzt sei, darin waren sich so gut wie alle Theoretiker einig. Ob Goethe von der Thematik des Unerhörten oder des Ungebändigten sprach, oder ob man den Charakter des Ereignishaften im Sinne einer unerwarteten Fügung betonte, immer weisen Definitionen dieser Art auf jene Grenze hin, da die Erwartung und das Unerwartete, Verdienst und Gnade, Leben und Tod jäh aufeinanderstoßen. Auch Raabes Novelle ‚Im Siegeskranz' befindet sich im Einklang mit dieser Tradition der europäischen Novelle. Und so steht auch hier ein Geschehen im Mittelpunkt, das in die Daseinsregion des Schicksals weist. Ludowike, die schöne Stiefschwester der Erzählerin, wird über den allzu frühen Tod ihres Bräutigams wahnsinnig. In der ersten Partie liest sich die Novelle wie ein Lied von Leben und Tod, von der Schönheit und dem schwermütigen Wissen um die Gefährdung des Schönen. Es ist die Zeit, da Napoleon mit seinen Truppen von Rußland nach Frankreich zurückgekehrt ist und es in Deutschland zu gären beginnt. Auch der Leutnant Kupfermann, Ludowikens Bräutigam, Offizier in Diensten des westfälischen Königs, wartet ungeduldig auf die Zeichen, um gegen den verhaßten Feind losschlagen zu können; „... ach, ach er verrechnete sich zuletzt nur um eine viertel Stunde, ja nur um die Hälfte einer Minute und so blutig, und so schrecklich ist es ausgeschlagen!"[2] berichtet die Erzählerin. Aber von diesem dunklen Ende wissen die Beteiligten zunächst nichts. Hochgemut und voller Hoffnung rechnet man auf das Gelingen des, wie es scheint, selbstverständlichen Sieges. „Der Himmel war rot im Schein der Abendsonne über unserm Garten, und an der Hecke hielten sich die Brautleute umfangen und küßten einander heiß und konnten nicht voneinander lassen. Ich saß im Grase ... und sie achteten nicht auf mich ... bis ich ihnen zurief, der

Herr Leutnant Honold komme auch ... Ich sah, wie meine Ludowike den Arm ihres Bräutigams fester ergriff, und ich sah, wie alle drei sich darauf die Hände reichten wie zu einem Schwur." (S. 225) So erzählt noch einmal die Schwester aus der Erinnerung. Dann nach dem Abend des Abschieds folgt die schlimme Nacht, da Ludowike von dunklen Ahnungen heimgesucht wird. Die Erzählerin, obwohl damals noch ein kleines Kind, weiß sich ihrer nach langer Zeit noch zu entsinnen. Was sie berichtet, ist noch einmal eine Vorausdeutung auf das kommende Unheil: „Ich hörte die Glocke Mitternacht schlagen und eins und zwei; dann bin ich mit dem nahen Morgen in einen festern Schlaf verfallen, und als ich daraus erwachte und jach aufrecht im Bette saß in einem kalten, fröstelnden Luftzug, da ging in diesem kalten Hauch es vorüber wie ein Gespenst und verkündigte das, was kommen sollte." (S. 226) Diese Morgenstunde ist zugleich die Stunde des Aufbruchs. Draußen hört man die Trompeten der Reiter, die die Stadt verlassen. „Ade, ade mein Lieb, ich gebe dich hin, leb wohl in Ewigkeit, ich muß dich geben fürs Vaterland, — lebe wohl, lebe wohl!" Das hat die Schwester gerufen und umschlang mit beiden Armen das Fensterkreuz." (S. 226/27) Dann überstürzen sich die Ereignisse; das Scheitern des Aufstandes, der Tod des Bräutigams und am Ende die Stunde, da die tapfere und stolze Fassung Ludowikes zerbricht und in Wahnsinn umschlägt. Das alles wird in knappem Stil berichtet, oft genug, im Gehalt und in der sprunghaften, auf die entscheidenden Höhepunkte zentrierten Gestaltungsform, an die Ballade erinnernd. Sieht man von dem schon von Anfang an hochreflektierten Stil des Erzählens ab, dann entfaltet sich das Werk Raabes bis dahin, der thematischen Konzeption nach, kaum anders als es in der Traditon der Novelle üblich war. Man könnte an Bassompierres Geschichte von der schönen Krämerin denken, die Goethe in den ‚Unterhaltungen' nacherzählt. Sie wird auf einen ähnlichen Umschlag hin erzählt, durch den der Erzähler in der Erwartung des Liebesglückes jäh mit dem Tod konfrontiert wird.[3]

Aber nun ist es nicht so, daß Raabe mit dem Faktum des Wahnsinns abschließt. Das bisher Nacherzählte ist im Grunde nur Voraussetzung für den Teil der Novelle, der dem Umfang, aber auch dem inneren Gewicht nach viel bedeutender ist. Denn Raabe beschränkt sich nicht mit dem Hinweis auf den Ausbruch des Wahnsinns. Er erspart es dem Leser nicht, alle Stufen der Zerstörung und Zerrüttung mitzuverfolgen, bis zur Stunde, da auch die letzte Spur menschlicher Reaktionsfähigkeit

III. Die deutsche Novelle im Übergang zum 20. Jahrhundert

unkenntlich wird. „Jaja, so viel hatte die hohe, stolze Jungfrau für das Vaterland gegeben, daß ihr nichts von ihrem schönen, jungen Leben übriggeblieben war; und sie, deren Gedanken mit denen der Höchsten und Edelsten zogen, sie mußte zu mir im kindischen Spiel niederkauern." (S. 234) „Ich hatte auch stets zu ihr aufgesehen wie zu dem schönsten Wunder, und nun kroch sie auf dem Boden und tändelte mit der Puppe..." (S. 235) Indessen bei diesem Absinken des Geistes bleibt es nicht. „Sie wurde mürrischer, heftiger, boshafter und fing an, nach den erwachsenen Leuten zu schlagen oder sie zu beißen, wenn sie sich ihr zu nahe wagten." (S. 238) So geht es immer tiefer hinab, und es kommt der Tag, da sie auszubrechen sucht und man sich gezwungen und berechtigt glaubt, sie in die dunkle Kammer einzusperren. „Da ist denn ein Strohlager in der schwarzen Rauchkammer... zubereitet worden und meine Schwester in diese Kammer gesperrt, die nur durch den Schornstein erwärmt wurde und die ihr Licht durch ein einziges winziges Fenster bekam..." (S. 241) Wenn die Erzählerin bis dahin bei der Schwester ausgehalten hat, nun wird auch sie von ihr getrennt; und von außen muß sie mit Schaudern erleben, wie der Wahnsinn sein Zerstörungswerk, wie es scheint, gnadenlos zum letzten Ende treibt: „Die Kranke sang in ihrem Gefängnis... das dauerte wohl über eine Stunde, bis wieder der böse Augenblick kam und die Wahnsinnige anfing, wie ein Hund zu bellen und mit den Fäusten gegen die Tür zu schlagen." (S. 243) In dieser Weise verfolgt Raabe also die fortschreitende Zerrüttung seiner Gestalt, und offenbar kam es ihm vor allem darauf an. Er begnügt sich nicht mehr, wie es für die klassische Novelle der Romanen charakteristisch war, mit der punktuellen Darstellung des zentralen Ereignisses, sondern weitet diese Punktualität zur Breite des Zuständlichen aus.

Noch eines ist in diesem Zusammenhang aufschlußreich. Was sich in der Novelle Raabes ereignet, ist offenbar als beispielhaft für den Weltzustand im Ganzen gedacht. Wie Ludowikes Leben, statt sich im Glück der Liebe zu erfüllen, in das Dunkel der Zerstörung gerät, so ist es auch mit den anderen Lebensläufen, von denen beiläufig in der Novelle die Rede ist. Es ist nicht nur so, daß der, durch dessen Verrat Ludowikens Bräutigam sterben mußte, dafür bestraft wird. Auch vom Leben derer, die ihm den Lohn für seinen Verrat zahlten, weiß die Erzählerin nichts Gutes zu berichten; ob es der wilde Reichert war oder Franz Hornemann. Von dem einen läßt die Erzählerin wissen,

daß er bei Waterloo ein Bein verlor und während der Operation starb; und von dem andern heißt es, daß er „sich nach dem Kriege in der Fremde aus Eifersucht vor den Augen seiner Braut erschoß..."
(S. 237/38) So wird die dunkle Seite des Lebens in dieser Novelle Raabes nicht unterschlagen. Im Gegenteil: illusionslos weist der Dichter darauf hin, wie Härte mit Schwäche, der Sieg mit der Niederlage, die Schönheit mit der Zerstörung unlösbar verflochten sind.

Aber das ist nur die eine Seite. Noch wichtiger und vordringlicher scheint für den Dichter eine andere Frage; die nämlich, wie der Mensch mit dem Zugleich von Größe und Zerstörung fertig wird; wiederum eine Frage, die so breit in dem Werk entfaltet ist, daß sie die ursprünglich auf den alleinigen Handlungsverlauf beschränkte Form der traditionellen Novelle zu sprengen geeignet ist.

In zweifacher Weise erfolgt diese Reaktion; einmal so, daß man der Zerrüttung und dem Elend gegenüber egoistisch die Augen verschließt. Und dann in der Weise, daß einer auf diesen Selbstschutz verzichtet, um sich, auch um den Preis der Zerstörung des eigenen Lebens, in die Not des anderen einzulassen, als wäre es die eigene. Aber nicht in Verzweiflung — das ist entscheidend —, sondern wie oft im Werk Raabes in der Hoffnung und im Glauben, daß es möglich sei, in der Tiefe des anderen Lebens Kräfte zu entbinden, die stärker sind als Zerrüttung und Wahnsinn; einmal also die Begegnungsform, die man als Ich-Es-Beziehung zu begreifen gewohnt ist; und dann die gegensätzliche, die als Ich-Du-Beziehung im Denken der Moderne bedeutsam wurde. Sie ist bei Raabe längst vor der begrifflichen Fixierung dichterisch überzeugend gestaltet.

Wenn man daraufhin die Novelle prüft, sieht man, daß es die Angehörigen Ludowikens sind, die, bestätigt durch die Gesellschaft, in unbegreiflicher Ichsucht die Abwendung vollziehen. Die Schwester dagegen begreift, daß sie von der anderen Seite so angefordert ist, daß von ihrer Antwort nicht nur das Los der Schwester, sondern auch das eigene abhängt.

Da ist die Rede von der Grausamkeit, mit der man in dieser Zeit die Irren aus der Mitte der Gesunden ausschloß: „Es war ja eine Schande, ein Kind, einen Bruder, eine Schwester im Irrenhaus zu haben, und jeder band im Notfalle lieber selber dem Verwandten die Hände zusammen und legte ihn an die Kette." (S. 234) Zunächst hat man noch eine Entschuldigung zur Hand: in den Kriegswirren ist der Blick in dem Maße auf das Öffentliche gerichtet, daß daneben kein Raum für das Leid im privaten Umkreis war. „Was in ruhigeren Zeiten die Stützen unseres ganzen Daseins zerbrochen hätte, das wurde nun mit wilder Dumpfheit als das Gleichgültigere angesehen..." (S. 232) So entwöhnt man sich dessen, was in der unmittelbaren Nähe geschieht. Indessen die Gleichgültigkeit reicht tiefer hinab und ist prinzipieller. Auch dann, als der Friede in das Land einkehrt, ist keiner der Erwachsenen bereit, sich der Kranken anzunehmen. Daß die kleine Stiefschwester bei ihr aushält, scheint zu genügen. Erst als die Krankheit schlimmer wird und Ludowike mit Gewalt aus dem verschlossenen Raume ausbricht, wird von dem Vater ein Arzt herbeigeholt. Aber was er vorzuschlagen weiß, unterscheidet sich von der Hilflosigkeit und Lieblosigkeit der Anverwandten um nichts. Auch er ist offenbar ein Vertreter der Gesellschaft, die kaum willens ist, Krankheit und Not in ihrem Gesichtskreis zu dulden; jedenfalls ist er nicht bereit — man denke voraus an den zwei oder drei Generationen später entstandenen ‚Landarzt' Kafkas —, sich mit dem Einsatz des eigenen Lebens helfend in diese Not einzulassen. Mag der Dichter in dieser Partie Erfahrungen der eigenen Zeit in die Vergangenheit zurückdatieren, mag in dieser Vergangenheit schon angelegt sein, was sich dann als die Versuchung einer unpersönlichen Es-Welt von Jahrzehnt zu Jahrzehnt stärker anbot, die diese Welt konstituierende Unterscheidung zwischen Brauchbarkeit und Unbrauchbarkeit, der Wille, nur das Gesunde, Ungefährdete gelten zu lassen, ist für den Dichter Raabe der Sündenfall schlechthin. Was von Groethusen[4] bis zu Heideggers Todeskapitel in ‚Sein und Zeit'[5] enthüllt wird, ist auch für die Darstellung der neuzeitlichen Gesellschaft in der Novelle Raabes gültig. Bewußt oder unbewußt gilt, um der Funktionsfähigkeit dieser Gesellschaft willen, die Vereinbarung, daß Zerstörung und Tod in Wort und Erscheinung nicht in die Öffentlichkeit treten dürfen.

So entspricht es im Grunde den geheimen Wünschen der Anverwandten, daß Ludowike am Ende für immer in der dunklen Kammer verschwindet. „Aber das begriff ich klar, daß man die Ludowike schier zu den Toten rechnete und daß ein jeder jeden Gedanken an sie so hastig als möglich aus seinem Sinn zu verscheuchen bemüht war und daß man stillschweigend ein Übereinkommen getroffen hatte, die dunkle, kalte Kammer... unter sich und gar nicht gegen andere zu erwähnen." (S. 242) Am Ende aber hat man ihre Existenz tatsächlich so weit vergessen, daß man, unbehelligt von irgendwelchen Skrupeln, hinausgeht, um am Himmelfahrtstage des Jahres 1814 am Siegesfeste der Stadt teilzunehmen.

All dessen weiß sich die Stiefschwester noch nach vielen Jahrzehnten zu erinnern, da sie ihrer Nichte von den vergangenen Dingen erzählt. Und in diesem Erzählen wird fast überdeutlich, an welcher Stelle sich ihr Verhalten Ludowike gegenüber von dem der Angehörigen unterscheidet. Von der ersten Stunde, da die Krankheit beginnt, errät sie, daß es an ihr ist, mit der Schwester zu leben. Was sie sich selbst damit aufbürdet, davon ahnt sie zunächst nichts, wird aber bald dessen inne: „denn ob ich gleich die arme Ludowike so lieb, so lieb hatte, flößte sie mir doch ein fürchterliches Grausen ein." (S. 234) Von allem geschieden lebt sie Tag für Tag eingeschlossen mit der Irren dahin und erlebt den fortschreitenden Verfall. „Da war's kein Wunder, wenn alles auch in meinem Kopf ins Schwindeln und Schwanken kam." (S. 235) So ist es begreiflich, daß sie mit der zunehmenden Zerrüttung selbst an den Rand der Zerstörung gerät.

„Mit der Schwester Zustand hat sich natürlich auch der meinige verändert, und dieses Zusammensein mit der Irrsinnigen ... mußte mich ihr allmählich ganz gleich machen." (S. 238)

Die Erzählerin unterschlägt nichts von dem, was ihr aufgebürdet ist. Trotzdem weicht sie in dieser furchtbaren Lage nicht aus; für ein Denken, das sich in klugem Abschätzen des Möglichen und Unmöglichen aufhält, mag ihre Hingabe als sinnloses und nicht gerechtfertigtes Sichverschwenden erscheinen; für einen Menschen dagegen, der auch das Unmögliche für möglich hält, bedeutet ihr Einsatz die große Chance, an einer Stelle den Bann einer saturierten und in sich geschlossenen Endlichkeit zu brechen. Denn die Schwester erkennt mit geschärftem Bewußtsein, daß in einer Gesellschaft, die schicksallos zu leben gewillt ist, der Leidende der einzige ist, der, indem er mit dem Leid auch das Wunder und die Gnade möglich macht, die Wahrheit und Größe des Menschendaseins rettet.

Auf diese Weise vollzieht sich das Geschehen im Umkreis der Erzählerin immer stärker auf dem Hintergrund dieser Gesellschaft und im Gegensatz zu ihr. Zwar klagt sie diese Gesellschaft an, daß sie ihr junges Leben in Ichsucht preisgegeben und zerstört hat. Doch möchte sie ihr Los um keinen Preis dafür eintauschen, im Kreise der Angehörigen dahinzuleben. Die Möglichkeit einer solchen Rückkehr bietet sich ihr noch einmal an, als die Kranke eingesperrt und sie von

III. Die deutsche Novelle im Übergang zum 20. Jahrhundert

ihr getrennt wird. „Nun saß ich wieder unter den Vernünftigen und Verständigen und hörte in dumpfer Gleichgültigkeit ihren klugen Reden ... zu und begriff fast nichts mehr von ihrem Leben; denn alles, was man sagte und tat, war mir gleich dem Kratzen an einer Kalkwand." (S. 242) Welch ein Abgrund sich zwischen ihr und den Verwandten aufgerissen hat, zeigt ein Satz, der kurze Zeit später fällt: „Ich fürchtete mich vor ihrem Lachen fast noch mehr, als ich mich vor dem der Irrsinnigen gefürchtet hatte..." (S. 242) Dieser Satz fällt im übrigen an der Stelle, wo sie erzählt, wie man den Neujahrstag 1814 und den an diesem Tag sich vollziehenden Übergang der Alliierten über den Rhein gefeiert hätte und wie auch die Verwandten ins Rathaus zum Tanz gegangen seien: „als ob alles im Haus und im Herzen in der schönsten Ordnung sei." (S. 242)

Auf der einen Seite verliert man sich, wie oft im Werke Raabes, in jenen Optimismus der bürgerlichen Gesellschaft, ohne den das Funktionieren des diese Gesellschaft tragenden Daseinsapparates nicht gewährleistet wäre. Auf der anderen Seite dagegen wird entschlossen die Abwehr gegen diesen Optimismus vollzogen. Man könnte diese Abkehr mit dem Attribut „existentiell" bezeichnen; vorausgesetzt daß man diese Vokabel nicht mit einer rein negativen Daseinserfahrung gleichsetzt. Denn — hier ist noch ein Wort über das Ende der Novelle zu sagen — das Erstaunliche in dem Werk Raabes ist die letzte Partie. Da geschieht es, daß sich wider alles Erwarten das Unmögliche als möglich erweist; daß nämlich in der Todesstunde Ludowikens der Schwester Dank zuteil wird, auf den zu hoffen nach menschlicher Berechnung Vermessenheit gewesen wäre. Das heißt aber rückläufig nichts anderes, als daß während der langen Jahre, der scheinbaren Zerrüttung zum Trotz, in Ludowike das Wissen und das Verstehen dafür lebendig geblieben war, was die Schwester für sie an opferbereiter Liebe verschwendet hatte: „Es ging plötzlich wie ein Krampf über ihr armes, gelbes, hageres Gesicht, doch nach dem Krampf kam eine Stille, und da ist es gewesen, als ob für einen kurzen Augenblick ein Schleier von ihr gezogen werde... und mit einer Stimme, die verklungen war seit jener Stunde, in welcher sie den Brief... schrieb, (hat sie) gesprochen: ‚Es soll dir gut gehen, dein ganzes Leben lang, liebe Schwester, denn du hast mich nicht verlassen in meiner Not!'" (S. 249) Dann aber bekennt die Schwester fast im Jubel: „Jetzt ist ihre Seele licht, die Dunkelheit ist vergangen, und ich, ich habe sie in die Sonne, in den Frühling, in die Freiheit führen dürfen." (S. 249)

Wilhelm Raabe

In dieser Richtung etwa ist die Novelle Raabes ‚Im Siegeskranz' zu verstehen. Daß die Interpretation des Einzelwerkes zugleich beispielhaft zeigen kann, wie vor allem das späte Werk Raabes überhaupt zu deuten ist, würde ein Vergleich mit anderen Novellen deutlich machen. Die Gestimmtheit mag in den verschiedenen Werken differieren, aber dieses bleibt sich gleich: daß in all diesen Werken die Aufmerksamkeit auf das gerichtet wird, was in der neuzeitlichen Gesellschaft erfolglos bleibt und übersehen wird; daß der Erzähler und seine Gestalten sich in diese Erfolglosigkeit einlassen, und zwar im Geist der Liebe, für die man seit Kierkegaard das Wort „existentiell" bereithält; vor allem aber, daß es immer eine Liebe ist, die erfüllt ist mit der Zuversicht, daß sie stark genug sei, in der scheinbaren Sinnlosigkeit doch den Sinn zu ergründen. — Da die Wandlung der Novellenform im Werk Raabes besonders vorgetrieben erscheint — radikal vor allem, wenn man an den Ausgangspunkt der europäischen Novellendichtung zurückdenkt —, sei der Versuch gemacht, die Eigenart der Novelle Raabes auf dem Hintergrund des unreflektierten, auf die sachlich-pointierte Wiedergabe des Handlungszusammenhangs bezogenen klassischen Novellentypus zu verstehen, mit der Absicht, auf diese Weise das Ende am Anfang zu messen. Wenn man sich diesen Typus ins Gedächtnis zurückruft — man denke als Beispiel an die schon einmal beiläufig erwähnte Krämerin-Novelle der Goetheschen ‚Unterhaltungen' —, dann scheint es, als ob zwischen der Novelle Raabes und diesem klassischen Typus keinerlei Gemeinsamkeit mehr bestünde. An Stelle der Unreflektiertheit finden wir das Klima höchster Bewußtheit, an Stelle der strengen Objektivität die ebenso radikale Wendung zur Subjektivität. Ohne Zweifel ist Raabes Novelle, kaum anders als Goethes Krämerin-Novelle, der Gattungsform zuzuordnen. In beiden Fällen zentriert sich das Geschehen auf das „Ereignishafte" in dem Sinn, wie Wolfgang Kayser es definiert hat: „als die unerwartete Fügung, die alle Absichten durchkreuzt."[6] In der genannten Novelle Goethes die jähe Begegnung mit dem Tod, und zwar in der gleichen Stunde, da die Kulmination des Lebens erwartet wird; in Raabes Novelle der Einbruch der Zerstörung in ein Leben, das für das Glück bestimmt zu sein schien. Das ist das Gemeinsame; doch dann beginnt der Unterschied.

Worin dieser begründet ist, läßt sich von manchen Seiten her begreifbar machen. Wichtig in diesem Zusammenhang ist nicht zuletzt die unterschiedliche Intention des Erzählaktes. Die der klassischen Novelle ist

165

die gesellschaftliche Zerstreuung, oder, wie Goethe noch sagt, die „Unterhaltung". Mögen schon bei Boccaccio und in noch erhöhtem Maße bei Goethe andere Absichten mitschwingen[7] —, der primären Intention nach dient diese Novelle jedenfalls der Unterhaltung. Von dieser Funktion her erhält dieser Typus seine besondere Form: die Weise, wie auf Spannung hin erzählt wird; in Verbindung damit die Notwendigkeit, das Überraschungsmoment herauszuarbeiten, die Bedeutung des Wendepunktes und der Pointe, zu verstehen als Zentrierung des Erzählens auf das unerwartete Faktum; der Verzicht des Erzählers, dieses auf seinen tieferen Gehalt hin zu erörtern, und manche andere Züge.

Kommt man von daher zu Raabe, dann ist dies alles in sein Gegenteil verkehrt. Auch hier empfiehlt sich, von der Intention des Erzählens auszugehen, um die Andersartigkeit zu begründen. In der zuvor interpretierten Novelle ist ebenfalls eine lebendige Erzählsituation geschaffen: die Stiefschwester erzählt das Novellengeschehen ihrer Nichte. Die Absicht des Erzählens ist indessen eine andere: Das Ereignis interessiert nicht mehr um der Unterhaltung und der Neuigkeit willen, sondern wird zum Schlüssel für die Daseinsdeutung. Nicht mehr die Zerstreuung, sondern die Betroffenheit ist für die Haltung des Erzählers und des Hörers entscheidend. Nicht mehr eine Gesellschaft, die auf Unterhaltung ausgeht, ist das Gegenüber des Erzählers, sondern einer, der in der Desorientiertheit seines Lebens Weisung und Orientierung sucht.

So wäre der Unterschied der beiden Erzähltypen von der Erzählsituation her zu charakterisieren. Damit ist allerdings noch nicht gesagt, warum eine so tiefgreifende Wandlung in der Entwicklung der Novelle geschehen mußte. Die Antwort auf diese Frage kann nur im Blick auf das hin gegeben werden, was sich im Gang der neuzeitlichen Gesellschaft an Veränderungen gezeigt hat. Die klassische Novelle der Romanen rechnet mit einer Gesellschaft, die in ihrer Sicherheit im Grunde unerschüttert ist. Die nachklassische Novelle setzt die Zweifel und die Krise der Sicherheit voraus. In dieser Krise aber bietet sich die Novelle mit ihrer Konzentration auf das „Ereignishafte" immer stärker als jene dichterische Form an, die in besonderer Weise geeignet erscheint, Situationen zu gestalten, in denen die geschlossene Rationalität der Weltgestaltung von oben und unten her erschüttert wird. Im Grunde ist diese Erschütterung die soziologische Voraussetzung für die Entwicklung der deutschen Novelle von Goethe bis ins 19. Jahrhundert hinein; nur ist hinzuzufügen, daß bei Raabe die bisher mehr oder minder latent gebliebenen Voraussetzungen manifest werden. Nur von daher ist es zu begreifen, daß in der nachklassischen Novelle jener Konflikt immer entscheidender wurde, der von Goethe in den ‚Wahlverwandtschaften' zum erstenmal als wesenhaft für die Novelle betont wurde.[8] Dieser Konflikt ist zu verstehen als Widerspruch zu einer Daseinsgestaltung, die jede Überraschung ausschalten möchte. Er weist auf ein Dasein, das diese Möglichkeit der Sicherung in Frage stellt.

Aber das sind Stilzüge allgemeiner Art. Welche Stil- und Aufbauelemente sind für Raabe charakteristisch? Versucht man, diese zu benennen, dann muß man an erster Stelle auf die Emotionalität der Sprache verweisen. Der Kern der klassischen Novelle ist der Bericht, gelegentlich unterbrochen durch Redeformen dialogischer bzw. monologischer Art. Es wird schwer fallen, in der Novelle Raabes einen solchen Sachbericht zu finden. Viel zu stark ist die Erzählerin von dem Vergangenen ergriffen, als daß ihr diese unpersönlich-sachliche Form der Wiedergabe möglich wäre. Ihr Ton des Erzählens ist ein anderer: „Mein Kind, sie ist nicht vom Stuhl gesunken, sie hat nicht das Haar zerzaust, auch hat sie nicht wie wir andern laut aufgeschrien." (S. 230) „Ja, ja, so viel hatte die hohe, stolze Jungfrau für das Vaterland gegeben, daß ihr nichts von ihrem schönen jungen Leben übrig geblieben war..." (S. 234) Sätze dieser Art prägen den Stil der Novelle. Wortwahl und Wortfügung bringen von Seite zu Seite immer stärker die Erregtheit und Betroffenheit zum Ausdruck.

Mit den Stilformen der Emotionalität verbinden sich in einer für Raabe charakteristischen Weise Stilformen der Reflektiertheit. Immer wieder geschieht es, daß die Ausweitung des Besonderen ins Allgemeine vorgenommen wird und daß mit der Wiedergabe des Faktums die Frage nach dem Sinn gestellt wird. Wo immer der Einzelfall so erschütternd erlebt wird wie in dieser Novelle, liegt es nahe, daß der Einzelfall exemplarisch für das Ganze wird. „Wie solches zu unserm Weinen und Lachen, zu unserer Trauer und unserm Triumph sich ereignete... das will ich dir nunmehr beschreiben und kann es auch." (S. 222) „O liebes Kind, da hat eine andere Hand als die meinige den Schlüssel geführt und umgedreht, denn ich weiß nichts davon; aber eine gütige, eine barmherzige, sanfte Hand ist es gewesen — ich segne sie zu jeder Stunde, und alle Freude, alle Wonne, die ich nachher in meinem langen

III. Die deutsche Novelle im Übergang zum 20. Jahrhundert

Leben genossen habe, werden aufgewogen durch das Gedenken an jene hohe Vergünstigung..." (S. 247)

Mit diesen Überlegungen zur Form der Raabeschen Novelle ist zugleich auch die Frage nach dem Erzähler gestellt. Daß der Dichter für die Novelle, wie oft für seine Werke, einen Rollenerzähler gewählt hat, ist aufschlußreich, genügt aber noch nicht, um die Bedeutung dieses Erzählers zu charakterisieren. Auch in der Novelle Bassompierres — um noch einmal auf den Vergleich mit der klassischen Novelle zurückzukommen — figuriert ein Rollenerzähler. Allerdings ist sein Verhältnis zum Geschehen von dem Raabes tief verschieden. Auch wenn Bassompierre von seinen eigenen Erlebnissen berichtet, bleibt sein Verhältnis zu dem ihm Widerfahrenen ohne Teilnahme. Nicht der Träger des Erlebens ist hier entscheidend für das Ganze, sondern das Ereignis. Der Erlebende selbst bleibt antlitzlos in bezug auf die Individualität und wäre durch eine beliebige Gestalt des ausgehenden ancien régime ersetzbar. Auch von ferne kann nicht daran gedacht werden, daß die Begegnung mit dem Tod für ihn eine Wende des Lebens bedeutet. Anders im Werk Wilhelm Raabes. Im Grunde ist die Mitte der Novelle nicht Ludowike, sondern die Schwester als Erzählerin. In ihrer Existenz zieht sich das Werk zusammen: in ihrem Gegensatz zur Umwelt und zur Gesellschaft, in der abgründigen Einsamkeit, die sie erleidet, in ihrer Hilflosigkeit, aber auch in ihrer Hoffnung und dem, was ihr am Ende als Gnade widerfährt. All das ist durch das Medium ihres Erlebens hindurchgegangen.

Wenn man nach dem Grund dieser Wandlung der Erzählergestalt und der Erzählhaltung fragt, kann man noch einmal an das anknüpfen, was schon hier und da in der Interpretation angeklungen ist. In dem bisher Gesagten wurde schon, ausdrücklich oder andeutungsweise, berührt, was zwei Generationen später von verschiedenen Seiten über das Wesen der menschlichen Existenz gesagt worden ist. Vorausgesetzt ist jeweils, in der Gestaltung Raabes sowohl wie in den von Sören Kierkegaard eingeleiteten gedanklichen Bemühungen, die Erfahrung, daß es geschichtliche Phasen gibt, in denen die Verantwortung für den Sinn von den objektiven Lebensordnungen auf den Einzelnen übergeht; auf den Einzelnen, der dann die Vollmacht hat, den letzten Sinnbezug wieder sichtbar zu machen und zu verwirklichen. Daran hat man wohl zu denken, wenn sich in der Novelle Raabes eine so radikale Wendung von der Objektivität der Gesellschaft zur Subjektivität ereignet. Es ist keine Fehldeutung, wenn man bei der Charakterisierung der Erzählerfigur der Novelle an den Jaspersschen Begriff der „existentiellen Subjektivität" denkt. Auch in Stifters ‚Brigitta' oder in den ‚Zwei Schwestern' ist der Erzähler wichtig, aber noch nicht in einer existentiell so angestrengten Weise wie in Raabes Novelle. Denn noch gibt es bei Stifter eine Inkarnation des Sinnes in den objektiven Ordnungen, sei es kosmischer, sei es menschlicher Art; so, daß die Wendung zur Subjektivität nicht das Ausmaß erreicht wie im Werk Wilhelm Raabes.

Wenn man von diesen Überlegungen her nochmals den Blick auf die Erzählhaltung der Novelle richtet, läßt sich folgendes sagen: Von da aus wird einsichtig einmal, warum Raabe nicht nur den Rollenerzähler gewählt hat, sondern die damit gegebenen Möglichkeiten bis ins Letzte zu entbinden vermochte; vor allem deshalb, weil eine solche Erzählerfigur stärker die Teilnahme zum Ausdruck bringen mochte als der Erzähler in der Gestalt des bloßen Berichterstatters. Von da aus ist dann zum andern der emotional geprägte Stil des Erzählens zu begreifen. Zu begreifen ist endlich von daher auch, daß Raabe den Erzähler lange Zeit nach dem Geschehen davon berichten läßt. Die allzu starke Nähe zum Geschehen würde nur jenen erregten Erzählstil ermöglichen, wie er für die romantische Novelle und noch einmal für den frühen Stifter wesentlich ist. Um aber frei zu sein, um darüber hinaus die Frage nach dem Sinn zu stellen, bedarf es mit der Ergriffenheit auch der Distanz und der Überschau. Dazu aber eignet sich die Reife und die reiche Erfahrung des Alters. Erst diese ermöglicht jenes Zugleich von Erregtheit und Reflektiertheit, wie es für die Novelle charakteristisch ist.

Von diesen Prämissen her wird dann auch die Führung der Handlung in ihrer Eigenart begreifbar. Wenn man diese zu charakterisieren versucht, dann ist zunächst noch einmal auf den Umstand zu verweisen, daß die Handlung vom Ende her ausgefaltet wird. Das Geschehen ist vergangen, und die Erzählerin schaut, um den Ausgang wissend, auf das Vergangene zurück. Das ist ein erzählerischer Einsatz, der zwar in der Novelle des 19. Jahrhunderts häufig gewählt wurde, aber wieder in dem gegensätzlichen Typus der klassischen Novelle keine Parallele hat. In dieser wird um des Überraschungsmomentes willen streng in chronologischer Folge erzählt. Eine solche Folge ist aber überflüssig für einen Erzähler, dem es vor allem auf die Sinnfrage ankommt. Wessen Aufmerksamkeit darauf bezogen ist, dem ist der Verlauf des Einzelfalles sekundär gegenüber der Möglichkeit, durch ihn Einsicht in den Sinn des Daseins zu gewinnen.

Damit erklärt sich ein zweiter Stilzug: die besondere Technik der Vorausdeutung. Daß Vorausdeutungen für die Gattungsform der Novelle ebenso wichtig sind wie für die Tragödie, hatte sich in der Darstellung der Novelle des 19. Jahrhunderts oft genug erwiesen. Nur kommt es darauf an, welche Art von Vorausdeutungen gewählt wird. Die künstlerische Vollendung und Konsequenz, die Goethe der Bassompierre-Geschichte von der ‚Schönen Krämerin' zu geben wußte, ist vor allem in der Art und Weise begründet, wie er, im Gegensatz zu der französischen Vorlage, in versteckten Vorausdeutungen die kommende Katastrophe vorbereitet.[9] Das aber bedeutet, daß er sich mit dem begnügt, was E. Lämmert die „zukunftsungewissen" Vorausdeutungen[10] nennt; eine Auswahl, die auch hier der Neigung des Erzählers entspricht, den Ausgang im Dunklen zu lassen. Raabe dagegen wählt — auch er in Konsequenz seines Ansatzes — die zukunftsgewisse Vorausdeutung als jene, die ohne Rücksicht auf die Spannung im Faktischen das Ende unbekümmert vorwegnimmt; sei es das Ende einer Erzählphase, sei es das der ganzen Dichtung. Ein flüchtiger Blick auf die Novelle Raabes zeigt, daß sie mit Vorausdeutungen dieser Art durchsetzt ist: „Sie ritten schnell, aber noch nicht schnell genug für die angekettete Ungeduld. Das war das Verderben für meine Ludowike." (S. 224) Und dann wiederum von Ludowike: „Da ging in diesem kalten Hauch es vorüber wie ein Gespenst und verkündete das, was kommen sollte..." (S. 226) Wer so wie die Erzählerin eingesehen hat, wie Leid und Tragik zum Dasein gehören, der kann diese Erfahrung voraussetzen. Er braucht sich jedenfalls nicht mehr die Mühe zu geben, sie als Überraschung auszusparen. Und selbst, was sich schlechthin unvorhergesehen in dieser Novelle ereignet — daß in der Todesstunde Ludowike wiederum aus der Zerrüttung des Wahnsinns zur Vernunft zurückfindet —, selbst diese Wendung im Geschehen wird vorweggenommen.

Noch ein Letztes ist zur Eigenart der novellistischen Form zu sagen: Man weiß, zur epischen Situation gehört ein Dreifaches: der Erzähler, das Geschehen und der Hörer. Über die Gestaltung des Geschehens wurde gesprochen, ebenso über die Figur des Erzählers. Welcher Art ist das Verhältnis dieses Erzählers zum Hörer? Die Antwort wurde indirekt schon gegeben. Vielleicht darf man sie so formulieren: So wie das Verhältnis der Schwester zu Ludowike ein „dialogisches" war — das

Wort in dem Sinn zu verstehen, wie es Martin Buber entwickelt hat[11] —, so ist auch das Verhältnis der Erzählerin zur Nichte, die als Hörerin vor ihr sitzt, zu verstehen. Wie wichtig dieses Moment des Dialogischen ist, kommt schon in der Gebärde des Sprechens zum Ausdruck. Es ist ein Sprechen, das in jeder Äußerung ausdrücklich und verantwortlich auf den Hörer bezogen ist. Immer wieder leitet die Form der Anrede den Satz ein: „Mein Kind, mit diesem Sonnenaufgang ist es wie ein Sturmwind über die Stadt gegangen..." (S. 227) „Und nun, mein Kind, wie es Finsternis wurde in der armen Seele der Schwester, so wurden auch die Wolken über aller Welt dunkler und dunkler..." (S. 232)

Es wurde davon gesprochen, daß in der Novelle der Einzelne die entscheidende Figur sei, der Einzelne in jener Bedeutung, wie etwa Kierkegaard von ihm als der letzten Instanz der Wahrheit gesprochen hat. Dieser Einzelne ist aber nicht nur der Ort, wo von der Unwahrheit der Zeit wiederum zur Wahrheit gefunden wird; er ist auch die Instanz, die im Geiste dieser Wahrheit eine neue Verbundenheit stiftet. Etwas davon hat sich zwischen der Erzählerin und Ludowike vollzogen. Es vollzieht sich aber in ähnlicher Weise auch zwischen der Erzählerin und derjenigen, an die sich ihr Wort richtet. So ist auch der Vorgang des Erzählens und Hörens in jenem existentiellen Sinn zu verstehen, der für das Verständnis der Novelle Wilhelm Raabes grundlegend war.

Theodor Fontane

Fontane ist seiner Begabung nach kein Novellendichter. Sein Wesen und seine künstlerische Haltung sind fast ausschließlich geprägt von Eigenschaften, wie sie den Geist der großen epischen Formen bestimmen: die der gütig-ironischen Duldsamkeit, der Überschau und der geistigen Distanz. Trotz dieser mehr zum Roman hin tendierenden Begabung gibt es — vor allem aus der Anfangszeit des Schaffens — einige Novellen, unter denen neben ‚Grete Minde' und ‚Ellernklipp' vor allem die Novelle ‚Schach von Wuthenow' besondere Wertschätzung findet. Es ist eine breit angelegte Novellendichtung, in deren Mittelpunkt die Gestalt eines preußischen Offiziers, des Rittmeisters von Wuthenow, steht. Zeit und Raum des Geschehens ist das Preußen des Jahres 1806; also jenes Preußen, in dessen vernichtender Niederlage der seit dem Tod Friedrichs des Großen nicht aufzuhaltende Niedergang des Landes einen vorläufigen Endpunkt fand. Zunächst ist die

Problematik der Novelle — wie später auch in ‚Effi Briest' und in anderen Erzählwerken — eine solche psychologischer Art. Der Held des Werkes krankt an dem Widerspruch von Außen und Innen: Seine glänzende äußere Erscheinung verhüllt nur mühsam seine innere Schwäche und Unentschlossenheit. In dieser Unentschlossenheit geht er an einem Liebes- und Ehekonflikt zu Grunde. Weil er glaubt, in der Verbindung mit der geistvollen, aber häßlichen Viktoria von Carayan der Lächerlichkeit zu verfallen, nimmt er sich am Tage der Eheschließung das Leben. Um der Novelle gerecht zu werden, genügt es aber nicht, auf diesen individuell-psychologischen Konflikt zu verweisen. Rang und Bedeutung des Werkes sind gerade darin begründet, daß diese Problematik des Rittmeisters von Wuthenow nicht nur ein isolierter Einzelfall ist, sondern beispielhaft für die Situation eines Landes, das, wie der Held der Novelle, an dem gleichen Widerspruch von Schein und Sein, von Anspruch und menschlicher Wirklichkeit leidet. Der Dichter hat alles getan, um diesen Zusammenhang des Einzelschicksals mit dem Schicksal eines ganzen Volkes so prägnant wie möglich herauszuarbeiten. Trotz dieser Ausweitung des Geschehens wird man aber festhalten müssen, daß in dem Werk die Grenzen der Novelle nicht verletzt sind, da der geschichtliche Hintergrund nicht in der Breite und Selbständigkeit entfaltet wird, wie es zum Wesen des Romans gehört.[12]

Auch in den folgenden Erzählwerken Fontanes fehlt es nicht an novellistischen Motiven. Doch wird in ihnen immer mehr die Grenze zwischen Novelle und Roman überschritten. Novellistisch ist der thematische Ansatz in ‚Effi Briest', ‚Cécile' und besonders in ‚L'Adultera'. Indessen wird man in jenen Werken die Straffung und konsequente Entfaltung, die für die Gattungsform der Novelle eigentümlich ist, vergebens suchen. Fontane geht es im Verlauf seines Schaffens mehr um die Auflockerung des Erzählstils als um Straffheit und Geradlinigkeit der Handlungsführung. So versteht er immer konsequenter jenes epische Gesetz zu erfüllen, dem Schiller in seinem Briefwechsel mit Goethe eine besondere Gewichtigkeit zubilligte, das der Retardation. In diesem Sinn bemüht sich der Dichter, das eigentlich Novellistische einzugrenzen und es einem weiteren Weltzusammenhang einzufügen; nicht zuletzt dadurch, daß er solche Gestalten in den Mittelpunkt zu rücken weiß, die die Duldsamkeit oder auch die Nüchternheit und den Instinkt für das Mögliche besitzen; also jene Vorzüge, die Fontane selbst als Auszeichnung seines Wesens besaß.

Man kann diese Hinweise verhältnismäßig leicht an dem Entstehungsprozeß der ‚Stine' kontrollieren, in den uns der Dichter durch Briefe und andere Äußerungen Einblick gewährt hat. Darum sei die Aufmerksamkeit noch einmal auf dieses Werk gerichtet. ‚Stine' war zunächst als Novelle konzipiert, und zwar so, daß die für eine novellistische Gestaltung besonders disponierte Liebesgeschichte des jungen Grafen Haldern im Mittelpunkt stehen sollte; die Liebe eines Mannes aus altem adeligem Geschlecht zu Stine, einem Mädchen aus niedrigem Stand. Im Gegensatz zu dem Roman ‚Irrungen, Wirrungen', der in vielfacher Beziehung als Parallelwerk zu ‚Stine' zu verstehen ist, endet die Liebe Haldners nicht mit der, wenn auch resignierten, Rückkehr in die Welt der Konventionen und der Ordnung, sondern mit dem Untergang der Liebenden. Auf diese Weise steht von Anfang an ihre Begegnung unter negativem Vorzeichen. Schon der durch eine schwere Verwundung im Krieg 1870 in seiner Lebenskraft geschwächte Haldern, aber auch die zur Krankheit neigende Verfassung Stines lassen ahnen, daß beide nicht die Kraft haben, ihre Liebe gegen alle Widerstände zu verwirklichen. Zahlreiche Vorausdeutungen und Leitmotive weisen auf das kommende Ende hin. Wobei mit dem Hinweis auf die Bedeutung dieser Aufbauformen die ursprüngliche novellistische Konzeption des Werkes noch einmal unterstrichen wird. Denn mit ihrer Hilfe gelingt es dem Dichter, die Gestaltung dieses Handlungsstrangs in einer Weise zu straffen, wie es zum Formgesetz der Novelle gehört.

Zu den Vorausdeutungen gehört — um einige herauszugreifen — das Urteil der Witwe Pittelkow über den jungen Graf Haldern nach dem ersten Zusammentreffen; wobei es für den Aufbau des Werkes nicht gleichgültig ist, daß sich diese Vorausdeutungen an einer besonders exponierten Stelle befinden; nämlich am Ende des 6. Kapitels. Zu diesen Vorausdeutungen gehört auch das schwermütige Gefühl Stines nach dem ersten Besuch Halderns: „Stine gab ihm das Geleit bis auf den kleinen Korridor; dann aber rasch in ihre Stube zurücktretend, trat sie ans offene Fenster und sog frische Luft ein, die vom Park herüberkam. Aber es blieb ihr bang ums Herz, und sie hatte das unbestimmte Gefühl, daß ihr nur Schweres und Schmerzliches aus dieser Bekanntschaft erwachsen werde."[13] In die Reihe der Vorausdeutungen fügt sich auch der Blick Halderns auf den Kirchhof mit dem Gedächtnismal für jene jungen Menschen, die Jahre zuvor bei einem Schiffsunglück ums Leben kamen. So am Anfang des 9. Kapitels. (S. 669) Dazu gehört endlich auch jene Stelle, da Haldern, von der letzten Begegnung mit Stine kommend, in den abgestorbenen Ästen der den Kai einrahmenden Bäume so etwas wie die Entsprechung zu dem Lauf seines eigenen Lebens zu erkennen glaubt. (S. 708)

Wichtig für die künstlerische Gestaltung ist vor allem die offenbar an Zola geschulte Technik des Leitmotivs.[14] Eines dieser Leitmotive ist für die Haldern-Stine-Handlung von besonderer Bedeutung: der Blick der Liebenden auf die untergehende Sonne des Spätnachmittags. So am Anfang des 8. Kapitels: „Er hatte sich, während er diese letzten Worte sprach, erhoben und sah, seine Hand auf Stines Stuhllehne, in den Sonnenball, der eben zwischen den nach Westen stehenden Bäumen des Invalidenparks niederging. Alles schwamm in einem goldenen Schimmer und das Schweigen, in das er verfiel, zeigte, daß er auf Augenblicke von nichts als von der Schönheit des sich vor ihm auftuenden Bildes eingenommen war." (S. 663) In dem gleichen Kapitel heißt es dann noch einmal: „Allmählich, während dieses Gespräch geführt wurde, war die Sonne drüben niedergegangen, und ein letztes verblassendes Abendrot schimmerte noch zwischen dem Gezweige der Parkbäume." (S. 677) Und noch einmal am Ende des 9. Kapitels, nachdem Haldern von seiner Verwundung in dem vergangenen Krieg erzählt hat: „Es ist doch das schönste, wenn die Sonne niedergeht und ausruhen will von ihrem Tagewerk." (S. 672) So ist es auch kein Zufall, daß das gleiche Leitmotiv in der Todesstunde Halderns angeschlagen wird: „Die Sonne war im Niedergehen, und er entsann sich jenes Tages, als er von Stines Fenster aus dasselbe Sonnenuntergangsbild vor Augen gehabt hatte ... Wie damals, sprach er für sich hin, und er sah in die röter werdende Glut, bis endlich der Ball gesunken und volle Dämmerung um ihn her war." (S. 709) Noch einmal weist der Abschiedsbrief Halderns an Stine — gleichsam in der Form der „Beglaubigung"[15] — auf das Leitmotiv der untergehenden Sonne hin: „Die Stunden, die wir zusammen verlebten, waren, vom ersten Tage an, Sonnenuntergangsstunden, und dabei ist es geblieben." (S. 711)

Auf diese Weise ist der erste Handlungsstrang des Werkes angelegt; so jedenfalls, daß die ursprünglich novellistische Konzeption ohne Mühe erkennbar ist. In diesen Zusammenhang gehört auch die Feststellung, daß das Geschehen in einer Krisensituation ansetzt, d. h. in einer Phase, wo Haldern und Stine im Grunde wissen, daß sie von der Welt nicht mehr viel zu erwarten haben.

Theodor Fontane

Aber ist das Werk im Ganzen als Novelle zu begreifen? Äußerungen der Briefe zeigen, daß Fontane im Verlauf der Arbeit — mit einer Art innerer Notwendigkeit seinen eigensten Neigungen folgend — eine Reihe von ursprünglichen Episodengestalten in den Mittelpunkt eines eigenen Handlungsstranges rückt; somit ihnen ein Eigenrecht zugestehen will, für das in der Gattung der Novelle kein Raum wäre. So tritt vor allem die Schwester Stines — anfänglich kaum von Bedeutung — ihr als Gegenspielerin immer deutlicher gleichberechtigt und ebenbürtig zur Seite, bis sie in dem vollendeten Werk die Mitte eines eigenen Handlungsstranges bildet. Wenn zum Kriterium eines selbständigen Handlungsstranges eigener Raum und eigener Personenbestand gehört[16], muß bei dem Handlungsgeschehen um die Witwe Pittelkow von einem solchen gesprochen werden; zumal der Lebenslauf dieser Gestalt in seiner ganzen Erstreckung zumindest angedeutet wird. Zu der Witwe Pittelkow gehört in diesem Sinn jener für ihre Existenz charakteristische Wohnraum, in dem sie am Anfang des Werkes die verschiedenen Besucher empfängt. Und zu ihr gehört — ebenso ihre Existenz ergänzend — als eigene Personengruppe ihre Tochter Olga und die Schauspielerin Wanda. Welche Gründe Fontane bestimmt haben, die ursprüngliche Novellenhandlung um Haldern und Stine um einen zweiten Handlungsstrang zu erweitern, macht ein Vergleich der beiden Handlungsstränge zur Genüge deutlich: Den Gefährdeten treten jene gegenüber, die sich den Bedingtheiten der alltäglichen Welt anzupassen wissen, ohne sich der Gefährdung und dem Risiko auszusetzen. Charakteristisch für die Lebensart der Schwester Stines ist in dieser Hinsicht ihr Geständnis im Gespräch mit der Schwester im 10. Kapitel. Darin warnt sie Stine, sich allzu tief in diese Liebe zu Haldern einzulassen: „Ach, Stine, Liebschaft! Glaube mir, daran stirbt keiner, un auch nich mal, wenn's schlimm geht. Was is denn groß? Na, dann läuft 'ne Olga mehr in der Welt rum, un in vierzehn Tagen kräht nich Huhn nich Hahn mehr danach! Nein, nein, Stine, Liebschaft is nich viel, Liebschaft is eigentlich gar nichts. Aber wenn's hier sitzt (und sie wies aufs Herz), dann wird es was, dann wird es eklig." (S. 674 f.) Und ähnlich am Ende des gleichen Kapitels: „Glaube mir, Kind, von 'ne unglückliche Liebe kann sich einer noch wieder erholen un ganz gut rausmausern, aber von's unglückliche Leben nicht." (S. 675)

So lebt Stines Schwester ihr Leben, und Stine verteidigt Haldern gegenüber im 8. Kapitel diese Lebensentscheidung, ohne sie als die eigene anerkennen zu können. Die Umstände ihres Lebens — so bedeutet sie dem Geliebten — haben die Schwester dazu gezwungen, in jener zweideutigen Situation existieren zu müssen, in der man sie zu Anfang des Geschehens vorfindet. Ähnliches klingt an in der Rechtfertigung der Witwe Pittelkow gegenüber den Vorwürfen der Schwester am Ende des 2. Kapitels: „Denn wovon soll man denn am Ende leben?" „Von Arbeit." „Ach Jott, Arbeit. Bist du jung, Stine. Gewiß, arbeiten is gut, un wenn ich mir so die Ärmel aufkremple, is mir eigentlich immer am wohlsten. Aber, du weißt ja, denn is man mal krank un elend, un Olga muß in die Schule. Wo soll man's denn hernehmen? Ach, das is ein langes Kapitel, Stine..." (S. 640)

In dieser Gegensätzlichkeit stehen sich die beiden Schwestern gegenüber. Noch einmal: Stine als jene, die in der Weise der Unbedingtheit ein ehrenhaftes Leben will, und jene Witwe Pittelkow als die, die sich den Relativitäten des Daseins fügt. Indem aber Fontane diese zweite Möglichkeit der ersten gegenüberstellt und sie in einem eigenen Handlungsstrang entfaltet, weitet sich die ursprüngliche Novellenhandlung zur Romanhandlung aus. Denn mit dieser gleichwertigen Gegenüberstellung zweier prinzipieller Entscheidungsmöglichkeiten ist die partielle, auf eine Möglichkeit beschränkte Novellendichtung zur Totalität des Romans erweitert. Auch in Stifters Werk ‚Zwei Schwestern' stehen sich in Camilla und Maria zwei gegensätzliche Figuren gegenüber; auch hier in der Weise, daß sich mit den beiden Gestalten grundsätzliche Möglichkeiten der Daseinsgestaltung verbinden. Indessen ist es bei Stifter wiederum nicht so, daß sich um diese Gestalten jeweils ein eigener Handlungsstrang — und das heißt eine eigene Welt — formiert. Vielleicht wäre es möglich, von eigenen Räumen zu sprechen, in denen Camilla und Maria ihr Leben leben, keinesfalls aber von eigenen Personenkreisen, die sie umgeben. Im Gegenteil, beide sind mit allen Gestalten der Novelle in gleicher Weise verbunden. Darum bleibt das Werk Stifters trotz der Ausweitung der traditionellen Novellenform zum Roman wenigstens formal in den Grenzen der Novelle, während Werke wie Fontanes ‚Stine' und ‚Irrungen, Wirrungen' diese Grenzen so deutlich überschreiten, daß nicht mehr von einer Novellendichtung gesprochen werden kann.

Die Gestalten, die ergänzend zur Witwe Pittelkow treten, sind ihre Tochter Olga und Wanda; beide sind auch Repräsentanten einer Menschenart, die ohne je der Zone des Schicksals nahe zu kommen, in Anpassung und Ausnutzung der wechselnden, je und je sich bietenden Gelegenheit ihr Leben führen. Nichts ist dafür aufschlußreicher als

Literaturangaben und Anmerkungen

Olgas Gang zu Wanda am Ende des 3. Kapitels. Jedoch wichtiger als die Betrachtung dieser Figuren ist es, am Ende noch einmal die Aufmerksamkeit auf Gestalten wie den Oheim des Grafen Haldern zu richten; und zwar deshalb, weil er als eine der schon erwähnten Figuren gelten darf, die für den Dichter Fontane höchst bezeichnend und auch für das spezifisch romanhafte Klima seiner Werke charakteristisch sind. Für diese Neigung Fontanes zum Roman ist es schon aufschlußreich, daß auch diese Gestalten ausnahmslos die Tendenz zur episodenhaften Verselbständigung haben. Das gilt nicht nur für die Polzins, die Mietsleute Stines; das gleiche gilt für den Freund des alten Grafen Haldern, Papageno, und dann in noch stärkerem Maße für den alten Haldern selbst. Er ist bedeutsam vor allem in jener vermittelnden Funktion, von der im Eingang die Rede war. Obwohl er auf der einen Seite der Verbindung des Neffen mit Stine in Härte und Bestimmtheit widerrät, weiß er doch auf der anderen Seite um die Problematik des eigenen gesellschaftlichen Anspruchs. Wie dem Vater der Effi Briest, dem alten Stechlin und anderen Gestalten Fontanes ist ihm eine Mittlerstellung zugeordnet, damit er so die Einseitigkeit und Exklusivität der gegensätzlichen Lebensbereiche zu überbrücken vermag. Am überzeugendsten und nobelsten erweist sich diese Fähigkeit der Vermittlung da, wo er nach dem Begräbnis des Neffen die am Wege zusammengesunkene Stine ohne Rücksicht auf die Reaktion der hochadeligen Gesellschaft einlädt, zu ihm in den Wagen zu steigen, die Geste einer humanen und versöhnenden Gesinnung. Wenn es zum Klima des Epischen gehört, daß, wie an dieser Stelle, der Geist des Ausgleichs und der Versöhnung im Letzten bestimmend ist, dann trägt auch eine Gestalt wie die des alten Grafen Haldern das ihre dazu bei, um das novellistisch Angespannte zu entspannen und das Werk zum Roman hin zu öffnen. So wie die Pittelkow-Handlung das Recht der Liebenden als einseitig einschränkt, so ist auch der Graf am Ende dem harten Entweder-Oder nicht günstig gesinnt; weder im Gespräch mit Papageno — von dem dieser seinem jungen Besucher berichtet —, noch auch in der Haltung der Versöhnung am Ende. All das läßt es überzeugend erscheinen, wenn man das Werk Fontanes mehr als Roman denn als Novelle bezeichnet.

Literaturangaben und Anmerkungen
Wilhelm Raabe

Walter Bügsen, Strukturen im Erzählwerk Wilhelm Raabes. Tübinger Diss. 1959. Aloise Esser, Zeitgestaltung und Struktur in den historischen Novellen

III. Die deutsche Novelle im Übergang zum 20. Jahrhundert

Wilhelm Raabes. Bonner Diss. 1953. Barker FAIRLEY, Wilhelm Raabe. Eine Deutung seiner Romane. München 1961. Wilhelm FEHSE, Wilhelm Raabe. Sein Leben und seine Werke. Braunschweig 1937. Christian HEBBEL, Die Funktion der Erzähler- und Figurenperspektiven in Wilhelm Raabes Ich-Erzählungen. Heidelberger Diss. 1960. Thea HEINRICH, Der Tod in der Dichtung Wilhelm Raabes. Münchener Diss. 1950. Hermann HELMERS, Die Figur des Erzählers bei Wilhelm Raabe. Jahrbuch der Raabe-Gesellschaft 1965, S. 9 ff. Hermann HELMERS, Wilhelm Raabe. Stuttgart 1968. Hermann HELMERS, Wilhelm Raabe in neuer Sicht. Stuttgart 1968. Karl HOPPE, Wilhelm Raabe. Beiträge zum Verständnis seiner Person und seines Werkes. Göttingen 1967. Eduard KLOPFENSTEIN, Erzähler und Leser bei Wilhelm Raabe. Untersuchungen zu einem Formelement der Prosaerzählung, Bern 1969. Josef KUNZ, Die Novellenkunst Raabes. Dargestellt an seiner Novelle ‚Im Siegeskranz'. Jahrbuch der Raabe-Gesellschaft V, 1964, S. 106 ff. Josef KUNZ, Wilhelm Raabes Novelle. ‚Des Reiches Krone'. Versuch einer Interpretation. Jahrbuch der Raabe-Gesellschaft VII, 1966, S. 7 ff. Josef KUNZ, „Die Holunderblüte". Versuch einer Interpretation. In: Jahrb. der Raabe-Gesellschaft 1973, S. 88—108. Josef KUNZ, Raabe und die Geschichte. In: Kritische Bewahrung. Beiträge zur deutschen Philologie. Festschrift Werner Schröder (Hrsg. Ernst-Joachim Schmidt), Berlin 1975, S. 55—69. Herman MEYER, Raum und Zeit in Wilhelm Raabes Erzählkunst. DVjs 1953, S. 236 ff. Hubert OHL, Bild und Wirklichkeit. Studien zur Romankunst Raabes und Fontanes, Heidelberg 1968. Hans OPPERMANN, Zum Problem der Zeit bei Wilhelm Raabe. Jahrbuch der Raabe-Gesellschaft V, 1964, S. 57 ff. Hans OPPERMANN, Wilhelm Raabe in Selbstzeugnissen und Bilddokumenten, Reinbek b. Hamburg 1970. Roy PASCAL, Die Erinnerungstechnik bei Raabe. The Modern Language Review. London 1954, S. 339—384. Hermann PONGS, Wilhelm Raabe. Leben und Werke. Heidelberg 1958. Benno von WIESE, Wilhelm Raabe, Die Innerste. Interpretationen II. a. a. O., S. 198 ff. Fritz MEYEN, Wilhelm Raabe-Bibliographie. Wilhelm Raabe, Sämtliche Werke. Ergänzungsband, Freiburg 1955. Hans OPPERMANN, Literatur zu Wilhelm Raabe aus dem Jahr 1959. Jahrbuch der Raabe-Gesellschaft 1960, S. 189 ff. Hans OPPERMANN, Neue Literatur zu Wilhelm Raabe, a. a. O., 1963, S. 112 ff. Hans OPPERMANN, Ergänzungen zur Raabe-Bibliographie von 1955—1963, a. a. O., 1964, S. 126 ff.

[1] Vgl. zu den folgenden Interpretationen meinen Aufsatz: Wilhelm Raabes Novelle ‚Des Reiches Krone'. Versuch einer Interpretation. Jahrbuch der Raabe-Gesellschaft VII, 1966, S. 7 ff.

[2] Zitiert nach Wilhelm Raabe, Sämtliche Werke. Hrsg. v. Karl Hoppe. Freiburg i. Br. 1951 ff., Bd. 9, S. 224.

[3] J. Kunz, Die deutsche Novelle zwischen Klassik und Romantik. a. a. O., S. 18.

[4] Bernhard Groethuisen, Die Entstehung der bürgerlichen Welt- und Lebens-

Literaturangaben und Anmerkungen

anschauung in Frankreich. 2 Bde. Philosophie und Geisteswissenschaften Bd. 4 u. 5, Leipzig 1927—30.

[5] Martin Heidegger, Sein und Zeit. Halle 1935. Darin vor allem § 51 Das Sein zum Tode und die Alltäglichkeit des Daseins. S. 252 ff.

[6] Wolfgang Kayser, Das sprachliche Kunstwerk. Bern 1948. S. 356.

[7] Vgl. dazu meine Deutung der ‚Unterhaltungen‘ in: Die deutsche Novelle zwischen Klassik und Romantik. a. a. O., S. 14 ff.

[8] J. Kunz, Novelle. a. a. O., S. 33.

[9] J. Kunz, Novelle. a. a. O., S. 18 f.

[10] Eberhard Lämmert, Bauformen des Erzählens. a. a. O., S. 175.

[11] Vgl. dazu etwa Martin Buber, Dialogisches Leben. Zürich 1949.

Theodor Fontane

Pierre BANGE, Fontane et le Naturalisme. Etudes Germaniques XIX, 1964, H. 2, S. 142—164.   Richard BRINKMANN, Theodor Fontane. Über die Verbindlichkeit des Unverbindlichen. München 1967.   Peter DEMETZ, Formen des Realismus: Theodor Fontane. Kritische Untersuchungen, München 1964.   Eugène FAUCHER, Le language chiffré dans „Irrungen, Wirrungen" de Fontane. In: EG 24, 1969, S. 210—222.   Vincent J. GÜNTER, Das Symbol im erzählerischen Werk Fontanes. Bonner Diss. 1960.   Charlotte JOLLES, Theodor Fontane, Stuttgart 1972.   Walter KILLY, Abschied vom Jahrhundert. Fontane: ‚Irrungen, Wirrungen‘. In: Wirklichkeit und Kunstcharakter. München 1963, S. 193 ff.   Georg LUKACS, Der alte Fontane. In: Deutsche Realisten des 19. Jahrhunderts. Berlin 1956, S. 260 ff.   Thomas MANN, Der alte Fontane. In: Adel des Geistes. Frankfurt am Main 1959, S. 470 ff.   Walter MÜLLER-SEIDEL, Theodor Fontane. Soziale Romankunst in Deutschland, Stuttgart 1975.   Helmuth NÜRNBERGER, Theodor Fontane in Selbstzeugnissen und Bilddokumenten, Reinbek b. Hamburg 1968. Hans-Heinrich REUTER, Theodor Fontane I und II, München 1966.   Pierre Paul SAGAVE, Theodor Fontane: ‚Schach von Wuthenow‘. In: Dichtung und Wirklichkeit. Frankfurt am Main 1966.   Jost SCHILLEMEIT, Theodor Fontane, Geist und Kunst seines Alterswerkes. Zürich 1961.   Conrad WANDREY, Theodor Fontane, Berlin 1919.   Benno von WIESE, Theodor Fontane, Schach von Wuthenow. Interpretationen II, S. 36 ff.   Forschungsbericht: Georg HERDING, Die neuere Theodor Fontane-Literatur. In: Universitas. Ztschr. f. Wissenschaft, Kunst und Literatur. Stuttgart 1949, S. 285 ff.

[12] Vgl. vor allem Pierre Paul Sagave, ‚Schach von Wuthenow‘. Dichtung und Wirklichkeit, Frankfurt am Main 1966.

[13] Zitiert nach Theodor Fontane, Werke. 1. Bd., München o. J., S. 668.

[14] Zu Zolas Technik der Leitmotive vgl. Oskar Walzel, Gehalt und Gestalt.

Darmstadt 1957. S. 362 ff.; darin findet sich vor allem der Hinweis auf die Leitmotivtechnik des Romans ‚Une page d'amour', eine Technik, die sehr stark an Fontane erinnert.

[15] Zu diesem Begriff vgl. E. Lämmert, a. a. O., S. 179 ff.

[16] E. Lämmert, a. a. O., S. 44.

Register
der Autoren und der zitierten und interpretierten Novellen

Boccaccio 132, 166
Brentano, Clemens, Die drei Nüsse 122
Büchner, Georg, Lenz 7, 10, 14, 15, 20, 35–43

Cervantes, Miguel 18, 28

Droste-Hülshoff, Annette von, Die Judenbuche 7, 11, 20, 43–54

Eichendorff, Josef Freiherr von, Aus dem Leben eines Taugenichts 9, 109 f.

Fontane, Theodor, Cécile 172
Effi Briest 172
Ellernklipp 171
Grete Minde 171
Irrungen, Wirrungen 173
L'Adultera 172
Schach von Wuthenow 171 f.
Stine 15, 173–177

Goethe, Johann Wolfgang von,
Die Wahlverwandtschaften 13, 14, 37, 105, 167
Unterhaltungen deutscher Ausgewanderten 18, 29, 157 f., 165 f., 168, 170
Wilhelm Meisters Wanderjahre 11, 65, 88

Gotthelf, Jeremias, Elsi die seltsame Magd 89
Die schwarze Spinne 89–95, 95 f.

Grillparzer, Franz, Das Kloster bei Sendomir 29
Der arme Spielmann 8, 12, 13, 15, 20, 28, 29–35, 122

Hauff, Wilhelm, Die Bettlerin vom Pont des Arts 18
Der Fluch 18, 19
Othello 18

Heine, Heinrich 19
Heyse, Paul, Beatrice 133
L'Arrabiata 133
Leopardi 133
Zwei Gefangene 133
Hölderlin, Friedrich 105
Hoffmann, E. T. A., Baron von B. 22
Das Majorat 122
Der goldene Topf 21
Don Juan 9, 12, 24, 64 f.
Ritter Gluck 22

Kafka, Franz, Der Landarzt 162
Die Verwandlung 31 f.
Eine kleine Frau 41
Keller, Gottfried, Die Leute von Seldwyla 96 ff.
Der Schmied seines Glückes 114
Die mißbrauchten Liebesbriefe 114
Dietegen 114
Frau Regula Amrain 114
Kleider machen Leute 114
Pankraz der Schmoller 9, 12, 13, 99–113, 157
Romeo und Julia auf dem Dorfe 114
Züricher Novellen 114 ff.
Der Landvogt von Greifensee 106, 108, 115 f.
Der Narr auf Manegg 115
Das Fähnlein der sieben Aufrechten 108, 115, 118
Das Sinngedicht 116 ff.
Der Geisterseher 119, 120
Die arme Baronin 117, 119, 120
Die Berlocken 117
Die törichte Jungfrau 117
Regine 117, 118 f.
Kleist, Heinrich von, Die Marquise von O. 44, 49, 53 f., 71, 95

Laube, Heinrich, Das Glück 19
Die Liebesbriefe 19
Die Schauspielerin 19 f.

Ludwig, Otto, Zwischen Himmel und
  Erde 134

Meyer, Conrad Ferdinand, Angela
  Borgia 121
  Das Amulett 121, 122, 130
  Der Heilige 121, 131
  Der Schuß von der Kanzel 121
  Die Hochzeit des Mönchs 121, 122,
    123, 130 f.
  Die Richterin 121
  Die Versuchung des Pescara 13, 121–131
  Gustav Adolfs Page 121
  Jürg Jenatsch 121
  Leiden eines Knaben 121
  Plautus im Nonnenkloster 121
Mörike, Eduard, Der Schatz 21
  Lucie Gelmeroth 21
  Mozart auf der Reise nach Prag 9,
    12, 20, 21–29, 71
Mundt, Theodor 14

Paul, Jean 19, 37, 47, 61, 63

Raabe, Wilhelm, Des Reiches Krone
  156
  Die Hämelschen Kinder 156
  Die Innerste 156, 157
  Die schwarze Galeere 156
  Else von der Tanne 156
  Frau Salome 9, 156 f.
  Holunderblüte 12, 156
  Im Siegeskranze 12, 156, 158–171

Saar, Ferdinand von 9
Schelling, Friedrich 23
Spielhagen, Friedrich 10, 14

Stifter, Adalbert, Studien 60 ff.
  Abdias 65, 66
  Brigitta 13, 65, 66–71, 81, 85, 95,
    110, 131, 169
  Der Hagestolz 65, 66
  Der Hochwald 65
  Der Kondor 60–65, 83
  Die Narrenburg 65
  Zwei Schwestern 9, 65, 66, 71–84,
    85, 111, 169, 176
  Bunte Steine 84 ff.
  Bergkristall 85
  Granit 85, 86
  Katzensilber 85
  Turmalin 85
  Aus der Mappe meines Urgroßvaters
    87 f.
Storm, Theodor, Aquis submersus 12,
  135, 138, 139–147
  Bötjer Basch 137, 139
  Der Schimmelreiter 135, 137, 138
  Die Söhne des Senators 136
  Eekenhof 138
  Hans und Heinz Kirch 136
  Immensee 135, 136
  Im Schloß 135 f.
  Im Sonnenschein 135, 136
  Im Trauerhaus 137
  Pole Poppenspäler 136 f.
  Zur Chronik von Grieshuus 136, 139

Tieck, Ludwig, Der blonde Eckbert 147
  Die Gemälde 17

Vischer, Friedrich Theodor 14

Wackenroder, Wilhelm Heinrich, Die
  Berglinger Novelle 22, 71

Eine Literaturgeschichte neuer Prägung:

Deutsche Dichter
Ihr Leben und Werk

Unter Mitarbeit zahlreicher Fachgelehrter
herausgegeben von Benno von Wiese

Benno von Wiese entwirft mit dieser literarhistorischen Reihe ein Panorama der deutschen Dichtung in neuerer Zeit. Leben, Werk und literarische Bedeutung der hervorragenden und charakteristischen Dichter und Autoren der einzelnen Epochen werden jeweils von besonderen Fachkennern dargestellt. Bibliographien und Nachweise geben für jeden behandelten Dichter die Unterlagen zu weiterführender Arbeit.

Bisher liegen vor:

Deutsche Dichter des 18. Jahrhunderts
1086 Seiten, Gr.-8°, Ganzleinen mit Schutzumschlag, DM 94,–

Deutsche Dichter der Romantik
530 Seiten, Gr.-8°, Ganzleinen mit Schutzumschlag, DM 38,–

Deutsche Dichter des 19. Jahrhunderts
2., überarbeitete und vermehrte Auflage, ca. 650 Seiten, Gr.-8°, Ganzleinen mit Schutzumschlag, ca. DM 48,–

Deutsche Dichter der Moderne
3., überarbeitete und vermehrte Auflage, 624 Seiten, Gr.-8°, Ganzleinen mit Schutzumschlag, DM 45,–

Deutsche Dichter der Gegenwart
686 Seiten, Gr.-8°, Ganzleinen mit Schutzumschlag, DM 45,–

Sonderprospekt steht auf Wunsch zur Verfügung!

ERICH SCHMIDT VERLAG